지구화 시대, 새로운 세대를 위한
세계 정치 · 경제 읽기

지구화 시대, 새로운 세대를 위한

세계 정치 · 경제 읽기

이종보 지음

책을 내며

우리에게 세계는 어떤 의미였을까? 한때 우리에게는 스스로를 '우물 안 개구리'로 자책하고 세계를 해바라기처럼 동경해오던 시절이 있었다. 그래서 지구화는 어두운 동굴에서 나와 선진국으로 나아가는 희망의 불빛이었다. 하지만 IMF 구제금융을 경험하면서 사람들의 세계관도 달라졌다. 세계라는 것이 더는 먼 곳에 있지 않다는 것을 느꼈고, 생각했던 것처럼 맹목적으로 동경할 수 없다는 것도 거칠게 경험했다.

우리는 지구화를 경험하면서 중요한 사실 몇 가지를 깨닫게 되었다. 세계 곳곳에서 일어나는 변화가 내가 처한 삶의 환경과 미래에 강한 영향을 미친다. 모든 사람 각자는 점점 더 세계 사건들의 영향을 받는다. 동시에 '우리의 결정과 행동이 세계 환경에 어떤 영향을 미치는가'의 문제도 중요해졌다. '우리가 지구사회에 어떻게 기여할 것인가'는 미룰 수 없는 과제가 되었다.

그러나 우리의 사고와 행동은 여전히 국경에 갇혀 있다. 전통적으로 사람들은 자기 삶에 영향을 주는 결정에 참여하거나 배제되는 근거를 국경선

안에서 찾았다. 국경은 정치 참여 주체를 구분하는 경계였다. 국가는 시민들의 목소리를 한정된 국경 안에 가두고 통제했다.

하지만 지구화 시대에 국가의 정책 결정권은 단일 국민국가의 경계 내로 제한되지 않는다. 내 삶의 기회를 바꾸는 가장 결정적인 세력들은 이제 국민국가의 범위 바깥에 존재한다. 정치 과정이 국민국가의 범주를 벗어나면서, 민주주의 이론과 실제의 핵심 질문들에 관한 전통적인 일국적 접근법이 점차 진부해 보이기 시작했다.

우리는 좀 더 넓은 시야를 확보하고 지구정치에 개입해야 한다. 국경에 갇힌 경계 짓기는 세계시민의 건강한 발산을 억제함으로써 지구화 시대에 점점 더 절실해지는 폭넓은 합의를 이끌어낼 수 없게 한다. 국경을 넘어선 정책 결정의 과정과 구조를 우리가 다룰 수 있는 정치 영역에 편입하지 않는다면, 우리 삶을 결정짓는 세계문제에 대한 정치적 책임을 묻기 곤란해질 것이고, 그 해결은 더욱 어려워질 것이다.

그렇다면 지구화 시대에 우리가 지녀야 할 세계관은 어떠해야 할까? 지구화 시대에는 새로운 정치 운명 공동체에 어울리는 공동체 의식이 필요하다. 따라서 시민들이 제한적인 국가의 시각에서 벗어나 지구사회 전체를 걱정하고, 공동선에 헌신하는 태도를 지닐 수 있는 방법을 찾아야 한다. 먼저 '세계시민'의 상을 세워야 한다. 개인들이 세계문제에 의미를 부여할 때 준거가 되는 틀을 단일 국민국가의 경계 내에 한정 지어서는 안 된다. 상호 이해의 범위를 넓히려면 국경 밖에 있는 '타인의 시각으로' 사고할 줄 알아야 한다. 한 나라의 시민은 동시에 세계의 시민이 되어야 한다.

지구정치의 주체로서 세계시민은 국적이나 종교, 성별, 인종 등에 구애받지 않는 보편적인 존재다. 따라서 세계시민은 보편적인 존재 의의를 훼손하는 어떠한 경우에도 맞설 수 있어야 한다. 세계시민 교육은 국적 여부에 따라 시민권을 한정하는 근대 국민국가의 근본적인 경향에 맞설 수 있는 방향으로 나아가야 한다. 시민을 차별과 배제에 반대하는 적극적 지구시민으로 키워야 한다.

세계시민이라면 사회복지가 축소되어 삶의 환경이 피폐해졌을 때조차 이주노동자의 국내 유입을 탓하지 않는다. 오히려 세계시민은 초국적 자본이 강요한 신자유주의적 제도를 추적하고 탐구하는 자세를 갖춰야 한다. 세계시민은 자신이 직면하는 문제의 본질을 분명히 꿰뚫어볼 줄 알아야 한다.

이 책은 세계시민이 가야 할 방향을 민주적 지구공동체에서 찾는다. 민주적 지구공동체는 모든 지구적 시민들의 권리를 끌어안으며 주권국가의 권리를 존중한다. 동시에 그 지향성은 공공성에 둔다. 공공성은 특정한 누군가가 아니라 모든 사람과 관계된 공통적인 것common이라는 의미에서 공통의 관심사를 가리킨다. 지구적 관심사는 국가에 의해 제한되지 않아야 하고, 시장에 의해 왜곡되지 않아야 한다. 민주적 지구공동체는 공공적 지구사회를 보호하는 데 관심을 둔다.

일반적으로 세계 정치·경제에서 주로 다뤄온 관심 대상은 국가와 시장이었다. 여기서 현실주의와 자유주의의 대립, 국가개입주의와 자유시장주의의 대립은 주요한 논쟁이다. 하지만 국가와 시장이 세계시민의 삶을 충분히 보호해주었던가? 국가는 국가권력의 이름으로, 시장은 또 시장 효율성의 논리로 사회를 무너뜨려 왔다. 그런데도 국가와 시장은 각기 다른 모습을 보여주기도 했다. 신자유주의적 지구화는 시장의 논리를 전파하면서 지구시민의 삶을 파괴했다. 국가 역시 여러 세계문제를 악화시킨 주범이기도 했지만, 국가는 세계문제를 해결할 수 있는 여전히 유력한 행위체이기도 하다. 우리가 문제 삼는 것은 '국가가 지구사회를 돌보는 데 충분한 역할을 하지 못하고 있다'는 점이다. 국가는 버려야 할 것이 아니라 새로운 역할을 부여해야 할 대상이다.

세계시민의 삶을 보호하는 '대안적 지구화'를 모색하기 위해 세계 정치·경제를 되돌아보자. 이 책은 세계의 다양한 행위자들이 개별적 또는 집단적으로 기존의 세계 환경을 바꾸기 위해 상호작용하는 방식과 이러한 상호작용이 범세계적 경향의 궁극적 궤적을 형성하는 방식을 면밀히 고찰한다. 이 책을 통해 분명한 사실 하나를 확인할 수 있다. 세상을 움직이는 것은 행위자들과 환경 간 역동적 상호작용의 정치라는 점이다. 세계의 변화는 '객관적' 사실의 변화로 나타나기도 했지만, 사람들이 그러한 사실에 부여하는 의미, 즉 사람들이 어떤 해석을 내리면서 나오는 행동으로도 좌우되었다.

이런 맥락에서 신자유주의적 지구화는 그 자체로 우리 시대의 진리가 될 수 없다. 지구화는 역동적인 정치와 관련된다. 신자유주의 시대를 자본의 승리로 규정할 수 있다면, 그것은 자유주의 실천가, 초국적 기업과 선진 자본국가들이 정치적·경제적 자원을 효과적으로 동원했기 때문에 가능했다. 그 승리는 현 국가 간 체제와 전략적으로 결속되었기 때문에 일어난 현상이다. 하지만 시민들이 매일 마주하는 세계가 누군가의 일방적인 압력으로 만들어질 수는 없다. 지구화 시대에 많은 세계시민들의 새로운 저항운동이 나타났다. 저항운동은 지구화 시대를 규정하는 데 매우 중요한 부분을 차지하고 있다. 지배와 저항을 함께 읽지 못하면 세계를 제대로 이해하는 것이 아니다.

사회운동은 지구화 시대를 읽는 중요한 열쇠가 된다. 저항력은 왜곡된 지구화를 다시 삶을 보호하는 방향으로 돌리려는 회복력에 영향을 미친다. 저항력은 외부 충격으로부터 사회를 지키기 위해 버텨내는 힘이다. 그리고 회복력은 지구화 시대에 무너진 사회를 다시 일으켜 세우는 역량이다. 기존 지구화에 맞서는 저항력과 회복력은 어디에서 왔고, 어디로 가고 있으며,

또한 어디로 가야 하는가?

인간은 사회적 동물이다. 인간은 끊임없이 사회적 관계를 형성하려 하고 새로운 공동체를 구축하려 한다. 그리고 그 사회의 규범을 어떤 방향으로 이끌 것인가를 놓고 각축을 벌인다. 오랜 자본주의를 겪으면서 사회적 관계에서 공공성 추구는 파괴되고 단절되었다. 하지만 지구화 시대에 사회가 해체되는 많은 일이 발생하면서 역설적으로 공공성 추구의 필요성은 증대하고 있다. 삶이 더욱 불안해진 세계에 살면서 사람들은 지구사회에서 벌어지는 주류의 일을 의심하게 되고, 자신의 주변을 돌아보기 시작했다. 지구화 시대에 공공성의 의의는 되살아나고 있다. 사람들은 사회공동체에 이로운 것이 개인에게도 이로운 것이 된다는 의미를 깨닫게 되었다. 지구화의 역설이 사람들로 하여금 '민주적 공공성'을 지향하도록 인도하고 있다.

사람들은 여전히 '새로운 세상이 가능한가'를 묻는다. 이 질문이 제기되는 지점에서 우리는 조금 냉철해져야 한다. 지구화 시대에 대한 분석은 지금 작동하고 있는 것에 대한 분석이어야 하며, 처방은 지금의 작동을 바꿀 수 있는 처방이어야 한다. 역사적 분석을 통해 세상 돌아가는 방식을 이해하며, 지나온 과정 중에 패배했던 수많은 가능성을 복원하고, 새로운 역량을 구축하여 처방이 내려져야 한다. 현실을 부정하면서 상상화를 그리는 것은 적절하지 않다. 동시에 현실에 집착하면서 꿈을 포기하여 구태의연한 상태로 돌아가서도 안 된다. 이상의 날개를 펼칠 수 있되 두 다리는 현실을 박차고 뛰어오를 수 있도록 현실에 발 딛고 있어야 한다. 이 책을 통해 지나온 세계 정치·경제를 되짚어보고, '대안적 세계질서'를 모색해보자.

이제는 '무엇을 할 것인가'를 물어야 한다. 무엇보다 중요한 것은 아무런 실천도 없이 세상이 달라질 것을 기대할 수 없다는 것이다. 민주적 공공성을 실현하는 길은 다시 정치 참여의 문제다. 하지만 '개인의 자율성 및 국가의 주권과 지구공동체 귀속을 어떻게 조화시킬 것인가'라는 문제는 여전히 해결하기 어려운 정치적 과제다. 이 책이 확실한 답을 제공하고 있는 것은 아니다. 비록 충분하지는 않지만 지구화의 역사와 관련 지식을 새롭게 해석하고 재구성하다 보면 민주적 지구공동체에 대한 새로운 설계도가 그려질 것이라고 믿는다. 지구 문제에 대한 고민이 깊어지고 넓어질수록 민주적 지구공동체의 미래는 밝아질 것이다. 우리가 민주적 지구공동체를 책임질 세계시민이 되는 것은 더 이상 미래의 이야기가 아니다. 지금 당장의 우리 이야기다.

이 책이 나오기까지 시간과 고단하고 치열한 사투를 벌여야 했다. 교사로서 학생들을 잘 가르치고, 연구자로서 열심히 연구 활동을 병행하고 싶었으며, 가족에게 소홀할 수도 없었다. 모든 것을 다 잘하고 싶었지만 그럴 때마다 항상 부족한 나를 발견했다. 특히 부모님께 듬직한 아들 노릇을 제대로 하지 못한 것이 죄송스럽다. 아내와 딸아이보다 글 뭉치를 더 챙겨왔던 일들은 가슴 시리게 미안한 기억이다. 그럼에도 딸아이 민주는 항상 내가 우리 사회의 문제와 씨름하고 글을 써야 하는 이유가 되었다.

끝으로 이 책을 기꺼이 출판해주고 꼼꼼하게 편집해준 데모스 미디어 식구들에게도 감사를 표한다. 이 책의 출판을 위해 노력해준 이름 모를 모든 노동자에게도 감사의 마음을 전한다.

2012년 10월
이종보

차 례

제3부 · 세계문제

제4부 · 지구화와 민주주의

제1장

지구화를 다시 생각한다

충돌하는 지구화

역사란 끊임없이 움직이는 역동적인 과정이다. 오랜 기간에 걸쳐 제도가 정착되고 의식이 바뀌면 하나의 사회구조가 형성된다. 하지만 얼음장 같은 제도 틀 아래에서도 물은 흐른다. 인간이 제도에 갇혀 견딜 수 없는 고통에 시달리면 잠재된 불만의 목소리가 꿈틀거린다. 인간은 다시 새로운 틀을 만들려고 연장을 두드린다. 인간의 역사는 한순간도 멈춘 적이 없다.

지구화의 역사 역시 석고물은 아니다. 지구화란 거대한 자본이 국경을 넘어 많은 사람의 삶을 파괴한 역사였다. 하지만 파괴적 지구화에 정면으로 반대하는 시민들이 지구화의 역사를 다시 쓰고 있다. 이러한 사실을 경험적으로 증명해보기란 어렵지 않다.

1990년대 중반, 김영삼 정부가 '세계화segyehwa'를 추진했다. 이때만 해도 사람들은 지구화globalization를 흔한 '선진화' 전략의 하나쯤으로 생각했다. 사람들은 지구화가 삶의 밑동을 뽑아낼 것이라 생각하지 않았다. 물론 당시에도 정부의 세계화 전략을 곱지 않은 시선으로 보는 사람들이 있었다. 노동자들은 정부가 자신에게만 일방적으로 '고통 분담'을 요구한다고 불평했다. 하지만 사람들은 선진화 전략을 본격적으로 문제 삼지 않았다. 지구화가 사람들을 낭떠러지로 내몰 것이라고 아무도 짐작하지 못했다.

세계화 전략이 구체적인 정책으로 제 살을 드러내자 사회적 갈등이 심해졌다. 1996년, 정부와 여당은 노동법을 개정했다. 법 개정의 가장 중요한 목적은 정리해고 기준을 완화하는 것이었다. 노동법 개정은 '노동시장 유연화'라는 신자유주의적 세계화 정책의 하나로 추진되었다. 정부와 여당은 노동법 개정을 선진화 전략의 하나라고 선전했다. 법 개정은 의회의 합의 절차 없이 여당 단독으로 의결되었다. 국민은 크게 분노했다. 전국적인 총파업이 장기간 지속되자 노동법 일부 조항이 수정되었다. 하지만 지구화라는 괴물은 IMF국제통화기금 구제금융 이후 다시 한국을 찾았다.

1997년 하반기, 한국에서는 대기업들이 연쇄적으로 부도나고 외환이 시장에서 썰물처럼 빠져나갔다. 1997년 11월 21일, 한국은 IMF 구제금융을 받았다. 그날 이후 주가는 더욱 폭락했고, 기업들은 계속 무너졌다. 한 자동차 영업소 직원은 "한 달에 100대의 자동차를 팔았는데 11월에는 단 2대를 팔았다"고 하면서 절망했다. 생산직 노동자뿐만 아니라 간부직 사원도 노숙자로 내몰렸다. 생계 문제로 이혼하는 가정이 늘어났다. 더욱 가난해진 사람들은 몸이 아픈 것도 참아야 했다. 많은 사람이 생활비를 줄이려고 병원 가는 것마저 주저했다. 신문은 'IMF 사태'라고 전했다. 지구화는 삶을 파괴한 괴물이었다.

IMF는 한국 정부에 구제금융 지원을 대가로 노동, 기업, 금융, 공공 부문에 혹독한 구조조정 프로그램을 요구했다. 캉드쉬Jean-Michel Camdessus 당시

IMF 총재의 입장은 단호했다. 그는 한국 정부에 "세계경제의 통합을 거스르는 정책을 추진하지 말라"고 압박했다. 인민의 의사만을 따를 줄 알았던 의회와 정부가 IMF의 요구에 굴복했다. 한국인은 나라를 빼앗긴 것처럼 좌절을 겪었다.

대통령 선거를 앞둔 탓에 IMF 구제금융 협상에 대한 논쟁도 뜨거웠다. 야당의 대선 후보자는 협상 내용이 경제주권을 지나치게 훼손한다고 비판했다. 그는 하나의 경제적 국제기구가 주권국가의 입법 권한까지 침해해서는 안 된다고 생각했다. 그는 국민의 열망을 담아 재협상을 요구했다.

정부 정책 결정자들과 보수 언론은 '규제 없는 시장경제'를 옹호하던 기존 입장을 되풀이했다. 그들은 재협상론을 역공격했다. "긴급한 경제 위기 상황에서 재협상을 주장하면, IMF의 심기를 건드려 국가부도 사태로까지 상황이 악화된다"는 논리였다. "한국 정부가 자유시장경제를 신뢰한다는 것을 보여주지 않으면 국가 신인도는 더욱 추락할 것"이라는 주장이 힘을 얻었다. 자유시장주의자들은 위기를 기회로 삼았다.

구제금융 이후 새로운 자유시장주의 정책은 순식간에 자리 잡았다. 1998년 들어 정리해고로 일자리를 잃은 노동자 수가 이전 연도의 8배 수준으로 급증했다.[1] IMF 관리체제 이후에 "기업 구조조정 과정에서 정리해고는 불가피하다"는 사회적 분위기가 만연해졌다. IMF와 함께 찾아온 지구화는 한국인을 일터에서 내쫓아 삶을 송두리째 파괴했다.

지구화에 대한 우리의 반응

IMF 사태를 경험한 사람들은 새로운 눈으로 지구화의 문제점을 보게 되었다. IMF 사태를 초래한 원인으로 먼저 지목된 것은 당시 정부 관료와 재벌이었다. 정부가 재벌 규제를 완화한 탓에 재벌은 무분별하게 투자를 늘렸다. 삼성의 자동차 산업 진출은 그 대표적인 사례다. 정치권과 금융권의 도움으로 자동차산업에 진출한 삼성자동차는 대규모 경영 손실로 한국 정부와 국민에게 큰 부담을 주었다. 일각에서는 "정경 유착으로 탄생한 기업은 '자유시장 논리'에 따라 사라져야 한다"고 주장했다. "삼성 경영진이 모든 책임을 져야 한다"는 분노도 거세게 일었다. 하지만 부산과 경남 지역 시민들은 "삼성자동차의 공장을 폐쇄하면 지역경제가 크게 파괴될 것"이라고 주장하며 강력하게 저항했다. 그들은 IMF 사태의 책임 여부를 따지기보다 당장의 무너지는 삶을 지키려 했다. 결국 재벌 개혁은 실패했다. 삼성을 비롯한 재벌들은 IMF 외환위기의 주범에서 한국 경제가 기댈 언덕으로 둔갑했다.

사람들은 투기적 금융자본에 대해서도 비판했다. "국경을 넘나드는 금융자본을 규제해야 한다"는 진지한 주장이 적지 않았다. 초국적 금융자본에 세금을 부과하는 '토빈세Tobin Tax'가 일반 사람들에게도 알려졌다. 1997년 아시아 외환위기 당시, 마하티르 모하마드Mahathir bin Mohamad 말레이시아 총리는 우리와 달리 IMF의 자본 자유화 처방을 거부하고, 자본 유출입을 엄격히 규제했다. 말레이시아는 외환위기를 비켜 간 나라 중 하나였다. 우리는 말레이시아의 성공을 부러워했다. 물론 어떤 이들은 "한국은 말레이시아의 경제구조와 다르다"고 지적한다. 하지만 2011년에 IMF조차 '자본통제capital control'를 합리적인 시장 조절 수단의 하나로 인정했다. IMF는 스스로 핫머니(투기자본) 유출입을 규제하는 '자본통제'에 대한 가이드라인을 마련했다. 이에 대해 ≪월스트리트저널≫은 "수십 년 동안 견지해온 '자본의 자유로운 이동' 원칙을 조건부로 포기한 것"이라고 분석했다. 하지만 한국은 여전히 투기자본에 날 선 메스를 들지 못했다.

지구화에 반응하는 우리 모습은 이중적이다. 다들 IMF의 강요에 분노하며 "삶을 파괴한 초국적 금융자본의 탐욕에 저항해야 마땅하다"고 생각한다. 그러면서도 세계경제에서 소외되지 않으려고 자유시장경제를 향해 부단히 질주한다.

우리는 자유시장경제에 대한 갈망이 더 깊숙이 자리 잡고 있다. IMF 외환위기 전에 시민들이 보여준 반응은 비교적 온순했다. 언뜻 보기에 사람들은 물질적 풍요를 갈망하고 자유시장경제를 지지하는 것만 같았다. 사람들이 자유시장경제를 존중하지 않았다면, 이미 김영삼 정부가 세계화를 추진했을 때부터 거세게 저항했을 것이다.

하지만 지구화가 진전되면서 다른 생각들이 마음속에 들어서기 시작했다. 지구화에 대한 저항은 지구화 전략이 노동법 개정으로 구체화된 시점에서 시작되었다. 노동법 개정에 맞서 노동자 단체는 노동과 가족의 삶을 보호하기 위해 저항했다. IMF 외환위기 당시, '금 모으기 운동' 역시 사회를 보호하려는 국민의 의지로 볼 수 있다. '금 모으기 운동'은 국가가 외환 부족 사태를 겪자 국민이 가지고 있던 금을 은행에 예치하고 은행은 금을 팔아 부족한 달러를 확보하려는 목적으로 이루어졌다. 물론 금 모으기 운동은 외환위기의 책임을 국민에게 떠넘기는 위로부터 동원된 기만적인 전략이었다. 하지만 지구화의 폭력 앞에 '국가'라는 공동체를 보호하려는 사람들의 신념은 금 모으기 운동을 전국적으로 확산시켰다.

우리는 IMF 사태를 통해 지구화의 실체를 경험하면서, 한국의 미래 사회가 어떠해야 하는지에 관해 다른 신념을 찾게 되었다. 사람들은 경제적 풍요와 시장경제를 굳건히 지지하면서도 사회보호라는 한 가닥 끈을 완전히 끊어버리지 못한다. 사람들의 저항은 IMF라는 외부 충격으로부터 사회를 보호하기 위해 버티는 힘이라고 볼 수 있다. IMF가 할퀴고 간 상처는 우리에게 사회와 삶에 대한 소중함을 일깨워줬다.

지구화를 이해하는 길라잡이

충격적인 IMF 구제금융 체제가 지나간 뒤에 벌어진 지구화 논쟁은 지구화에 관한 어려운 질문을 던진다. 지구화는 자유시장경제 체제를 유지하는 한, 어쩔 수 없는 것으로 받아들여야 하는 것인가? 아니면 공동체의 삶을 유지하기 위해 지구화를 악으로 못 박고 거부해야 하는가? 이때 한 국가의 법이 조금이라도 힘을 발휘한다면, 어떤 역할을 해야 하는가? 한 나라의 국민은 거대한 지구적 자본 앞에 무기력한 존재인가? 우리에게 지구화는 무엇인가? 이러한 질문은 한마디로 지구화 현상과 그것에 동반하여 나타나는 대응을 연결해 묻는다. 여기에 답하려면 지구화의 의미부터 따져봐야 한다.

지구화는 1960년대 지구촌global village 이라는 개념으로 대중 저널에 처음 모습을 드러냈다. 지구화 혹은 세계화라는 개념은 현대사회에서 주요 언어가 되었다. 지구화 개념이 널리 확산되면서 지구화가 과연 무엇인지 일반인의 관심이 커졌다. 지구화는 어떠한 구조로 작동되며 국가는 지구화에 어떻게 반응해야 하는지에 대한 의문도 증폭되었다.

간단히 말해 지구화는 "세계사회의 상호 의존성이 증대하는 현상"2이다. 누구나 '상호 의존성의 심화'라는 말을 쉽게 쓰지만 지구화 개념은 실로 다르게 이해된다. 지구화는 모든 사람에게 단일한 의미로 소통되지 않는다. 어떤 이는 '전 지구적 시장경제의 승리'로 보는 반면, 다른 이는 '억압적 지구자본주의의 공격'이라고 본다. 지구화는 다양한 측면에서 다양하게 정의할 수 있고 서로 다른 관점에서 인용된다. 지구화 의미를 규정하는 데 논란이 많다는 것은 그 개념만으로도 다툼과 갈등의 대상이라는 것을 알려준다.

상호 연계성이 증가하면 역설적으로 갈등이 격렬해진다. 지구화의 증진은 지구사회의 내적 모순을 더욱 심화시킨다. '불평등의 지구화', '빈곤의 지구화'는 자본의 전 지구적 기획이 야기한 모순이다. 어떤 사회공동체는 점차 지구적 질서에 연계되는 반면, 다른 사회공동체는 점차 중심에서 멀어지는 '지구적 위계화'가 동시에 나타난다. 그리고 지구적 위계화에 맞서는 사회운동도 불거진다.

지구화는 역동적이고 개방적인 개념이다. 지구화는 국가·지역·집단 사이에 상반된 입장이 맞물려 '상호 연계성'이 강화되는 하나의 역동적인 과정이다. 지구화는 여러 사회공동체를 서로 다른 방향으로 밀고 당긴다. 지구화는 세계의 여러 행위자를 통합하면서 분절하고, 충돌하면서 협력하게 한다. 지구적 변화의 궤도는 권력관계를 반영하지만 미리 예정된 경로를 걷는 것이 아니라 불확정적이고 불확실하다.

지금까지 사람들은 역동적인 지구화를 정체된 것으로 파악해왔다. 이것이 이 책에서 제기하는 핵심적인 비판이다. 정치적·경제적·문화적 측면에서 상호 의존이 심화되는 현상은 사람마다 다르게 이해된다. 각 영역에서 여러 이해관계가 서로 충돌할 때 무엇을 해야 하는지를 놓고 사람들 간에 의견이 엇갈린다. 이러한 충돌이 지구화를 가장 적절하게 설명한다.

여기서는 기존에 지구화를 이해하는 네 가지 논리를 살펴볼 것이다. 기존 지구화 개념을 나누고 결합해 핵심을 드러냄으로써 논란을 마무리 짓자.

문화의 동질화

사람들이 가장 친숙하게 지구화를 이해하는 방식은 정보통신기술의 발달에 따라 이질적인 문화가 비슷해졌다는 '지구촌' 논리에 따른다.

우리는 이제 인터넷으로 지구 반대편 사람들과 실시간으로 소통하는 세계에 살고 있다. 정보통신기술이 발달해 깜박이는 컴퓨터 화면의 변화에 따라 전 지구적 금융거래가 가능해졌다. 그뿐 아니라 개인의 라이프스타일도 비슷해졌다. 지구상의 많은 사람들이 걸프전을 CNN의 생중계로 본다. 사람들은 코카콜라를 마시면서, 지구 반대편에서 열리는 월드컵 축구 경기를 생중계로 보고 환호한다.

데이비드 하비David Harvey가 지구화를 '시공간의 압축'[3]으로 썼을 때, 그 것은 지구촌에서 지리적 거리와 시간의 차이가 무의미해진 것으로 받아들여졌다. 지구화는 지리적·정치적·문화적으로 구분되는 의미나 중요성이 점차 사라지고 세계가 하나의 생활공간으로 바뀌어가는 현상이다.

'문화의 동질화' 논리를 자세히 들여다보면 과학기술 발전에 시선이 돌아간다. 과학기술은 지구상의 사람들을 상호 연계하는 가장 적절한 수단이다. 사람들은 지구사회를 지구촌으로 규정하고, 이를 과학기술의 힘 덕분이라고 그럴듯하게 설명한다.

하지만 현실의 정치적 관계로 세계를 보는 사람들은 '과연 과학기술이 지구화를 초래한 결정적인 요인인가'를 의심한다. 과학기술이 무슨 발이라도 달렸나? 과학기술이 생명력이 있어 제 발로 지구화를 이끌고 있다는 것은 이해하기 어렵다. 과학기술에 의존한 설명은 공상과학영화에나 나올 법한 상상이라는 함정에 빠져들었다.

과학기술 발달에 의존하는 설명은 지구화의 전개 과정을 단조롭게 취급한다. 지구화는 과학기술의 힘으로 자연스럽게 진화하지 않는다. 과학기술은 이윤 증진을 목표로 하여 발전한다. 산업·금융 자본가나 그들의 지원이 실제 과학기술을 발달시켰다. 그리고 그들은 자기 요구에 부합할 수 있도록 생산, 수송, 통신, 정보기술을 실용화했다. 과학기술이 지구화를 가능하게 한 듯이 보이지만, 뒤에서 이를 조정한 행위자는 여전히 기업과 자본가다.

과학기술은 이윤을 파고드는 속도가 빠르고 범위가 넓다. 그러나 그런 만큼 사람들의 삶이 해체되는 속도와 범위도 그러하다. 이윤을 목적으로 추구되는 과학기술의 도입은 토착 문화나 전통적 관습과 접변하면서 갈등을 낳기도 한다. 물론 수용 국가가 외부의 과학기술에 적극적으로 의존하려 한다면 거부감은 잦아들 수 있다. 하지만 국가정책을 결정하는 이들이 서구 기계를 국내 경제의 혼란을 야기하는 해괴한 물질로 취급한다면 과학기술은 쉽게 국경을 넘을 수 없다.

정보통신기술 및 대중매체의 확산도 국가의 정보통신정책에 따라 달라진다. 국가가 인터넷 접속을 엄격히 제한하면 세계시민의 의사소통도 억압된다. 이 점에서 국가는 중심적인 행위자다. 국가는 논쟁의 핵심으로 떠오른다. 과학기술의 영향력도 법과 제도, 국가의 전략 등에 따라 달라진다.

과학기술이 국가 간의 협조와 화해를 증진하는 이상적인 역할만 하는 것은 아니다. 오히려 과학기술은 국가 간의 경쟁과 대립을 격화시키는 불씨가 되기도 한다. 오늘날에는 할리우드 영화가 미국뿐 아니라 한국에서도 같은 날 개봉하는 것이 기술적으로 가능해졌다. 영화 〈시네마 천국〉에서처럼 영화 필름을 자전거로 실어 날라 다른 상영관에서 상영하던 시대와는 상황이 많이 바뀌었다. 하지만 이것이 정보통신기술 및 대중매체의 발달 덕분에 가능했던 것만은 아니다.

국가의 법·제도가 과학기술 확산의 거름망이 된다. 예컨대, 한미 간 무역

협상 과정에서 스크린쿼터를 어느 정도로 할 것인지 결정하면, 그에 따라 한국 사람들이 할리우드 영화를 국내에서 동시에 보는 경험은 달라진다. 만일 한국의 법·제도가 할리우드 영화의 폭력적 내용과 시장지배력을 문제 삼아 상영을 제한한다면 위풍당당한 기술은 무기력해진다. 영화수입업자와 영화인 등 실제 많은 사람이 할리우드 영화 상영을 둘러싸고 대립했다. 스크린쿼터제의 완화에 대해 한국 영화인과 시민이 보여준 눈부신 항쟁을 보라. 과학기술이 일방적으로 지구화를 이끈다고 보는 것은 한계가 있다.

과학기술은 정치적·경제적 이해관계 속에서 제 모습을 드러낸다. 과학기술의 발전 이면에 기업의 이해관계가 개입되어 있다는 점을 고려한다면, 과학기술이 칭송할 미덕인지도 곰곰이 생각해볼 문제다. 우리가 일반적으로 과학기술을 칭송하는 이유는 단순하다. 과학기술 덕분에 삶이 물질적으로 풍요로워졌기 때문이다. 하지만 기술을 둘러싼 국가 간 혹은 집단 간 위계화가 나타난다는 점을 지적하는 사람들은 일방적인 과학 칭송을 거부한다. 과학기술을 공공선의 목적으로 쓰는 것이 아니라면 좀처럼 과학기술을 칭송하기 어렵다.

과학기술의 발전에 따라 지구화를 이해하는 시각은 국제사회의 행위자 사이에서 서로 엇갈린 생각이 존재한다는 점을 놓친다. 지구화가 과학기술 발전에 따른 자연적 질서라고 생각하는 사람들은 과학기술 앞에 나약한 인간의 이성에 주목한다. 반면에 과학기술 발전을 기업이 이윤을 좇아 행한 의도적인 기획이라고 생각하는 사람들은 "힘을 모아 지구화를 막아내자"고 제안한다.

과학기술과 지구화 논란은 지구화를 둘러싼 사회세력들 간의 이해관계를 묻지 않고서는 정확히 이해할 수 없다. 지구화와 관련된 오늘날의 주장은 거의 다 지구화를 둘러싼 다양한 반응을 어떻게 이해하고 정의해야 하는

가에 관한 것이다. 지구화에 관한 논쟁을 보면, 누가 지구화를 추진하고 왜 그러했는가에 대해 세력마다 다양한 반응과 해석이 나타난다는 것을 알 수 있다.

초국적 기업이 이끄는 지구화

초국적 기업[4] 혹은 초국적 금융자본은 국경을 넘어 전 세계를 누빈다. 세계 무대에서 초국적 기업의 위상을 드러내는 지표는 화려하다. 초국적 기업들의 모회사 7만 7,175개는 총 77만 3,019개의 해외 자회사를 소유하고 있다.[5] 세계경제에서 차지하는 비중도 갈수록 커지고 있다. 상위 500대 초국적 기업의 소득은 최근 21조 달러를 넘어섰으며,[6] 상위 200대 초국적 기업의 총매출이 세계 총생산의 28%를 차지한다.[7] 유엔무역개발회의 UNCTAD의 「2009년 세계투자보고서」에 따르면, 초국적 기업이 전 세계 상품 수출의 3분의 1을 맡고 있고, 초국적 기업에서 일하는 사람들은 2008년 7,700만 명에 이르렀다. 글로벌 해외직접투자Foreign Direct Investment: FDI 규모는 2008년 이래 글로벌 금융위기 여파로 감소했지만, 2007년 1조 9,790억 달러로 사상 최고 수준에 달했다.[8] 해외직접투자의 극적인 성장은 초국적 기업의 범세계적 영향력을 확대했다. 지구화를 초국적 자본의 영향력이 확대된 결과로 보는 견해는 지구화된 시장경제를 이해하는 데 도움이 된다.

초국적 자본은 말 그대로 국적을 초월하는 지구화의 대명사가 되었다. 초국적 자본은 세계 경영 내지는 직접투자의 증대 전략으로 세계 여러 나라의 정책에 영향을 끼친다. 국민이 원하는 것과는 별개로 초국적 기업의 결정이 한 국가의 운명을 바꿀 수 있게 되었다. "국가와 초국적 기업들 사이의 관계가 갈등에서 협력으로, 국가 우위에서 대등 내지 기업 우위의 관계로"9 바뀌었다.

하지만 이런 관점은 초국적 기업의 새로운 경영전략에 과민 반응을 보였을 뿐, 국가를 구성하는 다양한 사람과의 관계에 대한 의미 있는 성찰은 아니었다. 초국적 기업의 역량을 증빙하기 위한 사례들은 최대한 나열되었지만, 어떻게 다양한 국가나 시민의 이해관계를 넘어 초국적 세계를 이루어낼수 있었는지에 관한 고민은 빈약했다. 초국적 기업이나 초국적 금융자본, 누가 선두 주자가 되었든 지구화는 결국 다른 사람과의 관계와 관련된다.

초국적 기업의 영향력에 주목하는 관점은 지구화의 주체를 승자의 관점에서 일방적으로 지정하는 함정에 빠져들었다. 초국적 기업의 힘에 주목하고 새로운 시대라고 흥분하는 것은 기업의 바람에 의존하는 예언이 되고 말았다. 경제적 지구화는 지구적 경제 내에 승자와 패자, 건설과 파괴의 새로운 유형을 만든다. 지구화는 초국적 자본의 이윤 추구로 삶을 박탈당한 사람들의 저항에 맞닥뜨린다. 미국 시애틀과 체코 프라하에서 발생한 대규모전 지구적 시위는 이를 보여주는 좋은 근거다. 시위대는 거리에서 가장 먼저 초국적 기업의 상징인 맥도날드 가게를 공격했다. 지배와 저항이 부딪혀내는 파열음이 오늘날 지구화의 실체다.

지구화에 반대하는 시위 현장에 가보면 국가가 무기력하다는 것은 상상하기 어렵다. 시위대를 막고자 각국 공안기구가 협력하고 국제회의 주최 국가들은 총동원령에 가까운 규모로 병력을 결집시켰다. 국가가 초국적 기업을 싸고도는 모습을 보면서 국가의 역할을 다시 생각하게 된다. 초국적 기업은 진정 국가를 귀찮게 여기는가? 초국적 기업은 정말 국적이 없는 기업인가?

'국적 없는' 기업의 국적을 추적해보면 초국적 기업에 대한 평가가 다소

1999년 시애틀에서 WTO 각료회의가 열리자 대규모 시위가 벌어졌고, 경찰은 이를 강경하게 진압했다.

자료: djbones@flickr.com

과장되었다는 것을 쉽게 알 수 있다. 초국적 기업의 대표인 코카콜라나 맥도날드의 국적이 어디인가라고 물으면 누구나 미국이라 답할 것이다. 일찍이 "1985년 광업과 제조업의 최대 600개 초국적 기업을 출신국별로 보면, 미국 275개(45.8%), 일본 95개(15.8%), 영국 62개(10.3%), 독일 37개(6.2%) 등으로, 초국적 기업은 출신국에 본부를 두면서 세계로 진출했다."[10] 초국적 기업을 국적이 없는 기업이라거나 국적을 초월한 기업으로 간주하는 것은 현실성이 없다. 또한 "실증적인 증거에 의하면 오직 수 개의 기업만이 '국경 없는 세계'에서 작동하고 있으며, 아직도 정부가 중요한, 어쩌면 더 증대된 역할을 수행하고 있다."[11]

초국적 기업 뒤에 항상 국가가 있다는 것은 중요한 사실을 깨닫게 한다. 국가경제를 훼손하는 초국적 기업의 경영 활동이 문제라고 해서 자기 본연의 기능을 하는 기업만을 탓할 수는 없다. 초국적 기업에 대한 분노의 중심에는 그들의 이윤 증진을 지원하는 세계 주요 선진국을 비롯한 국가들에 대한 반발도 포함된다. 세계 NGO 시위대가 초국적 기업의 지구화에 반대하는 진짜 이유는 기업이 독하게 이윤을 추구했다는 사실뿐만 아니라 국가가 기업의 이윤 증대를 도울 뿐 인민의 삶을 방기하기 때문이다. 이것을 마르크스주의의 표현으로 돌리자면 '자본가계급의 도구'로 전락한 국가에 대한

날 선 비판이다.

국가들은 초국적 기업이 초래하는 불평등의 문제에 대해 너무도 무관심했다. 지구화에 반대하는 사람들은 정부가 기업만 배부르게 하는 정책을 추진하고, 경제적·사회적 약자를 보호하지 않는다고 비판한다. 기업은 저마다 자신들의 이윤을 추구하기 위해 '공화국'에 접속했고 다른 민주공화국들을 파탄에 빠뜨렸다. 지구화 비판론자들은 "초국적 기업이 자신의 경제활동을 자유롭게 하기 위해서 정부의 시장 개입을 비판하면서도 이윤 증식이 어려울 때만 되면 국가에 도움을 요청하고, 감세 조치를 요구해 실제 국민의 안정된 삶에 기여하는 바가 없다"고 주장한다.

세계시민들은 기업의 이윤 추구 행위보다 국가의 역할에 더 엄격하다. 그것은 자본주의 체제하에서도 민주주의를 지켜왔던 역사적 경험에서 비롯된다. 우리는 국가가 곧 기업이 되어가는 세상에 살고 있다. 하지만 국가는 기업과 다르다. 그리고 민주정부가 인민의 공적 이익을 보장해야 하는 것은 민주주의 정신의 핵심이다. 인민주권의 논리는 초국적 기업을 보호하는 국가에 일침을 놓는다.

'대안적 지구화'를 모색하는 사람들은 초국적 기업의 지구화를 억지해야 민주적 지구공동체가 가능하다고 전망한다. 초국적 기업의 지구화는 '대안적 지구화'에 대한 전망을 무너뜨렸다. 사회운동가들은 국가가 삶의 보호막이 되어줄 것을 요구한다. 대안적 지구화는 국가를 활용해 세계시민의 삶을 보호하는 데 초점이 맞춰져 있다.

요컨대 초국적 기업의 영향력 극대화로 지구화를 바라보는 시각이 적절한지 의심스러워진다. 초국적 기업의 활동이 활발하다고 하더라도 단순한 기업 차원의 활동과 전체 경제 차원의 동학은 구별해야 한다. 기업은 국가, 지역블록, 세계를 연결하는 지구화의 다양한 차원 중 하나일 뿐이다. 지구화가 초국적 기업이나 자본이 주도하고 있음을 과소평가해서도 안 되지만 그 역량을 과장해서도 안 된다. 초국적 기업도 지구화로 자신들이 통제할 수 없는 메커니즘에 규정받고 제약받는 존재라는 이중성을 망각해서는 안 된다.[12] 오히려 우리는 초국적 기업이 창출하는 세계질서라는 것이 있는지, 있다면 어떤 형태와 방향으로 관철되며 그것이 초국적 기업이 의도한 대로 관철되는 일방적인 관계인지를 살펴보는 데 초점을 맞춰야 한다.

국경 없는 시장경제

국민경제를 구성하는 기업이나 지방경제는 세계경제의 한 부분으로 통합되었다. 국민경제에 대한 국가의 자율적 통제력은 크게 줄어들고 있다. 지구화는 '국경 없는 경제borderless economy'[13]를 나타내는 표현이다. 이러한 접근은 경제 영역에서의 지구화가 오늘날의 지구화를 대변하는 핵심이라고 파악한다.

지구화는 '세계경제의 통합 추세'[14]라는 개념으로 더욱 잘 설명된다. 지구화 옹호론자들은 초국적 자본의 영향력이 국경을 넘어 진행되고 과학기술 발전이 이를 돕는다고 생각한다. 하지만 그것은 하나의 흐름일 뿐이다. 애초에 초국적 기업의 일방적인 의지로 국경 없는 시장경제가 창출되기는 어렵다. 과학기술이 이러한 지구화를 돕고 있지만 그것 역시 수단에 불과하다. 국경 없는 시장경제가 안정적으로 형성되었다고 확정할 수는 없다.

국경 없는 시장경제는 공식적인 규율 제도가 없이는 안정적으로 운영될 수 없다. 여기서 주목받는 것이 경제적 국제기구다. 경제적 국제기구가 국가정책을 바꾸고 일반화하는 중재 역할을 하는 동시에 그러한 논의의 마당을 마련했다. 경제적 국제기구는 세계경제의 통합 추세를 규율화했다.

초국적 기업뿐 아니라 이보다 좀 더 공신력이 있는 국제기구가 세계의 경제통합을 위해 팔을 걷어붙였다. 세계경제의 규모가 커지면서 세계경제를 관리하고 세계 공통적 규범을 확립하기 위한 국제적 협조가 필요했다. 그래서 IMF나 WTO세계무역기구의 역할이 더욱 증대되었다. 아마도 경제적 국제기구의 역할을 고려하지 않고서는 국경 없는 시장경제를 지목하기 어려울 것이다.

초국적 자본이나 국제기구가 전 지구적 자본주의 체제를 이끄는 현실에 대해 자유주의자는 흐뭇해한다. 이 입장을 자세히 들여다보려면 경제적 자유에 눈을 돌려야 한다. 세계가 시장경제로 통합되면서 자유주의가 만개했다. 경제적 자유를 주장하는 이론은 우리에게 아주 익숙하다. 자유주의를 대표하는 자들은 자유시장주의자다. 그들은 국경 없는 세계시장을 자유로운 자연적 질서로 보고, 지구화를 경제적 자유의 전 지구적 존중과 확산으로 이해한다. 국경 없는 시장경제는 자유의 승리에 대한 찬양으로 받아들여졌다.

하지만 자유주의가 세계시장에 자연적으로 스며든 것처럼 여기는 것에 대해 반박하는 사람도 많다. 지구화 비판론자들에 따르면, 오늘날의 지구화는 국제기구의 '총구 없는 폭력'으로 형성된 인위적 질서다. 다양한 국가들로 균열되어 있는 국가 간 체제를 묶는 데 국제기구가 연계되었다. 국제기구는 궁극적으로 국경 없는 시장경제, 지구적 시장을 구조화하는 데 일익을 담당했다. 그뿐 아니라 적극적으로 금융 개방과 신자유주의적 경제정책을 여러 국가에 강요함으로써 세계를 하나로 묶었다. 경제적 국제기구의 역할을 추적해보라. 그러면 경제적 국제기구들이 많은 국가에 자유화, 개방화, 공공 부문 민영화, 노동시장 유연화 등 '인위적 정책'을 강요한 사실을 발견

1999년 11월, 시애틀에서 WTO 각료회의 개막식이 열렸다. 이에 따라 시애틀에 전 세계 80여 개국 1,300여 NGO가 모여들었다. 5만여 명의 시위대는 '탐욕의 자본주의'를 비판하며 시위를 벌여 WTO 각료회의 개막식을 지연시켰다. 1995년 WTO 출범 이후 새로운 국제 질서에 반대하는 다양한 흐름이 모여든 시애틀 투쟁은 대안세계화 운동, 혹은 반세계화 · 반자본주의로 불리는 운동의 상징이 되었다. 시애틀 시위는 기업 중심의 신자유주의적 세계화가 처음으로 맞닥뜨린 거대한 저항의 벽이었다. 이후 반세계화 시위는 미국 워싱턴, 호주 멜버른, 체코 프라하 등에서 국제기구의 회의가 진행될 때마다 연달아 벌어졌다.

하게 된다. 국제기구의 정치를 주목해야 한다.

국제기구와 그 국제기구가 주관하는 협의는 시장경제의 확산을 위한 국가별 정책 전환에 집중했다. 경제위기 때문에 우리에게도 잘 알려진 IMF는 애초에 금융자본을 관리·통제하려는 목적으로 출범했다. 그러나 IMF는 아시아 금융위기를 거치면서 지구적 자본주의 체제를 유지하기 위한 지독한 고리대금업자로 변모했다. 아시아 및 남미 국가가 경제위기로 허덕일 때 IMF는 막대한 자금을 활용해 오히려 이 국가들의 경제를 더욱 어렵게 했다. 국경 없는 시장경제에 나타난 자유는 특정인의 자유였다. 지구화 시대에 강조된 자유는 기업과 자본가 등 특정한 세력이 바라던 자유였다.

WTO나 IMF가 추진한 시장자유화 정책은 많은 세계시민의 기대를 외면했다. 문제는 우리가 희망하는 세계화가 삶의 질의 세계화인 데 비해, 정치적·경제적 권력자들이 현실적으로 만들어가는 세계화는 기업(자본) 운동의 세계화, 이윤 추구의 세계화라는 데에 있다.[15] 국제기구의 공신력에도 불구하고 저항은 끊임없이 제기된다. 1999년 시애틀에서 열린 제3차 WTO 각료회의가 반세계화anti-globalization 운동의 표적이 된 사실은 지구화를 이해하는 데 중요한 정보가 된다. 세계 무대가 자유 확장의 현장인 동시에 가치 충돌의 현장이었다. 세계 NGO들의 저항은 국제적 경제기구가 시장 자유를 지나치게 확장한 탓에 일어났다. 국제기구와 그 구성원인 국가가 지구화를 주도했다 하더라도 경제적 자유에 대한 저항의 움직임을 알지 못한다면 지구화를 제대로 이해하는 것이 아니다.

국가의 종말

과학기술의 진보, 그리고 초국적 기업과 국제기구의 영향력이 지구를 뒤덮었다. 여러 가지 정황은 국가의 경계가 무너지고 있음을 강력히 시사한다. 프란시스 후쿠야마Francis Fukuyama가 사회주의권 붕괴와 함께 '역사의 종말'[16]이라는 말로 시장자본주의의 승리를 선언한 데 이어, 오마에 겐이치大前研一가 '국가의 종말the end of nation state'[17]이라는 충격적인 선언을 하면서 국가의 쇠퇴에 무게를 더해준다. 여기서 지구화는 "지구를 하나의 단위체로 만들어가는 현상, 즉 민족국가로 분열된 세계를 하나로 만들어가는 현상"[18]으로 정의된다.

국가의 종말 선언은 국가의 주권적 속성이 무너진 것으로 받아들여졌다. 이 시각에서 보면 지구화는 "확대지향적인 시장기제의 작동과 이로 인한 자원 및 인력의 이동으로 근대국가의 속성인 영토성과 주권이 도전받고 그 의미가 희석되는 현상"[19]이다. 주권은 국민국가적·국제적·초국가적 행위 주체들 사이에 분할되고 제한된다.[20] 유럽에서 좌파와 우파 정당 간 노선 차이에도 모든 정부의 경제정책과 복지정책이 점점 비슷해지는 경향이 생겼던 것은 하나의 예다. 하지만 지구화 시대를 규율하는 정책이 마련되는 과정을 다시 살펴보자. 국가의 운명이 과연 끝났는가?

지구화 시대의 도래에 많은 사람이 동의하지만, 지구상 모든 국가들이 '같은 국가'가 되는 시대가 오지는 않았다. 자유시장주의가 승리하고 국가가 종말을 고했다면 경제위기 상황에서도 모든 국가의 대응 태도는 같아야 할 것이다. 하지만 경제위기가 발생하면 국가들의 태도가 다양하게 나타난다. 국가 간 차이는 정말 없어진 것일까?

지구화 시대 국가의 기능이 약화되었지만, 학계에서는 국가론이 다시 부상하고 있다. 국가란 무엇인가? 지구화 옹호론자들은 국가에 대한 거부감을 표명한다. 국가는 시장 자유를 저해하는 거추장스러운 것이다. 자유주의자들은 국가가 외부의 초국적 형태의 행위자로 말미암아 의미 있는 차이가 점차 사라지고 있다고 진단하면서 국가 종말론을 개진했다. 이들은 국가 종말을 시장 자유의 확장으로 찬양하는 명쾌함을 보여줬다.

하지만 자유주의자의 시각은 국가에 대한 거부감을 보여줄 뿐 국가 본연의 의미를 파악하지는 못했다. 국가는 외부의 다양한 행위자의 요구에 민감할 뿐 아니라 내부 행위자의 요구와 갈등을 결합해 응축한다. 국가는 대규모 기업과 투자가의 규제 완화 압력을 받는다. 동시에 국내 사회·정치 세력의 요구도 무시할 수 없다. 국가는 지구적 시장경제를 완전경쟁 체제로 구축하는 데 필요하다. 동시에 국가는 지구적 문제를 해결하는 데에 여전히 현실적으로 유력한 행위자다. 따라서 국가에 '접속'하려는 국내외 행위자 간의 경쟁이 치열하게 전개된다. 국내외적으로 연계된 세계 정치·경제는 우리가 일반적으로 생각하는 것보다 훨씬 복잡하고 역동적이다.

지구화 옹호론자의 국가 종말론은 국가가 아무런 일도 할 수 없다는 것처럼 비춰질 수 있다. 하지만 자본주의가 위기에 직면할수록 여전히 국가는 이를 수습할 수 있는 유력한 행위자다. 직접적으로든 간접적으로든 국가가 그러한 역할을 계속 담당한다. 국가는 (금융시장에 대한) 감독과 관련해서 좀 더 폭넓게 협력하는 방법을 찾는다. 금융가들이 '체계적 리스크'라고 부르는 것, 즉 한 금융시장에서의 리스크risk가 다른 시장으로 확산되는 것에 대처하기 위한 수단은 궁극적으로 국가의 공언을 필요로 한다. 결국 국가만이 최종 대부자로서의 역할을 수행한다.[21] 그뿐 아니라 구제금융 조치와 구조 조정으로 발생하는 저항을 무마하거나 억누르는 역할을 하는 것도 국가다.

초국적 기업이 국경을 넘을 때도 국가가 필요하다. 지구화의 지표로 제시되는 기업의 해외 진출 역시 기업 출신국의 정부와 타국의 정부에서 일정한 형태의 허가를 얻어야 한다. 초국적 자본은 자신의 이익을 극대화하려고 경제 선진국 정부의 힘을 동원해 경제협상을 벌인다. IMF와 WTO가 제시하는 글로벌한 규준, 즉 '조건과 정책의 국제적 표준화'[22]를 창출하는 데에서도 국가는 여전히 중심적 행위자다. 자유주의자는 지구화의 근거로 국민국가의 위상을 부정한다. 하지만 역설적으로 지구화를 위해서라도 국민국가는 필요하다. 따라서 '국가 종말론'은 자유시장의 지구화를 바라는 자아도취적 예언이 되고 말았다.

전 지구적 자본주의를 구축하는 데 국가가 일정한 역할을 한다면, 그것이야말로 국가가 살아 있다는 증거가 아닌가? 국가 종말론은 국가와 정치의 의미를 잘못 해석했다. 국가는 지구화 시대에 새로운 역할과 임무를 요구받는다고 보는 것이 적절하다. 국가 종말론을 입증하려면 국가의 종말에 앞서 정치의 종말을 선언했어야 한다. 하지만 정치는 종식되지 않았다.

지구화는 미국화인가

지구화 시대 국가 간 체제는 여전히 강대국의 독무대다. 세계정부는 출현하지도 않았고, '세계정치global politics' 질서의 지구화는 아직 막연하다. 유엔의 역할이 더 필요해졌는데도 실제 그 역할은 미약했다. IMF가 많은 국가에 이식한 신자유주의 정책에는 미국의 강력한 의지가 반영된다. 이라크 전쟁은 미국이 세계의 자유로운 시장을 확보하려는 목적으로 벌인 전쟁이라는 주장도 있다. 여러 경험을 고려하면 지구화란 미국이 주도한 경제질서의 산물로 이해할 수 있다. 이렇게 지구화를 '미국화'로 이해하는 것은 국제정치의 현실을 드러낸다. 그러나 과연 세계는 미국이 주도하는 방향으로 흘러가고 있는 것일까?

지구화 비판론자들 중에 어떤 사람들은 세계 통합경제의 규칙이 국가 간 권력관계에 따라 정해졌다고 주장한다. 그것이 사실이라면, 공개토론에서 세계경제 질서를 두고 자기주장을 펼치는 행위는 이미 결정된 미래를 두고 형식적 난상토론을 하는 것에 지나지 않는다. 강대국이 군사력이나 경제력에 의존해 상대 국가를 굴복시킬 수 있기 때문이다. 지구화가 닥쳐온 이유도 미국이 다른 국가의 운명을 좌우했던 힘에서 찾아볼 수 있다. 이런 주장은 지구화 시대의 현실정치를 '힘'으로 설명해주는 명쾌함을 보여주었다.

하지만 강대국의 정치를 강조했을 뿐 지구화로 발생한 국가 간 상호 연계성의 심화를 충분히 고려한 주장은 아니었다. 국제정치의 현실을 드러내주는 사례는 충분히 제시되었지만, 정치적·경제적 관계를 지나치게 단순화한다.

강대국은 다른 국가에 자신이 마련한 획일적인 규칙을 따르도록 강요했지만, 정작 그것이 반드시 성공하지는 못했다. 세계경제 위기를 통해 볼 수 있듯이, 강대국만의 국익 추구는 세계시장을 파괴해 안정적이고 장기적인 이익을 얻을 수 있는 기반을 스스로 무너뜨리는 기현상을 빚었다. 강대국은 약소국을 밀어붙일 수 있다. 하지만 강대국과 여러 작은 국가의 이해관계는 서로 얽혀 있다. 선진국의 수출품도 그것을 살 능력이 있는 국가가 있어야 선진국이 이득을 챙길 수 있는 법이다. 개발도상국이 파산하기라도 한다면 선진국도 국부 중진 기반이 무너질 수 있다. 강대국이 원하는 대로 모든 것이 이뤄질 수는 없다.

그리스 정부 재정위기 때, EU유럽연합와 IMF는 의지만 있었다면, 유로존 Eurozone에서 차지하는 비중이 비교적 작았던 그리스의 상황을 외면할 수도 있었다. 하지만 그들은 그리스를 낭떠러지 밑으로 몰아붙이지 못했다. 그리스가 무너지면 그리스에 자금을 빌려준 선진국 자신과 그들의 은행이 무너질 수 있기 때문이다. 약소국의 경제위기를 회복하는 것은 비단 약소국만이 아니라 강대국의 이익을 위한 것이기도 했다.

EU와 그리스 정부 간의 협상 과정은 지루하고 복잡한 정치적 공방의 연속이었다. EU와 IMF는 그들이 원하는 방식의 신자유주의적 개혁 프로그램의 이행을 요구하며 그리스 금융지원을 승인했다. 하지만 그리스 정부는 1차 구제금융을 받으면서 약속했던 재정 적자 감축, 경제개혁, 국유재산의 민간 및 해외 매각 등의 목표를 제대로 지키지 못했으면서 더 많은 지원을 요구했다. 그리스 정부는 국민의 강한 반발에 부딪혀 EU와 밀고 당기는 협상을 계속했다. 더 겁이 많은 사람이 결국 충돌을 피해 양보한다는 이른바 '치킨게임'이 EU와 그리스 정부 간에 한동안 지속되었다. 이는 그만큼 세계 경제가 생태계 구조처럼 연계되어 있는 탓이다. 누구도 상대방을 내칠 수 없는 것이다.

선진국만이 일방적으로 관철하려는 세계질서의 형성은 점차 어려워지고 있다. 과거에 세계경제 질서를 논하는 자리에는 주로 석유파동 이후 형성된 G5로 일컬어지는 소수 경제 선진국만 초대되었다. 그러나 최근 미국 금융위기 이후 G20으로 회의장이 넓어졌다. 비록 G2(미국과 중국) 국가가 제 아무리 강력해도, 개발도상국이 세계경제에서 차지하는 위치는 누구도 무시할 수 없을 만큼 중요해졌다. 세계경제 질서를 구축하는 데, 예전보다 더 많은 국가의 역할이 중요해졌다. 그만큼 세계경제가 다양하게 연계되어 있는 탓이다.

경제위기에 직면해서 나타난 각국 정부와 국제기구 간의 갈등 과정이야 말로 지구화가 강대국의 일방적인 힘으로 달성되기 어렵다는 것을 보여준다. 강대국은 약소국에 일방적으로 자신이 원하는 것만을 '지시'하기 어렵다. 상호 연계성 때문에 선진국은 자기 정책을 다른 국가에 강요하거나 관철하는 데 한계가 있다. 상호 연계성이 심화되면서 다양한 국가들의 정치가 교차된다.

선진국 내부에서도 자유화 비판론이 살아 움직여 지구화는 혼란스러울 정도로 역동적이다. 세계는 국가 간 차이뿐만 아니라 국내 아우성에 따라 다른 질서가 형성된다. 많은 국가가 민주정치를 키웠다. 특히 세계정치에서 강력한 권력을 행사하는 선진국에는 이러한 민주정치의 원리가 잘 정착되어 있다. 따라서 선진국 내부에서 다양한 NGO들이 지구화를 비판하는 일도 자연스럽게 나타난다. 사실 지구화에 반대하는 지구적 시위대의 많은 부분은 서구 선진국의 NGO들이 주도했다.

다양한 사람이 모여 사는 지구사회에는 지구화에 대한 옳고 그름, 정의와 부정의에 관한 이견으로 가득하게 마련이다. 어떤 국가는 개방을 옹호하나, 다른 국가는 보호를 주장한다. 어떤 국가는 금융자본에 높은 세금을 부과하기를 원하지만, 다른 국가는 금융자본의 통제가 자유화에 대한 억압이라고 생각한다. 특정 산업에 대한 보조금 제도를 놓고도 어떤 국가는 선진국이 우위에 있는 불평등한 세계경제 구조를 바로 잡는 정책이라며 옹호한다. 그러나 다른 국가는 공정한 자유경쟁을 왜곡하는 정책이라고 비난한다. 이른바 '국가 간 협정 경쟁'이 벌어지기도 한다. 세계 무대에서 각종 경제협정을 둘러싸고 열정적이고 격렬하게 논쟁을 벌이는 모습을 보노라면, 지구화를 강대국이 일방적으로 정한 질서라고 딱 잘라 말하기 어려워진다.

지구화를 지구적으로 생각하기

지구화는 논란이 많은 현상이다. 어떤 사람들은 이를 반박의 여지가 없는 시대 흐름으로 보는가 하면, 다른 사람들은 특정 세력의 의도가 반영된 기획으로 본다. 어떠한 경우든 기존의 지구화 정의는 지구적 경제의 기본 규칙을 설정하려던 초국적 기업이나 WTO와 같은 국제기구만을 주목했다. 초국적 기업과 이에 호응하는 선진국 및 국제기구 등의 힘이 강해 지구화는 강압적이고 폭압적인 구조가 되었다. 수십 년간 일방적으로 진행된 행위가 기존의 지구화 구조를 이뤘다. 신자유주의적 지구화 구조는 생각보다 강했다. 2008년, 미국에서 시작된 금융위기 이후에도 좀처럼 신자유주의적 지구화 체제가 무너지지 않는 것은 이를 웅변한다.

하지만 그것은 한 방향의 지구화를 설명할 뿐, 어떻게 지구화를 통합적으로 이해할 것인지에 관한 충분한 해석은 되지 못했다. 기존 논의는 지구화를 둘러싼 다양한 정치적 행위를 이해하지 못하고 일방적 지구화라는 함정에 빠져들었다.

지구화를 보는 관점의 시야는 지구적으로 넓어지고 있다. 사실 이러한 인식이 확장될 수 있었던 데에는 역설적으로 기존의 지구화 과정이 영향을 미쳤다. 기존의 지구화가 탈국가적 사고를 유도하면서 지구화에 대한 우리의 논쟁과 접근 방식을 변화시켰다.

이를테면 환경문제는 지구적 문제일 뿐 아니라 환경문제 뒤에 초국적 기업의 이윤 추구가 반영되었다는 점과 각국 정부의 호응이 존재한다는 이면을 발견하면서 논쟁은 더욱 거칠어졌다. 국경을 넘나드는 문제는 환경문제만이 아니다. 빈곤, 불평등, 여성, 인권, 보건, 원자력과 핵, 테러리즘과 안보 등 다양한 지구적 문제가 일국적 수준에서 해결될 수 없을 뿐만 아니라 배후에 다양한 행위자가 영향력을 행사한다는 점을 많은 사람이 공유한다.

기존 지구화에 대한 저항운동은 지구화의 본질을 꿰뚫어 보는 시각을 갖게 했다. 21세기 새로운 유형의 혁명이라고도 일컬어지는 사파티스타 Zapatista 운동에 고무된 빈곤한 멕시코 농민과 원주민은 지역적이고 국가적인 독재 정부에 대한 그들의 저항을 초국적 기업의 약탈과 지구적 신자유주의에 대한 비판과 결합시켰다. 한국 정부의 노동시장 유연화 조치로 고통받던 노동자도 이제 그 고통의 근원에 신자유주의적 지구화를 추진하는 초국적 자본과 국제기구가 있다는 사실을 안다.

활동가들이 지구적 저항운동을 전개하면서 세계시민들은 자기 삶을 보호하기 위해 지구 문제를 자기 문제로 간주하기 시작했다. 지구화의 형성과정과 그 때문에 발생하는 문제는 세계시민의 삶이 연루된 중대한 문제다. 어느 누구도 지구화 문제에서 자유로울 수 없다. 지구화가 초래한 국가 간 불평등과 그것에 대한 불만은 지구화를 더욱 역동적으로 구성하게 만든다. 그래서 세계시민과 국가는 '살아남으려고' 치열하게 정치적 행위를 하게 된다. 세계시민은 지구적 문제가 형성되는 구조를 파헤

✓ **사파티스타 운동**

1994년 1월, 북미자유무역협정(NAFTA)이 발효되는 시점에 멕시코의 사파티스타 반군의 봉기가 일어났다. 북미자유무역협정은 치아파스 지역 원주민의 생활양식, 환경, 경제에 큰 위협으로 대두했다. 사파티스타 무장봉기에 이어 주요 도시와 타운이 함락되고 정부의 강경 진압에 맞서 12일간 도심에서 시가전이 벌어졌다. 그 이후 사파티스타는 정부의 거듭되는 탄압에도 불구하고 비폭력을 핵심으로 하는 방식을 동원하여 계속해서 지역의 자치와 문화를 유지하려고 노력했다. 그 결과 지금은 일정한 자치권을 유지해오고 있다. 사파티스타의 대의명분은 세계의 초국적인 지지를 이끌어냈다.
자료: 에이프릴 카터, 『직접행동』, 조효제 옮김 (교양인, 2007).

치고 나서 민주적 통제에 나서려는 의지를 보였다. 특정한 지역이나 국가에 한정되었던 대표의 개념을 새로운 주체들이 확장하면서 새로운 삶을 꾸리기 위한 정치를 실천한다.

세계경제포럼World Economic Forum: WEF(다보스포럼)에 맞서는 세계사회포럼World Social Forum: WSF은 지구적 시민사회의 초국적 토론장이 되었다. 자유시장경제의 지구화 구조 혹은 제도로 영향을 받는 사람들이 저항의 목소리를 내기 시작하면서 지구화를 둘러싼 접전은 더욱 치열해졌다. 전에는 지역적 혹은 국가 영토적으로 대항해오던 것이 이제는 달라졌다. 자본의 일방적 지구화는 확장된 저항으로 더욱 역동적인 지구화로 변모했다.

지구화를 추진하는 기술적 방식 역시 지구화의 국면을 새롭게 변화시키고 있다. 국제기구의 일원과 국가의 대표들이 한 국제기구의 회의석상에 NGO 대표들을 불러들여 "당신들도 인터넷을 사용하면서 지구화에 전적으로 반대할 수 있느냐"고 몰아붙인 적이 있다. 그들의 주장은 역설적으로 사회운동가의 인식을 전환하는 데 도움이 되었다. 지구화를 확장하기 위한 수단이었던 바로 그 과학기술이 새로운 저항 주체의 저항 도구가 되었다. 이제 기존의 지구화를 도왔던 기능적 수단은 기업뿐 아

> ✔ **세계경제포럼(다보스포럼)과 세계사회포럼**
> 세계경제포럼은 스위스의 다보스에서 열리기 때문에 다보스포럼이라고도 불린다. 세계 각국의 정상과 장관, 국제기구 수장, 재계 및 금융계 최고경영자들이 모여 세계경제 운영 방안을 논의한다. 최근에는 NGO 단체의 대표자, 미디어 리더, 학자, 종교 지도자, 보수적 노동조합도 참가한다. 하지만 세계경제포럼의 운영 자금이 초국적 기업에 의해 조달되는 만큼 성격상 친기업, 친자본주의 성향을 지닌다.
> 세계사회포럼은 반세계화, 대안세계화 활동가들이 매년 여는 국제 행사다. 세계경제포럼 일자에 맞추어 개최되어 세계화에 대한 항의운동의 성격을 띤다. 사회운동가들은 신자유주의적 세계화에 맞서 국제적 활동을 어떻게 벌일지, 어떻게 대안을 조직할 것인지를 의논하고 국제적인 행동의 방향을 결정한다. 포럼은 전통적인 국가 경계를 넘어 지구적 민주주의의 새로운 양상을 보여주었다. 포럼은 2001년 브라질 포르투알레그리에서 처음 열린 데 이어 주로 개발도상국에서 개최된다.

니라 기존 지구화에 반대하는 NGO와 농민, 노동자, 심지어 탈레반도 활용할 수 있게 되었다.

크게 보면 전 지구적 완전경쟁시장을 건설하려는 부단한 기획과 그 반대로 사회적 영역 안에 시장을 가두고 관리하려는 끈질긴 저항이 경쟁을 벌이는 과정이 지구화를 둘러싼 논쟁의 핵심이다. 지구화 개념을 정체된 현상으로 가둘 것이 아니라 역동적인 자본주의 체제의 현상과 과정으로 열어놓고 볼 줄 알아야 한다. 다원적 영향력 사이의 복잡한 교차점을 강조하면서도 그것이 하나의 제도와 규칙으로 구조의 부분을 재구성하고, 이러한 구조와 행위자가 다시 교차하는 역동적이고 복합적인 과정에 대해 탐구해야 한다. 그것이 지구화의 신화 혹은 세계 자본주의의 신화를 깨뜨려 진정으로 다른 세상을 모색하는 실마리를 제공할 것이다.

요컨대 지구화는 자연적 현상이 아닐 뿐만 아니라, 누군가가 일방적으로 의도한 결과이거나 그 자체로 이미 결정된 것도 아니다. 지구화를 인위적인 자유시장경제 편제 현상으로 보는 경우에도 지구화를 둘러싼 저항이 다양했다는 사실을 아는 것이 중요하다. 지구화는 지구 문제를 중심으로 다양한 지구적 주체들이 서로 각축을 벌이며 경합해 하나의 구조를 형성하고, 다시 경합하는 현상이다. 지구화는 지구적으로 살아 움직이며 요동치는 운동이다. 지구화를 지구적으로 넓고 깊게 생각하라. 그렇게 해야 세계시민의 삶과 관련된 중요한 의미가 보인다.

··이 야 깃 거 리

1 지구화를 옹호하는 사람과 이에 반대하는 사람들이 자신의 주장을 뒷받침하기 위해
  제시하는 자료를 찾아 논리를 재구성해보자.
2 오늘날 상호 의존성의 심화 현상은 지역 간, 국가 간에 좀 더 긴밀한 협조를 낳을 것인
  가, 아니면 더 많은 갈등을 일으킬 것인가? 두 가지 갈림길에 영향을 미치는 요인은
  무엇인가?
3 지구화는 우리 국민에게 유리한가, 불리한가? 각 주장의 근거를 제시하고 자기 견해
  를 말해보자.
4 지구화 시대에 국가의 생명은 끝난 것인가? 국가의 종말이 좋은 것인가, 국가의 유지
  가 좋은 것인가? 우리는 국가를 무너뜨려야 하는가, 무너지지 않도록 싸워야 하는가?

··읽 을 거 리

데이비드 헬드 외, 『전 지구적 변환』, 조효제 옮김(창비, 2002).
죠지 몬비오, 『도둑맞은 세계화』, 황정아 옮김(창비, 2006).
피에르 부르디외 외, 『세계화 이후의 민주주의』, 이승협 옮김(평사리, 2005).
피터 싱어, 『세계화의 윤리』, 김희정 옮김(아카넷, 2003).
한스 피터 마르틴·하랄트 슈만, 『세계화의 덫』, 강수돌 옮김(영림카디널, 2003).
헬레나 노르베리 호지, 『허울뿐인 세계화』, 이민아 옮김(따님, 2000).

제1부
지구화와 세계정치

세계의 평화와 안전은 국가의 비용과 이익을 저울질하는 문제인
가? 아니면 세계 평화라는 보편적 이상은 워낙 기본적인 덕목이
라 그러한 계산을 떠나 별도로 존재하는가? 그리고 국가의 권리
를 기본적으로 존중해야 하는 것이라면, 국가 간의 권리 충돌을
어떻게 조율해야 평화에 도달할 수 있는가? 구체적으로 국가지
도자들이 국제정치 영역에서 어떻게 행동해야 하고 어떻게 행동
할 수 있는가? 더불어 그것은 옳은 것인가?

제 2 장

세계정치의 이해

국제사회가 평화에 이를 수 있는 방법을 묻는 것은, 우리가 소중히 여기는 것들, 이를테면 자유와 평등, 인권과 민주주의를 어떻게 정립할 것인지를 묻는 것이다. 평화로운 국제사회는 민주적 가치를 올곧게 정립한 사회다. 다시 말해, 전 지구적 민주주의 체제가 확립된 사회다. 이때 누가 어떻게 민주적 지구공동체를 세울 수 있는가를 묻다 보면 문제가 복잡해진다.

역사 속에서 이미 많은 사람이 이 문제와 씨름했다. 그동안의 논의는 평화로운 국제사회 체제를 완성적으로 구성하지 못했다. 기껏해야 '전쟁 없는 세계'와 같은 세계 평화의 원초적 조건을 논하는 데에만 머물렀다. 그런데도 전쟁에 이르지 않도록 방어하고, 갈등과 전쟁 속에서 평화를 정착하는 방법을 따져보고, 테러를 근절하기 위해 무엇을 할 것인지 곰곰이 생각하면서 커다란 두 가지 해석을 정립했다. 현실주의와 자유주의가 그것이다. 이두 가지 해석 방식은 세계체제를 정립하는 서로 다른 방식을 암시한다.

국가 간 전쟁이 발생하면 그 전쟁의 비극을 최소화하고 평화를 추구하기 위해 무엇을 해야 하는지를 놓고 의견이 엇갈렸다. 엇갈린 생각을 가진 사람들은 서로 자기만의 방식과 의지대로 세계를 만들려고 했다. 어느 이론도 평화로운 국제사회 모델을 단번에 제시하지는 못했다. 그러나 기존 이론을 정리하고 우리 생각을 다듬는다면, 지구화 시대 세계 정치체제의 올곧은 모델을 정립하는 데 필요한 몇 가지 이해는 도울 수 있다.

세계정치를 이해하는 두 가지 방식

이 장에서는 세계정치를 이해하는 두 가지 방식의 특징을 살펴볼 것이다. 이 중 현실주의부터 알아보자. 현실주의는 국가를 핵심 단위로 삼아 세계정치를 이해한다. 이러한 사고는 자연스러운 출발점이다. 우리는 왜 국가를 중심으로 생각할까? 가장 분명한 답은 세계정치에서 중요한 갈등이 국가 간 전쟁으로 나타나기 때문이다. 찰스 틸리Charles Tilly 의 주장에 의존한다면, "전쟁이 국가를 만들었고 국가는 전쟁을 만들었다."[1] 근대적 의미의 세계정치가 성립하는 데 기여했던 베스트팔렌체제도 삼십년전쟁과 관련되었다. 근대 세계 정치체제는 국가 간 체제로 정립되었다. 국가 간 전쟁의 역사를 들여다보면 현실주의에 눈을 돌려야 한다. 현실주의는 국가 간 체제에 나타난 역학 관계를 가장 그럴듯하게 설명한다.

다음으로 세계정치를 자유라는 가치 추구와 연관 짓는 이론을 살펴보자. 자유주의 혹은 이상주의 이론이 그것이다. 세계 평화가 인간의 자유와 평등을 존중하는 것에서 시작되어야 한다는 생각은 오늘날 힘의 정치로서 세계정치를 이해하는 현실주의 사고만큼이나 익숙하다. 이를테면 유엔헌장은 "전쟁의 참화에서 다음 세대를 구하고 기본적 인권, 인간의 존엄 및 가치,

남녀 및 대소 각국의 평등권에 대한 신념을 재확인하며…… 더 큰 자유 속에서 사회적 진보와 생활수준의 향상을 촉진할 것"을 결의했다. 세계정치가 자유와 평등의 길로 나아가야 한다는 생각이 오늘날 세계적으로 힘을 얻고 있다.

세계정치의 문제를 해결하는 방향과 방법을 놓고 이견이 있기 마련이다. 이견은 흔히 세계정치 영역에서 이해관계나 그것에 따라 서로 지지하는 바가 다른 사람들 사이에서 생긴다. 일반적으로 세계정치에서는 국가의 원초적 이익 추구를 중요하게 다루었다. 하지만 국익을 넘어선 가치를 중시하는 견해도 무시해서는 안 된다. 나아가 지구 전체의 공공성 추구가 국가에도 이익이 될 수 있다는 주장은 눈여겨보지 못했다. 세계정치의 이해관계를 둘러싼 이론이 역사 속에서 어떻게 전개되었는지를 분석하기 전에 이러한 주장이 어디에 강조점을 두는지 생각해야 한다. 먼저 구체적으로 태평양전쟁 사례에서 문제의식을 다시 정리하고 각 이론의 주요 내용을 확인하자.

태평양전쟁 관전평

1941년 12월 7일, 일본이 미국 하와이에 있는 진주만을 기습 공격함으로써 태평양전쟁이 발발했다. 태평양전쟁의 배경은 1930년대 대공황이었다. 일반적으로 1929년 월스트리트 주가 폭락이 대공황의 시초라고 생각한다. 하지만 일본에서는 이미 1926년에 300만 명 이상의 산업 노동자들이 실직하는 등 경제공황을 겪고 있었다. 일본과 독일 등 추축국axis powers은 후발 자본주의 신흥국가로서 시장과 자원 확보에 불을 켰다. 대공황 앞에서 이들은 시장을 폭력적으로 재편하려 했다. 전쟁을 택한 것이다. 이러한 일본의 결정에는 복잡한 배경과 국익 계산, 전략이 깔려 있었다.

1931년 만주사변에 이어, 내친김에 1937년 중일전쟁을 도발한 일본은 중국의 상하이와 난징을 차례로 장악했다. 30만 명을 학살한 끔찍했던 난징 대학살은 이때 일어났다. 1940년에 일본은 독일, 이탈리아와 함께 삼국 동맹 관계를 수립하고 불가침조약을 체결했다. 당시 태평양과 중국에 진출하려는 정책을 추진하던 미국과 유럽 열강은 일본에 경제 제재 조치를 취하며 적극 대응했다. 일본은 미국으로부터 아시아에서의 행동의 자유를 확보하고자 했다. 그러나 미국은 중국을 일본에 내주는 것을 상상할 수 없었다.

1941년 7월 미국은 자국 내 일본인 재산을 동결했다. 재산 동결은 대 일본 경제 봉쇄와 비슷한 효력을 가지는 것이었다. 영국과 영국의 자치령에서도 일본과의 교역을 중단했다. 네덜란드의 동인도제도 식민지 역시 일본에 대한 수출입 금지 조치에 동참했다. 일본은 '에이비시디ABCD(미국·영국·중국·네덜란드의 첫 글자) 봉쇄망'이라고 비난했다. 일본은 석유, 강철, 또는 다른 필수품을 살 수 없었다.

일본을 고립시키려는 미국과 유럽 열강의 일련의 움직임은 일본에 큰 위협이자 장애였다. 당시 일본으로서는 원자재를 강탈해서라도 조달해야 할 판이었다. 일본은 중대한 선택의 기로에 놓이게 되었다. 금수 조치는 일본이 인도차이나나 심지어 중국에서마저 철수하고 미국과 협정을 통해 석유에 대한 접근을 확보하거나 아니면 전쟁에 돌입할 수밖에 없게 했다. 미국이 화해 조건을 제안하기도 했지만, 일본으로서는 받아들이기 어려운 것이었다.

일본은 군사적 수단으로 동남아시아의 원자재 공급원을 강점하는 전략을 택하지 않을 수 없었다. 그러나 일본 군부는 일본의 남방 진출이 곧 미국과의 전쟁을 의미하는 것임을 잘 알고 있었다. 미국이 전쟁에 돌입하도록

일본의 진주만 공습 당시 폭격을 당해
침몰하고 있는 애리조나함.
자료: Wikipedia.

자극하고 나아가 미국이 일본과 끝까지 싸우는 쪽을 택한다면 일본은 패망할 것임을 자신들도 알고 있었다. 하지만 그들은 또한 전쟁을 하지 않는다 해도 쇠망할 것이라고 믿었다. 일본 군부는 정부를 강하게 압박했다. 일본은 그들 표현에 따르면, 비극적 운명과 자포자기를 극복하고자 전쟁에 돌입했다. 일본은 꼭 전쟁을 해야 한다면 유일한 희망은 하와이 진주만에 기지를 둔 미국 태평양 함대를 선제공격하는 것뿐이라고 확신했다. 미국과 장기전을 벌일 수는 없지만, 전쟁 초반에 큰 타격을 입히고 평화협상에서 유리한 위치를 점하겠다는 계산이었다. 일본의 진주만 기습 결정은 이러한 맥락에서 이루어졌던 것이다.[2]

일본의 주장과 선택은 적어도 두 가지 반박과 맞닥뜨렸다. 우선 전쟁을 선택해 얻을 전체 이익이 전쟁 전 희생보다 정말로 더 컸는지를 물을 수 있다. 전쟁은 정치적·경제적 이익을 고려한 선택이다. 문제는 전쟁이 시작된다면 더 많은 손실을 초래할 수 있다는 점이다. 말하자면 다른 국가들이 다시 전쟁으로 응수했을 때 결과는 정말 예측할 수 없는 것이 아니겠는가?

둘째, 전쟁 수행의 이익이 많다 해도, 전쟁 자체가 한 국가의 비용이나 이익을 계산하기에 앞서 용납될 수 없다는 정서가 있지 않은가? 국가 이익을 앞세워 국민의 목숨을 희생하고 다른 국민의 목숨과 국가 자원을 빼앗는 식으로 전쟁을 이용하다니, 그런 행위는 아무리 승전국에 이익이 돌아간다 해도 잘못이 아닌가?

평화주의자들에게는 첫 번째 반박이 미온적인 불평으로 보일 것이다. 이 반박은 전쟁이 국가의 존립과 이익을 결정짓는 피할 수 없는 요건이라는 현실주의의 일부 주장과 잇닿아 있다. 전쟁이 더 큰 전쟁을 유도해 더 큰 손해라는 나쁜 결과를 초래할 수 있다고 지적하지만, 이는 이익 계산의 합리성만을 강조하는 것일 수 있기 때문이다.

만약 전쟁 수행이 세계시민의 분노를 살 만한 행위라면, 두 번째 반박이 더 적절하다. 이 반박은 전쟁을 수행하는 것이 단지 국가의 비용과 이익으로 계산되는 문제가 아니라고 주장한다. 국제사회의 안전과 평화를 위해 세계정치가 나아갈 길은 도덕적·윤리적 방식으로 닦여야 한다.

태평양전쟁을 바라보는 현실주의와 자유주의 관점에는 세계정치에서 국익과 정의를 둘러싼 두 가지 상반된 시각을 보여준다. 하나는 국가의 운명이 전적으로 국가의 결정에 달렸다는 시각이다. 이에 따르면, 국가 존립을 위해 최선의 이익을 도출하는 행위는 항상 옳다. 설사 전쟁을 선택하더라도 어쩔 수 없다. 또 하나는 전쟁 수단이 최선은 아니라는 시각이다. 전쟁은 국가에 이익이 되지 않을 뿐만 아니라, 국가는 국가 이익을 떠나 의무로서 전쟁 없는 세계 평화를 지향해야 한다는 것이다.

태평양전쟁을 둘러싼 의견 속에서 중요한 몇 가지 문제의식을 추리게 된다. 세계의 평화와 안전은 국가의 비용과 이익을 저울질하는 문제인가? 아니면 세계 평화라는 보편적 이상은 워낙 기본적인 덕목이라 그러한 계산을 떠나 별도로 존재하는가? 그리고 국가의 권리를 기본적으로 존중해야 하는 것이라면, 국가 간의 권리 충돌을 어떻게 조율해야 평화에 도달할 수 있는가? 구체적으로 국가지도자들이 국제정치 영역에서 어떻게 행동해야 하고 어떻게 행동할 수 있는가? 더불어 그것은 옳은 것인가?

· 이 야 깃 거 리

1 태평양전쟁과 관련된 이해당사자들이 말하는 이익과 세계 평화 간 관계는 상충하는가? 서로 부합하는 사례가 있었다면 어떤 경우인가?
2 세계정치에 대해 현실주의와 자유주의적 접근을 시도하는 예를 제시하고 그 차이를 비교해보자.
3 현실주의와 자유주의 중에 어떤 가정이 지구화 시대의 세계정치를 진보적 방향으로 발전시킬 수 있는가?

· 읽 을 거 리

존 베일리스 · 스티브 스미스 · 퍼트리샤 오언스, 『세계정치론』, 하영선 옮김(을유문화사, 2009).
찰스 W. 케글리, 『세계정치론 경향과 변환』, 오영달 외 옮김(한티미디어, 2010).

제 3 장

현실주의와 세계정치

투키디데스의 현실주의

투키디데스Thucydides는 고전현실주의의 포문을 연 인물로 평가된
다. 그는 『펠로폰네소스 전쟁사』에서 '멜도스의 대화'를 인용하며 국제사회
의 정의에 관한 질문에 대답했다. 그가 인용한 아테네인의 말 속에 이미 그
의 생각이 표현되었다. "정의의 기준은 강제할 수 있는 권력의 질에 달려 있
다. 사실상 강자는 그들이 할 힘이 있는 것을 하는 것이며, 약자는 받아들여
야 하는 것을 받아들이는 것이다." 강한 국가는 약한 국가를 "정복함으로써
제국의 크기뿐만 아니라 그 안보도 증대시킬 것"이며, "무엇이든 가능한 것
을 지배하는 것이 자연의 일반적이고 필연적인 법칙"이다.[1]
투키디데스는 '힘의 추구'를 주창했다. 무엇보다 힘의 추구는 국제정치의
현실이며 필연적 원칙이라는 것이다. 투키디데스는 아테네의 유명한 지도
자 페리클레스도 야망과 공포 그리고 자기 이익이라는 가장 근본적인 인간

동기에 따라 행동했다고 강조했다. 영토를 확장하고 권력을 추구하려는 것이 국가 이익이면, 이를 극대화하는 모든 행위가 정의다. 현실주의의 핵심 사상은 간결하며, 언뜻 들어도 국제사회의 현실을 이해하는 데 적합하다.

마키아벨리의 강력한 군주 옹호

현실주의 견해를 투키디데스보다 분명하게 제시한 사람은 니콜로 마키아벨리Niccolo Machiavelli다. 『군주론IL Principe』에서 마키아벨리는 자기 이익과 힘에 기초해 외교정책을 결정해야 한다고 주장했다. 이러한 견해는 '무엇보다도 힘의 추구는 필연적'이라는 거대한 근대 현실주의 사상의 기초를 형성했다. 마키아벨리는 이기적인 인간 본성에 기초해 자신이 주장하는 원칙에 도달한다. 마키아벨리의 견해를 여러 곳에서 인용해 정리해보자.

인간 본성은 이해타산적이고 변덕스럽고 기만적이다. 국가지도자는 이 사실을 인정해야 할 뿐 아니라 정치의 기초로 삼아야 한다. 이해타산적 행위를 극대화한다는 원칙은 개인만이 아니라 국가 및 국가 간 관계에도 적용된다. 국가의 가장 기초적인 이익은 자기 생존이다. 국가 역시 이기적이어서 영토를 확장하려고 한다. 국가의 생존 유지와 영토 확장을 위해서라면 군주는 무엇이든 해야 한다. 마키아벨리는 국가가 "영토를 확장하고자 하는 욕구는 매우 자연스럽고 정상적인 욕구이며, 유능한 자들이 이를 수행할 때, 그들은 항상 찬양받거나 아니면 적어도 비난받지 않는다"라면서 국가의 이익 추구 행위를 옹호한다.

그런데 영토 확장이 국가의 본질적 속성이라면 모든 국가가 비슷한 태도를 보일 것이다. 따라서 국제관계에서 전쟁과 같은 충돌은 자연스럽게 나타난다. 마키아벨리는 전쟁이 피할 수 없을 뿐만 아니라 군주의 직업이라고 한다.

마키아벨리는 국가의 무력 공격에 대해서 매우 적극적이다. "사람들에게 피해를 입히려면 복수를 두려워할 필요가 없을 정도로 아예 크게 입혀야 한다"[2]라는 그의 발언은 지금 들어도 무시무시하다. 이 무서운 발언조차 거침없이 내뱉을 수 있는 용기는 어디서 나온 것일까? 마키아벨리는 군주가 전쟁에서 이기고 국가를 보존하면, 그 수단은 모든 사람이 항상 찬양할 것이라고 생각했다. 왜냐하면 보통 사람은 전쟁 승리로 얻는 결과에 감명을 받기 때문이다.[3]

국가 이익을 위해서라면 때로는 동맹도 필요하다. 마키아벨리는 자국의 단단한 군대 조직에 기초한 군사적 동맹의 추진을 강조했다. 좋은 군대를 가질 때 항상 믿을 만한 동맹을 맺을 수 있다. 약한 군주와의 동맹도 장기적으로 유익하다. 마키아벨리는 자신의 군주에게 "서로 싸우는 군주들이 둘 다 약해서 당신에게 위협이 될 수 없을 때에도 여전히 개입하는 것이 더 현명한 정책이다. 당신이 힘을 합쳐 이김으로써, 당신의 도움을 받은 군주는 당신의 처분에 맡겨진 셈이 된다. 그리고 그가 당신의 도움을 받았기 때문에, 그가 적을 격퇴할 것이라고 예상하는 것은 당연하다"[4]라고 충고했다.

하지만 '운명의 동맹'도 국익 앞에서는 한시적일 뿐이다. 마키아벨리의 견해를 따라가다 보면 국제사회의 신의와 윤리를 쉽게 폐기 처분하는 태도를 발견하게 된다. 국익을 위해 필요하다면 군주는 전통적인 윤리를 포기할 수 있어야 한다. 인간이란 신의가 없고 약속을 지키려 하지 않기 때문에 다른 사람과 맺은 약속에 구속되어서는 안 된다. 마키아벨리는 신의 없는 군주들이 평화 조약과 협정을 파괴하고 무효화했던 무수한 예를 강조한다.[5]

그렇다면 어느 동맹에도 가입하지 않은 채 중립을 선언하여 국가 이익을 도모하려는 국가도 있지 않을까? 마키아벨리는 중립은 '파멸의 원인이 된다'고 반발한다. 국제사회에서는 이익을 추구하는 다른 국가들이 중립을 선언한 국가를 가만 놔두지 않는다. 마키아벨리는 "서로 싸우는 군주들이 당신에게 위협적인 존재인 경우, 만약 당신이 자신의 입장을 밝히지 않으면, 당신은 승자에 의해 멸망당할 것이다"라고 경고한다.6

하지만 국가가 국익을 추구하더라도 싸우는 방법이 힘에 의존하는 방법만 있는 것이 아니지 않은가? 마키아벨리는 싸움의 방법을 법률에 의거한 것과 힘에 의한 것으로 구분한다. 그는 법률에 의거하는 것이 인간에게 합당하다는 것을 인정한다. 문제는 법률에 의존하는 방식이 국익을 충족하는 데 충분하지 않다는 것이다. 국익은 법률을 통해 적절하게 추구하는 것이 아니라 힘을 통해서라도 최고치를 지향해야 한다.

마키아벨리는 국가가 계산적이고 합리적으로 힘을 사용할 것을 주장하면서 전쟁을 정당화했다. 그에 따르면 "불가피하게 수행하는 전쟁은 정의로운 전쟁이며, 무력에 호소하는 것 이외에는 아무런 희망이 없을 때, 무력 또한 신성한 것이다."7 마키아벨리는 국익과 정의를 구분하지 않았다. 전쟁을 불사하는 국익 추구 행위는 곧 정의가 된다.

권력정치가 전개되는 현실에 대해 냉철하게 평가해야 한다는 것이 마키아벨리의 결론이다. 세계정치에서 정의란 힘이 강한 국가에 이익이 되는 것으로 귀결된다. 마키아벨리의 주장은 언뜻 가혹해 보이지만, 그의 목적은 평화를 부정하고 전쟁의 도가니 속에 세상을 몰아넣으려는 것이 아니다. 그는 정치 세계의 다양성과 역동성의 문제, 곧 끊임없이 운동하는 세력들로 구성된 불안정한 세계를 통제하려 했다. 이를 위해 지배력을 획득하는 문제에 관심을 집중했다.

마키아벨리는 국가가 단지 '정당한 권위'를 추구하는 것에 반대했다. 전쟁 후의 결과가 모든 전쟁 수행 과정에서 나타난 문제를 평정하는, '결과의 선함'에 초점을 맞춰 안정된 정치체제를 수립하려 했을 뿐이다. 마키아벨리의 주장은 워낙 단호해서 그것을 반박할 그럴듯한 근거가 잘 보이지 않는다. 그의 사상은 지금도 건재하다. 마키아벨리의 사상이 현대 현실주의자에게 어떤 모습으로 계승되는지 알아보자.

날것 그대로의 국제정치

전후 국제정치 연구에서 현실주의 패러다임을 정립하는 데 결정적인 공헌을 한 사람은 한스 모겐소Hans J. Morgenthau다. 모겐소는 『국제정치: 권력과 평화를 위한 투쟁Politics Among Nations: The Struggle for Power and Peace』에서 국제정치를 '힘의 정치'로 규정하고, "힘으로 뒷받침되지 않는 세계 평화는 있을 수 없다"라고 역설했다. 그는 국제정치가 다른 모든 정치처럼 권력투쟁일 수밖에 없고, 우리 인간에게 다른 선택이 없다고 강조해 '뉴 마키아벨리'라는 평가를 받기도 한다.

모겐소의 이론은 마키아벨리가 인간의 이기적 본성을 전제로 한 관점과 동일하게 출발한다. 사람의 본성은 편협하고 이기적이며 윤리적으로 흠이 있어서 자기의 유리함을 위해 다른 사람을 경계하고 다른 사람과 경쟁하게 되는 죄스러운 사실에서 자유로울 수 없다. 인간의 모든 나쁜 행동 중에서도 본능적인 권력욕과 타인을 지배하고자 하는 욕망은 그 어떤 것보다도 빈번히 나타나며, 이는 변화시킬 수 없다. 누군가 권력욕의 근절을 기대한다면 그것은 가망성 없는 유토피아적 바람일 뿐이다. 인간 본성을 받아들여 대처해야지 부정해서는 안 된다. 모겐소는 조지 워싱턴의 말을 인용해, "인간 본성의 악함을 소리 높여 규탄하는 것은 헛된 짓이다. 즉 사실이 그러한 것이다"라고 강조했다.

모겐소는 국제정치에서 도덕규범을 훼손하는 것이 '현실'이라고 강조한다. 국제사회는 국가 간 대립하는 이해와 갈등이 근원적으로 존재하는 세계다. 이 세상에서 도덕적 원칙은 결코 완전히 실현될 수는 없으며, 기껏해야 이해관계의 잠정적 조정과 갈등의 불안한 타협을 통해 좀 낫게 해결될 뿐이다. 국제정치 현상을 이해하는 길을 찾는 데 모겐소가 중심 지표로 삼는 것은 권력으로 정의되는 이해관계 개념이다. 그는 "이해관계가 정치의 진정한 본질이라는 생각이 시간과 장소적 상황 변화에 관계없이 존속하고 있다"라고 주장한다.[8]

한편 전통적 현실주의가 인간의 본성을 조명했던 것과 달리 신현실주의는 국제적 무정부 상태에 주목한다. 신현실주의를 대표하는 케네스 월츠 Kenneth N. Waltz 는 『국제정치이론Theory of International Politics』에서 오늘날 현실주의 이론을 집대성했다. 그는 국가 간 갈등의 원인이 국가보다 상위의 권위체가 없다는 점과 그것으로 말미암아 국제체제의 권력 배분 문제가 발생한다는 것에서 찾았다.

월츠에 따르면, 국제체제는 각기 잘난 주권국가들로 구성되어 있다. 세계는 탈집중적이고 무정부적이다. 국제적 무정부 상태 때문에 국가들이 서로 치열한 경쟁에 빠져든다. 각 국가는 국력과 국가안보를 증대하고자 전쟁을 준비하고 싸운다. 국제사회는 '만인의 만인에 대한 전쟁 상태'다. 국제사회는 국익을 추구하는 비슷한 국가들이 있을 뿐이다. 강자가 약자를 지배하는 국제체제가 형성된 것은 의도한 것이 아니며 자연발생적이다.

세계정부가 없기 때문에 어느 한 나라가 억울한 일을 당해도 호소할 곳이 없다. 국제적 무정부 상태에서 국가는 권력 배분 문제를 스스로의 힘으로 해결할 수밖에 없다. 국가가 경계해야 할 대상은 앞으로 나타날 수 있는 잠재적인 적까지 포함한다. 국가는 다른 국가에 영향력을 행사하는 데 충분한 군사력을 확보하려고 한다.

국가는 자기 보호의 과제를 국제안보기구 또는 국제법에 위탁해서는 안 된다. 오히려 국가는 지구적 협력정치로 국제적 행위를 규제하려는 노력에 저항해야 한다. 국가는 자기 생존과 평화를 지키기 위해 준비해야 하고 무기 사용을 주저하지 말아야 한다. 힘이 곧 정의이기 때문이다.

현실주의자는 국제사회 현실을 냉정하게 본다. 그들은 현실 정치에서 순진한 생각을 버려야 한다고 충고한다. 이러한 관점은 오늘날 정책 결정자들에게도 유력한 영향력을 행사하고 있다. 미국의 한 정책 결정자는 "외교정책은 사회사업이 아니다. 이타주의적 감정에 젖어 자기의 이익을 무시하고 자원을 탕진하는 것은 국가적인 재앙의 첨경이다"[9]라고까지 말한다. 현실주의는 국제사회에서 매우 흔한 입장이 되었다.

권력투쟁과 평화

지구상의 국가 간 권력투쟁이 '정글의 법칙'에 따른다면 강한 국가만이 살아남게 될 것이다. 마키아벨리가 지적했듯이 적대국이 꿈에서라도 복수를 생각할 수 없을 정도로 적대국을 완전히 제압한다면 국제사회는 평온해질 것이다. 국가 간 충돌이 평정된 이후에 강력한 제국이 건설되었다고 가정해보자. 이때 평화는 패권국의 세계 정복으로 귀결된다.

하지만 세계 제국이 건설되면 안정되고 지속적인 평화가 온 것으로 볼 수 있을까? 정글의 법칙을 엄밀하게 다시 생각해보자. 정글에서는 서로가 정말 죽을 때까지 다투지 않는다. 만일 그렇게까지 싸우게 되면 한쪽이 이기더라도 회복할 수 없는 큰 상처를 입게 되는 탓이다. 그러면 다른 동물이 싸움을 걸어오더라도 방어를 할 수 없게 된다. 지는 쪽이나 이기는 쪽이나 그런 손해를 감수할 이유가 없기 때문에, 실제 정글 세계에서 생존투쟁은 항상 적당한 선에서 마무리된다. 그리고 패자는 다시 호시탐탐 재기를 노릴 것이다. 그렇게 정글 세계는 돌고 돈다. 이러한 정글 세계의 '실제' 원리는 국제정치에도 동일하게 적용된다.

현실주의자 한스 모겐소도 세계 제국의 형태가 장기간 지속될 수 있는 평화로운 세계는 아니라고 지적한 바 있다. '세계 제국'의 운명은 정복당한 국가들의 운명보다 짧았다. 세계 제국은 왜 오래 가지 못했을까? 세계 제국은 수백만의 군사력과 경찰력을 유지해야 운영될 수 있는 탓에, 감당할 수 없는 비용 문제에 시달린다. 제국의 구석구석에까지 힘이 미치지 못하고 그곳에서는 새로운 반란의 움직임이 일어나기 마련이다. 세계 제국은 여전히 불안정하다. 모겐소는 이렇게 불안정한 체제에서는 전체주의의 망령이 되살아난다고 걱정했다.[10]

현실주의자가 평화 구축을 단호하게 주장하려면 권력보다 더 강력한 논리로 보완해야 할 필요가 있다. 현실주의 이론은 힘, 국익에 기초하지만 동맹, 세력균형 등의 핵심 용어를 추가해 국제사회의 평화안을 제시한다. 현실주의자의 생각은 안보 문제에 대한 협력, 특히 외교의 조정 과정을 배제하지 않는다. 특히 동맹국과의 협력은 중요한 요소다.

현실주의자는 국가가 스스로를 지켜내지 못하는 상황이라면 다른 국가들과 동맹협정을 맺어 공동 위험을 막아내는 것이 국가 이익에 바람직하다고 여긴다. 동맹은 전투 수행에 유리하다. 동맹을 체결함으로써 국가들은 상호 간의 군사력을 증강하게 된다. 동맹국들은 공동 위협으로 공격받게 될 가능성을 줄이고, 공격할 때 더 큰 힘을 가질 수 있다. 우리 측이 동맹관계를 맺어 군사력을 증강하면 다시 적대 세력도 그들만의 동맹으로 맞선다. 이것이 서로 힘의 균형을 갖추게 되어 침략이 방지되는데, 이를 '세력균형'이라고 한다.

세력균형은 팽창주의적 동기를 상쇄하는 대항 동맹의 형성으로 원활하게 이루어진다. '동맹'이란 패권국가가 세계 지배를 위해 제국주의적 전쟁을 치르는 것을 막음으로써 세력균형을 유지시켜줄 수 있는 메커니즘이다. 오랜 세월에 걸쳐 국가 이익을 극대화하다 보면 반복되는 동맹의 형성과 쇠퇴 속에 세력균형의 평화가 달성될 것이다. 세력균형은 다원화된 사회의 영구적인 요소다. 두 국가 또는 진영이 당기는 줄이 팽팽할 때 평화와 안정은 잘 유지된다.

반박 1: 비도덕적인 국익 계산 방식

현실주의의 가장 두드러진 약점은 국익을 기계적으로 산출한다는 점이다. 수치상으로만 국익 논쟁을 벌이면 장기적이고 진정한 국익에 대해 눈멀게 된다. 현실주의 논리를 일관되게 적용한다면, 국익 논란을 다음과 같이 다룰 수도 있다.

미국 정부는 9·11 테러 이후 '테러와의 전쟁'에 돌입했고, 아프가니스탄을 시발로 이라크로 이어진 양대 전쟁을 펼쳤다. 전쟁의 명분으로 대량살상 무기의 파기를 내세웠지만, 실제 그런 무기는 존재하지 않았다. 오히려 그것이 '석유를 위한 전쟁'이라는 비난을 받았다. 아프간과 이라크 국민은 전쟁으로 말미암아 끔찍한 고통을 겪는다. 그런데 미국 정부와 기업은 석유를

에이브러햄링컨호에 걸린 현수막에 '임무 완수(mission accomplished)'라고 적혀 있다. 부시 대통령은 2003년 5월 1일 이 현수막을 배경으로 연설했다. 하지만 이후로도 전쟁은 계속되었고, 이라크 국민의 고통과 미국의 피해는 커졌다.
자료: Wikipedia.

확보했다.

　부시 대통령이 사담 후세인을 축출한 뒤 항공모함 에이브러햄링컨호에서 '임무 완수'를 내외에 선언했던 섬뜩한 환호성을 떠올려보라. 부시가 웃을 수 있었던 데에는 전쟁의 경제적 효과도 한몫했을 것이다. 자본주의국가 미국이 중요한 가치로 여기는 경제적 수익은 과연 얼마였을까? 경제적 이익 때문에 전쟁을 벌였다면 손익분기점이 꺾이는 지점에서는 전쟁도 멈추게 할 수 있지 않을까?

　미국 정부는 많은 국력을 소모했다. 미국 브라운 대학교 산하 왓슨국제연구소에서 발표한 「전쟁 비용 보고서」에 따르면, 미국은 아프가니스탄과 이라크, 파키스탄에서 전쟁을 벌이면서 2조 6,000억 달러를 투입했고, 국토안보부와 연방정보기관도 공항 검색 강화, 테러 정보 수집 등 안보 관련 비용으로 약 6,000억 달러를 지출하는 등 대테러전에 3조 2,280억 달러가 들어갔다. 전쟁이 계속된다면 이자 비용까지 고려해 대테러 비용이 2020년에는 5조 달러에 육박할 것으로 전망되었다. 이는 미국 연간 국내총생산GDP의 3분의 1에 달하는 수준이다.[11] 미국 정부는 재정 적자 압박을 받아 빚으로 전쟁을 치렀다. 이것이 지속되면 전쟁 비용이 전쟁으로 얻을 수 있는 이익을 훨씬 넘어설 것이다. 미국 정부가 재정적으로 견디기 어려운 시점에 이르면 전쟁을 멈출지도 모른다.

조지프 슘페터 Joseph A. Schumpeter는 『자본주의, 사회주의, 민주주의 Capitalism, Socialism and Democracy』에서 "현대적 평화주의와 국제도덕은 자본주의의 산물"이라고 주장하며, "한 나라의 구조와 태도가 더욱더 자본주의적이면 자본주의적일수록 그 국가는 그만큼 더 평화적인 국가가 된다. 그리고 그만큼 더 전쟁 비용을 따져보는 경향을 가진다"라고 했다.[12] 모든 전쟁은 경제적으로 불리하다. 실제로 정부 재정 적자의 심화라는 경제적 이유로 미국은 이라크 전쟁의 종식을 선포해야 했다. 하지만 인간을 죽음으로 내모는 행위를 고작 그런 국익 계산에 근거해 멈춘다면, 정의에 관한 중요한 것을 간과한 것은 아닐까?

숫자와 통계는 국익 계산을 단순화한다. 알카에다 테러리스트 19명이 뉴욕의 세계무역센터 쌍둥이 빌딩과 수도 워싱턴의 국방부 건물을 겨냥한 테러 공격에 나서 약 3,000명이 사망했다. 9·11 테러 이후 10년간 아프가니스탄 전쟁과 이라크 전쟁에서 희생된 미군은 6,000명을 넘었고, 부상자도 3만 2,700여 명에 달했다.[13] 왓슨국제연구소의 조사에 따르면, 10년간 테러와의 전쟁 과정에서 희생된 사람은 22만 4,475명으로 추정된다. 민간인 희생자는 이라크 12만 5,000명, 아프가니스탄 1만 1,700명, 파키스탄 3만 5,600명 등 17만 2,300명이며, 전쟁으로 발생한 난민은 566만 5,000명, 해외 이주자는 215만 명으로 추산된다.

국가지도자가 피도 눈물도 없는 고리대금업자처럼 사상자 수를 비교하려고 계산기를 두드리는 모습을 상상해보라. 사상자 수를 비교하며 국익을 논한다면 아무리 강심장인 현실주의자라도 끔찍하다는 생각을 할 것이다. '죽인 자'가 '죽은 자'보다 많다고 해서 국익이라고 주장하기는 어렵다. 전쟁에서 인명 살상이 불가피하다는 것은 제쳐두고 국익 계산 자체를 윤리적으로 평가하게 만들기 때문이다. '전쟁에서 사람 목숨이 파리 목숨'이라고 해서 사람 목숨을 숫자로 표현해 손익을 계산한다면 인간의 존엄성과 권리에 관한 성찰은 희미해진다.

정부가 군사정책과 관련해 무언가를 결정하려 할 때, 이제 적대국에 이롭거나 해로운지 여부가 아니라 우리 내부에 미칠 영향을 돌아봐야 한다. 이를테면 9·11 테러 이후 테러리스트를 감시한다는 명분이 결국에는 미국 국민을 일상적 감시체계에 가두었다. 공공장소는 물론이고 공공버스 안에도 감시카메라가 설치되어 승객의 수상한 동태를 감시한다. 미국 의회에서 통과된 「애국법Patriot Act」에 따라, 연방 유관 부처는 신용카드에서 휴대전화 사용 내역에 이르기까지 시시콜콜한 개인 정보를 합법적으로 파악할 수 있는 권한을 행사했다. 실제 미국 재무부는 수백만 건에 이르는 개인 정보를 파악한 것으로 알려졌다.

전쟁의 대가로 훼손된 국민의 인권과 정의는 공식적인 국익 계산에 포함되지 않았다. 전쟁이 국가 전체에 이롭다고 해도 정의로울 수 없다. 전쟁의 전리품을 무수히 나열한다고 해서 그 위에 정의를 세울 수는 없다. 소수 테러리스트를 제거한다는 명분으로 점령국과 자국민의 인권을 침해하는 행위는 잘못이다.

반박 2: 국익을 훼손하는 국익 우선 논리

현실주의자는 한쪽이 득을 보면 반드시 다른 한쪽이 손해를 보는 '제로섬zero-sum적 관계'로 국제사회를 이해한다. 상대국을 믿지 못하는 탓에 국가는 끊임없이 무장하게 된다. 자기 무장이 충분하지 못하다고 판단되면 국가는 동맹을 선택한다. 그것이 국익을 도모하는 길이라고 판단한 탓이다. 하지만 항상 자국 이외의 다른 모든 국가를 의심하면서 동맹국이라고 특별히 마음을 줄 수는 없는 법이다. 어떤 약속도 믿을 수 없는 탓에 국익을 추구하는 앞길은 평탄하지 않다. 국가는 늘 조마조마해하면서 살아갈 수밖에 없다.

현실주의자들이 인정했듯이 동맹은 국익의 울타리 안에 존재하는 한 지속적일 수 없다. 오늘의 동맹국이 내일의 적이 될 수 있는 가능성은 언제나 존재한다. 동맹은 임시변통적인 협력이다. 동맹은 지속되지 않기에 장기적으로 국익을 도모할 수 있는지 불확실하다. 정치사에서 영구 동맹을 회피한 사례는 숱하게 많다. 비록 국가는 갑작스러운 위기에 직면해 일시적인 동맹을 맺을 수 있겠지만, 동맹을 통해서 장기적이고 진정한 이익을 기대하거나 계산하는 것은 환상이다.

이를테면 알카에다를 지원한 미국이 동맹의 균열 이후 최근까지 알카에다와 숙명의 대결을 벌이고 있는 것을 상기하자. 미국은 국익 차원에서 테러집단을 지원했지만, 그 테러집단은 다시 미국의 심장에 비수를 꽂았다. 애초에 국익을 도모한다는 명분으로 테러집단을 지원하지 않았다면 9·11 테러는 발생하지 않았을지도 모른다. 9·11 테러를 겪고 나서 국익을 고려했던 이전의 선택을 후회한들 돌이킬 수 없는 노릇이다. 현실주의에 충실한 사람들의 정책 결정은 국익 논리를 들쑥날쑥 적용하다가 결국 끔찍한 국익 훼손을 자초했다.

한편 장기적인 동맹관계를 형성하고 있는 경우도 생각해보자. 한미동맹은 좋은 본보기일 것이다. 하지만 동맹관계가 오랜 기간 유지되더라도 동맹이 국익에 도움이 되는지는 여전히 의심스럽다. 동맹을 형성하는 데 가장 큰 위험은 약소국이 손해를 입을 수 있는 약속에 얽매일 수 있다는 점이다. 약소국은 강대국과 대등한 입장에 서 있지 않다. 따라서 협정 내용이 약소국에 불리한 경우가 많다. 국익을 위해 약소국이 강대국과 동맹을 맺는다면, 약소국은 미래의 불확실한 상황에 볼모로 잡히고 만다. 당장의 필요로 동맹을 맺더라도 향후 정세가 달라졌을 때 약소국은 쉽게 협정을 파기하기 어렵다. 이를테면 한미동맹의 일환으로 추진된 한미행정협정The ROK-US Agreement on Status of Force in Korea: SOFA이 그 대표적인 예다. 당장의 국익을 위해 내준 양보가 두고두고 강대국에 끌려가게 되는 결과를 낳았다면 이를 결코 국익이라고 할 수 없지 않은가?

국익을 넓게 보면 눈앞의 국익 추구를 옹호하는 현실주의 논리가 얼마나 불합리한지 알 수 있다. 국가가 이익을 챙기는 것은 단기적으로뿐만 아니라 장기적으로도 그러해야 하는 것이다. 또한 국익은 단초적인 국가 생존이나 경제적 이익만으로 따질 수 있는 것이 아니다. 국익이 전체 시민의 삶을 총괄하는 것이라면 국가는 시민의 민주적이고 안정된 삶을 고려해서 판단해야 할 것이다. 국가가 전체 시민의 삶을 보호하지 못한다면 그것은 국익에 도움이 된다고 말할 수 없다. 하지만 현실주의가 이러한 심오한 국익을 고려했는지 의문이다.

현실주의자에 따르면, 세력균형은 당장의 일부 국익을 훼손하더라도 넓게 보면 세계 평화에 기여해 장기적으로는 국익에 도움을 줄 수 있다. 이는

✔ **한미행정협정**

정식 명칭은 '대한민국과 아메리카 합중국 간의 상호방위조약 제4조에 의한 시설과 구역 및 대한민국에서의 합중국 군대의 지위에 관한 협정(주한미군지위협정)'이다. 1950년 7월 12일, 한국전쟁 와중에 처음 협정이 체결될 때에는 주한 미군의 재판관할권이 미군군법회의에 주어졌다. 이후 개정된 협정이 한미행정협정이다. 협정의 항목 중 형사재판권은 중요한 문제였다. 그런데 "한국 측은 미국군 당국의 요청이 있을 때 재판권을 포기한다"라는 규정을 남겨두어 지금도 주권 침해 논란이 계속 되고 있다.

세력균형에 맹목적으로 매달리다 보니 다른 '모든' 것을 사소한 손실로 처리하는 우를 범한다. 세력균형을 위해서라면 동맹국이 민주적이든 아니든 상관없이 다루어진다. 미·소 냉전 시기에 강대국이 한반도에서 보여준 세력균형 전략은 미·소 간 대전의 가능성을 누그러뜨렸다. 하지만 한반도에 두 권위주의국가를 용인했다. 그 결과 한반도의 인민은 독재로 큰 고통을 겪어야 했다. 세계 평화를 안정적인 세계질서라는 표피적 결과로만 평가한다면 그것이 전체 세계에 어떤 영향을 미치든 해당 국가와 국민에게는 치유할 수 없는 희생을 강요할 수 있다. 과연 한반도에서 벌어진 세력균형 전략은 한반도의 인민들 입장에서 봤을 때 국익이라고 말할 수 있는가? 이런 맥락에서 세계질서의 미래를 민주적 공공성의 윤리와 도덕에 대한 생각 없이 세력균형의 유지에만 맡기는 것이 옳은지 의문이다.

반박 3: 꿈을 담지 못하는 현실주의

현실주의의 국제 평화 구상은 세계시민의 꿈을 현실에 가두고 덮어버린다. 현실주의자는 처음부터 미래에 대한 희망도 없이 오늘을 사는 데 급급하다. 오늘의 현실을 바꾸려고 하기보다는 현상 유지가 최우선적으로 고려된다. 설득력 있는 평화적 정의관이 되려면 현실의 개혁을 포함해야 한다. 오늘날의 현실은 결코 만족할 수 없는 불안정한 세계이기 때문이다.

물론 우리가 꿈꿀 수 있는 자유가 있다고 해서 허무맹랑한 꿈꾸기는 그야말로 한낱 꿈에 불과할 수 있다. 현실주의자는 '냉철한 꿈'을 꾼다. 모겐소는 이해관계를 지표로 삼는 법칙의 존재를 무시한 추상적인 생각으로는 불안정한 국제사회를 '개혁'할 수 없다고 했다. 모겐소는 바람직한 것과 가능한 것 사이를 분명히 구분한다. 국익을 넘어서는 도덕적 이상인 평화와 정의라는 이상에 호소한다는 것은 바람에 지나지 않는다. "있는 그대로의 국제정치를 이해하려는 이론은 도덕에 관한 심리적인 저항을 극복해야만 한다"라고 모겐소는 주장한다.14 모겐소는 '현실적으로 가능한 꿈'을 말했다. 현실을 파악하려는 이러한 노력은 수긍이 간다. 하지만 현실적으로 가능한 꿈이란 현상 유지와 큰 차이가 없었다는 사실을 놓쳐서는 안 된다.

어떤 현실주의자는 민주적 가치를 지향하는 꿈을 제시하기도 한다. 이라크 전쟁 이후 힘을 얻고 있는 이들은 '민주적 현실주의'15를 내세운다. 미국의 민주적 현실주의자의 입장에 따르면, 알카에다를 보호하는 지역에 군사 공격으로 민주주의를 증진하는 것이 미국의 이익이라며 무력행사를 옹호한다. 이러한 새로운 현실주의자에 따르면 국익을 추구하면서 위험한 길로 빠지지 않고 평화 논리를 전개할 수 있는 것처럼 보인다.

현실주의자들의 국익을 옹호하는 논리가 이상적 지향점을 갖게 된다면 다행일 것이다. 하지만 변덕스러운 국익을 내세우는 논리로 이상을 현실에 뿌리내리게 할 수 있을까? 현실주의자에게 세계 평화와 민주주의가 중요한 이유는 그것이 정의롭기 때문이라기보다 국익에 도움이 되기 때문이다. 온전히 국가 이익만을 위한 민주주의는 일종의 난센스(의미 없는 말)다.

국익을 내세우는 것이 현실이라는 주장을 받아들이더라도 진정한 오늘날의 현실이 그것뿐인지를 되묻게 된다. 현실에 안주하고 당장의 이익에 급급한 것이 현실일까? 한 치도 양보할 수 없는 국익을 계산하고 있는 것이 현실일까?

현실주의자는 국제사회에서 국가가 이상을 추구했던 적지 않은 '이성적 현실'을 애써 외면한다. 국가지도자들이 정책을 판단하는 기준은 인간의 이기심에만 의존하지 않는다. 정책 결정은 상당 부분 우리의 이해관계와는 별

개인 인간 이성에서 나온다. 어느 국가가 이성적인 판단을 하는 이유는 국익을 생각해서만이 아니라 바람직함과 정의를 추구하는 대중의 강력한 요구 때문이기도 하다. 많은 사람이 전쟁에 반대하는 것은 이기심과 국익을 추구해서가 아니라 그것이 세계를 더 정의로운 사회로 끌어내고 더 살기 좋은 세상으로 만들기 때문이다. 안정적이고 지속적인 세계 평화는 세계시민의 열망이며 꿈이다. 현실주의는 그러한 꿈을 담기에는 그릇이 너무 작다.

이 야 깃 거 리

1 악한 본성의 발현이 '현실'이라고 해서 국제사회에 나타나는 국가의 이기적 행위를 수수방관할 수는 없을 것이다. 인간 본성이 이기적이고 악하다면 인간 본성은 어떻게 조정될 수 있는가? 인간 본성이 악하다고만 규정한다면, 세계 평화를 바라는 국가나 시민의 이성적이고 선한 행동은 어떻게 나온 것일까?

2 이해타산적 합리성이 전쟁을 종결시켰다고 한다면, 이익 개념은 어떻게 도출된 것인가? 지구공동체의 이익이 개인이나 국가에도 이익이 된다는 것을 인식한 결과로 봐야 하는가, 아니면 의도하지 않았던 개인이나 국가의 이익 추구가 지구공동체의 이익에도 기여한 것으로 봐야 하는가?

3 한미동맹이 한국 사회에 미친 긍정적 효과와 부정적 효과는 무엇인가?

4 불안정한 국제사회를 안정적으로 유지하려면 세계의 초강대국(superpower)에 의존해야 하는가? 그럴 때 또 다른 문제가 발생하지는 않을까? 초강대국의 역할은 무엇이어야 하는가?

읽 을 거 리

마키아벨리, 『군주론』, 강정인 · 문지영 옮김(까치, 2003).
케네스 월츠, 『국제정치이론』, 박건영 옮김(사회평론, 2000).
투키디데스, 『펠로폰네소스 전쟁사』, 박광순 옮김(범우사, 2011).
한스 J. 모겐소, 『과학적 인간과 권력정치』, 김태현 옮김(나남, 2010).

제4장

자유주의와 세계 평화

　　자유와 평등 그리고 평화를 지향하는 사람이라면·현실주의자일 가능성은 적을 것이다. 현실주의자는 평화를 위해 전쟁도 필요하다는 논리로 평화를 지향할 수는 있을 것이다. 그러나 이때 현실주의자가 평화를 지향하는 것은 평화를 존중해서가 아니라 국가에 이익이 되기 때문이다. 다른 국가와 국민에게 전쟁의 고통을 안겨준 행위를 비난하되, 국익에 도움이 되지 않는다는 이유로 비난하는 것과 전쟁 행위 자체가 반인륜적이라는 이유로 비난하는 것은 다르다.

　　자유주의자는 국익을 추구하는 국제관계 현실의 무법 상태를 인정하지만 무한정으로 국익 우선 논리를 주장하지는 않는다. 국익 논리만으로는 이 무법 상태를 극복하기 어렵기 때문이다. 어떻게 하면 주권을 부정하지 않으면서 세계 평화를 영구적으로 구축할 수 있을까? 칸트는 평화를 이루는 수단으로서 세계시민권, 자유무역, 민주주의 연합을 옹호함으로써 근대 자유주의 이론을 정립했다. 칸트의 세계 평화 프로젝트를 살펴보자.

칸트의 영구적 평화 옹호

칸트는 『영구평화론Zum ewigen Frieden』에서 현실적으로 국가주권이라는 익숙한 개념을 부정하지 않으면서 세계 평화를 향한 가능성을 강조한다. 언뜻 보기에 칸트가 생각하는 주권국가에 대한 강조는 현실주의 이론과 차이점을 발견하기 어렵다. 우리가 일반적으로 생각하듯이 국가는 국가 자신을 제외하고는 어느 누구의 명령이나 지배를 받지 않는다. 그러한 점에는 칸트도 동의한다. 하지만 칸트는 어떠한 독립국가도 다른 국가가 소유해서는 안 된다고 주장한다는 점에서 현실주의와 다르다. 그리고 어떠한 국가도 다른 국가의 체제와 통치에 폭력으로 간섭해서는 안 된다고 주장한다. 현실주의가 주권국가의 국익을 내세워 다른 국가를 침략하는 것조차 옹호했던 반면에, 칸트는 상대국가의 주권을 침해해서는 안 된다는 논리로 맞선다.

나아가 칸트는 국가 내부 갈등이 정리되지 않은 상태에서 다른 국가가 무력으로 개입하는 것은 내부 시련과 맞서 싸우는 독립된 국민의 권리를 침해하는 일이라고 보았다. 이는 오늘날 적용해보더라도 중요한 시사점을 제공한다. 칸트의 견해는 최근 국제사회에서 빈번하게 발생하는 내전에 대한 외국의 무력 개입을 비판할 때 적용해도 손색이 없다. 이처럼 칸트가 국가의 주권을 존중한 것은 명확해 보인다.

하지만 칸트의 견해는 여전히 국가에 대한 우리의 의심을 깔끔하게 지우지 못한다. 주권이 강조되면 야만스럽고 난폭한 국가 행위가 드러나지 않겠는가? 물리적 강제로 국가를 굴복시키지 않는다면 어떻게 국가를 평화적으로 길들일 수 있는가? 국가주권 존중이라는 명분을 옹호하기에 국가는 너무 사악한 것이 아니었던가?

칸트의 세계 평화 구상을 제대로 이해하려면 이에 대한 즉답을 잠시 미루고 그가 말하는 인간관을 들여다봐야 한다. 칸트는 사람을 이성적인 존재로 보았다. 그는 우리가 이성적으로 자유롭게 행동할 능력이 있다고 말한다. 이성적 인간은 그들의 윤리적 의무를 다한다. 세계 평화는 하나의 윤리적 의무다.

또한 칸트는 모든 인간을 하나의 수단이 아니라 목적으로 간주한다. 국가 무장을 강조한 마키아벨리와 달리, 칸트는 전쟁을 유발하는 상비군 유지에 반대한다. 사람을 죽이도록 고용한다는 것은 인간을 다른 사람의 손에 놀아나는 도구로 간주하는 것과 같기 때문이다. 인간은 남을 죽이는 일을 거부하는 이성을 지녔다.

칸트가 강조한 인간 이성은 자유국제주의의 주요 구상을 예고한 것이다. 칸트는 이성이 국제관계에 자유와 정의를 가져오리라고 믿는다. 전쟁을 폐지하고 영구 평화를 달성하는 데 필수적인 것은 개인의 이성, 공화주의적 헌정주의, 국가 간의 연방계약 등을 적용하는 것이다. 칸트는 세계주의적 평화 구상을 인류의 보편적이고 이성적인 진리로 접근한다. 그래서 그는 국가를 사악한 것으로 전제하지 않는다.

이제 칸트의 세계정치론을 알기 위해 국가의 의의를 이해해야 한다. 우리는 흔히 국가를 세계정치에서 가장 강력한 힘을 행사하는 이기적인 행위자라고 생각한다. 하지만 칸트의 생각은 다르다. 칸트의 국가관이 현실주의와 다른 것은 국익만을 추구하는 이기적인 국가를 전제하지 않는다는 점이다. 국가는 이성적이다.

국가가 문제일 때는 시민의 동의를 기반으로 하지 않을 때다. 국가의 권력이 시민의 동의에 의존하는 것이 아니라면 우리는 진정으로 세계 평화를 기대할 수 없다. 오직 국가의 통치권자가 국가의 소유자로서 존재한다면 전쟁이 만연한다. 왜 그럴까? 전쟁 선포라는 행동이 시민의 동의에 의존하지 않는다면 통치권자는 망설임 없이 쉽게 전쟁을 선택할 것이기 때문이다. 비민주적인 국가의 정책 결정자들은 전쟁으로 직접 고통받지 않고, 견제와 균형의 체제나 선거 책임 등으로 구속받지 않으므로 심지어 '보잘 것 없는 이유로도 한낱 즐거운 유희로서' 전쟁에 개입하는 경향이 크다.1

칸트가 생각하는 국가에는 이성적인 인간관이 반영된다. 칸트는 국가 헌정 질서가 공화정일 것을 요구한다. 헌법, 대의정부, 권력분립이 특징인 공화정에서는 전쟁을 할 것인가 또는 해서는 안 될 것인가를 결정하려면 국민의 동의가 필요하다. 이때 국민은 자기 신상에 다가올 전쟁의 재앙을 각오해야 하기 때문에 전쟁을 감행하는 데 매우 신중하게 된다. 칸트는 국가이성에 기초해서 국제사회의 공적 관계가 가능하다고 강조한다. 그는 자유주의적 공화정들이 평화연방 혹은 평화연합이라는 방법으로 그들 사이에 평화를 구축할 것이라고 했다.

스스로 평화주의자라고 자처하는 사람들 중에는 칸트의 견해에 만족하지 못하고, 여전히 '세계정부'를 원하는 이들도 있을 것이다. 그러나 칸트는 국가주권이 부정될 수 있는 세계정부를 비판한다. 무엇보다 칸트가 보기에 각 국가가 세계정부를 원하지 않을 것이라고 생각했다. 이론적으로 옳은 것이 실천에서는 거부된다. 그래서 칸트는 세계공화국이라는 적극적인 이념 대신에 소극적 대안으로서 연맹 구성을 제안한다.

칸트는 특별한 종류의 연맹이 필요하다고 생각했다. 그가 고안한 개념은 평화연맹이다. 평화연맹은 국가권력에 대한 지배를 목표로 하지 않는다. 평화연맹은 자기 국가와 그 연맹에 참여한 다른 국가들 자체의 자유를 보호하고 지속시킬 뿐이다. 이 연맹의 이념이 모든 국가로 확산될 때 영구평화로 나아갈 가능성이 분명해진다. 이러한 전망은 앞서 밝힌 공화국의 이성에 대한 믿음을 전제한다. 모든 국가가 영구 평화를 위한 은유적인 '조약'의 결정적인 조항을 수용할 때 영구 평화가 구축될 것이다.

질서 있는 무정부 상태

칸트의 생각 속에서 자유주의적 국제정치 이론을 발견할 수 있다. 자유주의자에 따르면, 현실주의자처럼 "세계체제가 지구적 협력정치를 위한 효과적인 제도를 결여한다"는 이유로 무정부 상태임을 인정한다. 그러나 자유주의자가 보는 세계는 '질서 있는' 무정부 상태라는 점에서 조금 다르다. 자유주의자는 세계의 무정부 상태가 문제이기는 하지만, 강력한 제도들로 개혁될 수 있다고 본다. 국가가 힘으로 문제를 해결해야 한다는 생각에 자유주의자는 반대한다. 질서는 곧 규율이다. 그렇다면 자유주의자에게 국제사회의 규율은 무엇일까? 현실주의자와 달리 그것은 분명 힘이 아니라 협력이다. 질서 있는 국제체제에서는 주권국가 간의 일정한 협력적 규율이 작동한다.

자유주의자는 협력을 강조한다. 국내외를 막론하고 자유주의자는 그런 성향이 강하다. 협력이 이기적 경쟁의 유혹을 줄이는 결과를 낳을 것으로 기대한다. 이런 기대 섞인 말은 협력이 단지 수사에 불과하다고 믿는 현실주의자에게는 귀에 거슬린다. 그러나 대개는 이 주장에 별다른 이의를 제기하지 않는다. 국가 간 관계가 악화되어도 최소한 상대방 외교사절을 해치지는 않는데, 이것은 만약 그렇게 한다면 상호 소통을 불가능하게 해버리기 때문이다.

그런데 우리는 국가들이 협력하는 성향을 인정하더라도 공정한 협력에 대해서는 곧잘 의구심을 품기 마련이다. 국제 협력이 현실적으로 불공정한 거래로 이어질 개연성이 크다고 생각하는 탓이다. 이를테면 어느 국가가 더 유리하다든지, 어느 국가는 선택의 여지가 없다든지 하는 것이다. 그렇다면 모든 국가가 만족할 만한 협력을 이루려면 어떠한 규율이 필요할까?

우호적 교류

　　칸트는 평화조약만으로 충분하다고 말하지 않는다. 평화조약으로 전쟁이 일시적으로 중지될 수는 있지만 종식되지는 않는다. 칸트는 평화연방과 함께 작동할 세계법률을 강조했다. 이성은 자유로운 연방체제를 필연적으로 국제법의 개념과 결부 짓게 한다. 칸트가 제안한 것은 자유로운 국가들의 연방체제에 기초한 국제법이다. 국가들이 서로 전쟁을 원할 것 같지만 실제로는 국제법에 경의를 표하고 있는 사실이 칸트에게 중요하다. 칸트는 인간이 그러하듯 국가도 도덕적 성향이 있다고 본다.

칸트는 세계시민법이 성립될 수 있는 최소한의 제한적 조건을 제시했다. 그는 국가 상호 간의 관계가 보편적인 우호에 그쳐야 한다고 강조했다. 칸트가 제시한 사례를 하나의 가정으로 설명해보자.

당신이 거래할 물품을 들고 다른 나라에 상륙했다. 당신은 상대 국가에 당당하게 말한다. "나는 적대적으로 취급받지 않을 권리가 있소." 물론 현지 국가는 당신을 자신들 땅에 발을 붙이지 못하게 하기도 한다. 어느 누구도 상대 국가에 당신과 교류할 의무를 강제적으로 부과할 수는 없기 때문이다. 당신처럼 상대국도 자발적으로 행동한다. 그렇게 되면 권리 주장은 상호 충돌할 위험이 있다.

그러나 여기에는 또 하나의 원리가 개입된다. 평화적 교류라는 원리가 모두에게 적용되는 것이다. 나의 권리는 다른 나라의 지역 주민과 우호적인 관계를 맺으려는 것에 한정된다. 또한 당신이 평화적으로 처신하는 한 현지 국가가 당신을 적대적으로 다루어서는 안 된다. 따라서 다른 나라를 정복하거나 약탈할 의도는 인정될 수 없다. 인정될 수 있는 권리는 약탈할 수 있는 권리가 아니라 교제할 수 있는 권리에 국한해야 한다.

모두는 왜 평화적으로 교류해야 하는가? 평화적이든 적대적이든 모든 교류를 거부할 수는 없는 것인가? 하지만 사람들은 다 같이 지구 위에서 살고 있을 뿐이며, 특정 지역에 대해 남보다 더 우선적인 권리가 없다. 이것이 모두를 제약한다. 이로써 세계시민들은 우호적으로 교류하며 서로 충돌하지 않는다. 칸트는 이러한 제한적 권리 규율을 세계법률에 담고자 했다.

칸트의 세계 평화 구상은 '상호 존중'에 기초해 있다. 국제적으로 언론의 자유를 보장하고 외국인에게도 정치적 권리를 인정해 교류한다면 상호 존중 의식이 길러질 수 있다. 또한 국내 인민의 동의에 기초한 공화정은 외국의 공화정을 존중한다. 국가가 한번 이성적 협력을 경험하면 더욱 협력적이게 된다.

칸트가 생각한 세계법의 협력은 도덕적 규범에 물질적 교류를 추가한다. 외국인을 환대하는 관계 덕분에 조만간 '통상의 정신'이 모든 국가를 지배하게 되어 국가들은 평화를 고양하고 전쟁을 회피하게 된다. 이러한 칸트의 생각은 오늘날 자유주의자들이 경제적 자유의 확대로 세계경제 시장을 통합하려는 시도와 유사하다.

지금까지 국익과 같은 동기에 의존하면서도 영구 평화를 가져올 수 있는 칸트의 논리적 기초로서 존중과 협력을 살펴봤다. 우리에게 칸트의 국제정치이론은 강력하고 설득력이 있다. 그러나 현실정치 세계를 구성하는 정책 결정자에게도 칸트의 주장이 통할 수 있을까?

칸트가 구상한 세계는 상상의 조약과 협력이다. 물론 그는 세계적인 윤리와 정서로 사람들을 감동시켰던 성공 사례를 제시한 바 있다. 하지만 세계법의 틀을 짜는 것은 매우 현실적이고 사실적인 문제다. 칸트는 국가가 영구 평화를 위해 어떻게 행동할 수 있게 할 것인지를 구체적으로 보여주지 못했다. 그는 상상의 세계법이 어떠한 과정을 거쳐 어떤 모양새로 현실 세계에 만들어질 수 있는지 말하지 않았다. 물론 이것은 철학자가 아니라 정책 결정자가 고민해야 할 몫일지 모른다. 하지만 어떤 국가가 국제윤리와 규범에 동의했다는 사실만으로 새롭게 구축될 '세계법'에 모두 동의한다고 말할 수는 없는 일이다.

민주정부와 세계 평화

현실로 돌아와 생각해보면, 제 아무리 평화를 염원하는 사람도 전쟁을 목격하는 동안에는 협력의 원칙을 유지하기 어렵다. 주권 개념에 의존해 영구 평화를 기대하기란 막막하기만 하다. 주권 존중과 국제 평화가 양립하기 위해 국가는 어떻게 행동해야 할까? 현실적으로 발생하는 전쟁은 어떻게 봐야 할까?

현실주의자에게 전쟁은 국익을 추구하는 국가들 간의 불가피한 대립이었다. 반면에 자유주의자에게 전쟁은 외교의 실패다. 협력할 수 있는 국가가 충분히 만족할 만한 타협에 도달하지 못했을 때 전쟁이 일어난다. 타협의 전통이 강한 국가는 외교적 협력에 최선을 다할 것이다. 자유주의자는 최후에 전쟁이 발생할 일을 끔찍하게 여긴다. 그들은 전쟁을 상상조차 하기 싫어한다.

국가는 자기 이익만을 추구하는 경직된 자세가 아닌 타협과 관용의 이성을 지닌다. 자유주의자는 민주국가를 기대한다. 타협과 관용이 생활 속 원리로 정착된 민주주의국가 간에는 전쟁의 발생 가능성이 적다고 보기 때문에 민주국가에 기초한 국제 평화에 거는 기대는 그만큼 크다.

민주정부와 권위주의적인 정부는 전쟁을 결정하는 과정부터 다르다. 민주국가에서는 여러 문제에 느리게 반응한다. 민주정부에서 정책을 결정할 때에는 서로 다른 요소를 관련지으며, 지도자는 여론에 책임을 져야 하고, 다양한 국내 이해집단의 압력에 응답하지 않으면 안 되기 때문이다. 민주정부는 전쟁을 시작하는 것을 항상 어렵게 생각한다. 대조적으로 권위주의 정부들은 신속하게 정책을 결정하고, 그들의 결정에 따를 것을 요구하며 일관된 외교정책을 펼친다.

시민이 선거를 통해 외교정책 결정에 발언권을 행사하면 그들의 국가에서 지도자들이, 꼭 필요해서라기보다는 일시적 기분에 이끌려 전쟁을 시작하는 것을 막을 수 있다. 실제 전쟁을 막는 데까지는 이르지 못했지만, 공공적 시민단체가 전쟁을 거부할 권리를 주장하며 전쟁에 저항한 바 있다.

1991년 걸프전 때, 일본에서 벌어졌던 일이다. 유엔 다국적군에게 일본이 지불한 90억 달러가량의 전비 지원금을 놓고 대대적인 시민소송운동이 일어났다. '평화를 위한 시민소송'에 참여한 시민 3,000여 명은 국가를 상대로 전비 부담과 해외 파병이 위법한 것이며 시민의 평화적 생존권을 침해하는 것이라고 항의했다. 그리고 걸프전에 가담함으로써 납세자의 기본권을 침해한 만큼, 이에 대해 국가가 손해를 배상하라고 요구했다.

1999년 유고 공습 때에도 비슷한 행동이 있었다. 미국과 나토의 유고 공습에 항의했던 전쟁거부자연맹WRL이라는 단체는 납세를 거부하면서, "우리의 세금을 살인이 아니라 유고의 난민과 빈민을 지원하는 데 써야 한다"

라고 주장했다. 이 단체는 이외에도 '전화세에 포함된 전쟁세 안 내기 운동', '전쟁세의 일부를 오직 인도적 목적에만 사용할 수 있는 평화세로 전환하자는 캠페인' 등을 펼치면서 다양한 방식으로 전쟁에 반대했다.[2]

프리덤하우스Freedom House에 따르면, 전 세계 국가의 4분의 3 정도가 이제 완전히 또는 부분적으로 민주적이다.[3] 자유·민주·평화 이론은 많은 국가가 민주화되면서 이러한 민주주의국가 사이에 평화로운 관계도 증가할 것으로 예측한다.

이러한 주장을 영국의 처칠이 들었다면 귀에 거슬릴 것이다. 그는 1901년에 "민주주의는 내각식 왕정보다 더 보복적이다. 인민들의 전쟁이 왕들의 전쟁보다 더 끔찍하다"라고 단언했다.[4] 언론의 자유를 보장하는 민주국가에서 항상 전쟁에 반대하는 여론만이 형성될 것이라고 기대하는 것은 민주주의에 대한 낭만적 견해다. 또한 세력균형 이론가에 따르면, 민주적 여론이 전쟁 억지를 위해 필요한 군사적 행동을 방해함으로써 오히려 전쟁이 발발할 수 있다고 본다.

물론 모든 민주주의국가가 전쟁을 거부한다는 결정적인 근거는 없다. 그러나 많은 연구는 민주주의국가끼리는 서로 전쟁을 하지 않는다는 사실을 밝혀냈다.[5] 실제로 거의 모든 강대국이 개입한 대전에서 민주주의국가끼리는 결코 서로 싸운 적이 없다. 민주주의국가 간에 전쟁이 발생하지 않는 것은 국제관계의 경험적 법칙이 되었다.[6]

이에 대한 반론과 재반론도 가능하다. 민주주의국가이건 비민주적 국가이건 전쟁에 대한 국민의 지지도는 전쟁 초기에는 대단히 열광적으로 나타난다. 이를테면 미국 대중은 군사적 폭력 사용 직후에 자신의 대통령에게 높은 지지를 보냈다. 이럴 때 미국인은 군사적 행동에 대한 논란에는 개의치 않는다. 이러한 현상은 국가, 대통령, 정당 주변에 집합하는 대중의 경향으로, 궁극적으로는 근대 민족주의 현상으로 설명된다.7 하지만 이런 해석은 어느 사회에서나 전쟁이 장기화하고 희생이 늘어나면 전쟁에 대한 지지도가 급격히 감소한다는 점을 놓치고 있다.

중요한 것은 국내 정치적 상황과 여론이라는 변수다. 민주주의국가는 좀 더 합리적이고 공공성에 입각한 여론에 기댈 가능성이 크다. 물론 가능성만으로 말하기에는 뭔가 부족하다. 대외 정책에 대해 강경한 대중이 여론의 주도권을 쥐고 모두에게 최선의 이익이 되는 타협을 포기하도록 정책 결정자에게 압력을 넣기도 하기 때문이다. 민주적 여론에 따라 전쟁이라는 선택이 나오지 않으리라는 기대는 '기대'에 그칠 수 있다. 따라서 민주주의국가의 여론에 힘입어 세계 평화를 구상하려면 단순히 여론의 반영이 아니라 세계 공공성을 취할 수 있는 이성적 여론의 형성을 어떻게 조성할 것인가 하는 과제가 여전히 부담으로 남는다.

자유주의자의 세계 평화 설계

세계 평화를 구성하기 위한 국내적 조건으로서 민주공화제를 기억하며 이제 국가 간 체제로 눈을 돌려보자. 자유주의자의 평화 구상은 다음 세 가지 틀에 의존한다.

첫째는 집단 안보다. 자유주의자는 현실주의자의 동맹과 세력균형에 맞서는 개념으로 집단안보의 개념을 착안해냈다. 국제연맹이나 유엔이 좋은 예다. 집단 안보는 미래의 침략자에 대항해 국제사회 전체를 동원하려는 방식이다. 이를테면 집단안보기구의 한 회원국에 대한 공격은 모든 회원국에 대한 공격으로 간주하여 소속 국가의 집단적인 응징을 받게 된다. 어떤 국가도 나머지 모든 국가의 결합된 힘보다 더 강할 수 없기 때문에 침략자는 억제되고 전쟁을 피한다는 주장이다.[8]

둘째는 국제법이다. 자유주의자는 국가 간 분쟁이 무력 갈등으로 비화하는 것을 막고자 국제법에 따라 사법적으로 해결하는 방식을 고려했다. 현실주의자는 국제법이 단순히 도덕에 불과하다고 주장한다. 이에 대해 자유주의자는 어느 국가도 국제법상의 문제를 단순히 도덕이나 윤리 문제로 취급해오지 않았다며 반박한다. 국가 대부분이 사실상 공통적으로 인정되는 표준규범을 따르고 있다는 것이다. 자유주의자는 국가의 특정 행위를 비판하거나 제재할 때 국제법이 중요한 판단 기준이라고 강조한다. 국제기구가 추구하는 평화 보장은 국제법이라는 준거 틀에 의존한다.

국제법은 지구화 시대에 들어서 그 중요성이 확대되었다. 자유주의자는 국제법의 중요한 의의를 재확인한다. 국가 간 상호 의존성 강화, 국제 교류의 폭발적인 증가, 과거 국내법 영역에 대한 국제법의 지속적 침투(특히 국제인권법의 발달), 국제기구의 발달과 권한 확대 등으로 말미암아 국내법에 대한 국제법의 상대적 지위는 지속적으로 상승하고 있다. 물론 대부분의 국가는 자국 헌법의 최고성까지 양보하지는 않는다. 하지만 국제사회에서의 객관적 현실은 국제법의 지위가 강화되는 방향으로 나아가고 있다.

셋째는 국제기구다. 국제기구는 정부가 지구적 문제를 우선적으로 설정하도록 도와준다. 이를테면 1972년 스톡홀름 환경회의는 여러 정부 내 환경 담당 기관의 위상을 강화했다. IMF와 GATT관세 및 무역에 관한 일반협정는 통화와 무역에 관한 정부의 행동에 초점을 맞췄다. 자유주의자는 이러한 범세계적 제도를 옹호한다. 이럴 수 있겠다. 처음에는 국가 간 협력에 의존하는 쪽을 시도한다. 그러다가 협력 틀을 제도적으로 정착시킬 수 있겠다는 생각이 든다. 이러한 요구와 필요에 따라 국제기구에 대한 의존은 더욱 커진다. 초국가적 기구에 역할과 책임을 부여하고 주권의 재조정을 허용한다면, 지구적 문제에 좀 더 폭넓게 접근할 수 있게 된다. 이러한 가능성을 인정한다면 이제 국제정치 질서를 '국제질서'가 아니라 '세계질서'로 불러야 한다.

현실주의자의 반박

오늘날 국가 간 상호 의존성이 점점 더 심화된 덕분에 현실주의에 대해 의구심을 품었던 많은 이들은 새로운 비전을 찾았다. 그러나 자유주의적 제도주의가 커다란 정당성이 있는 것처럼 보일지 몰라도, 많은 현실주의자는 여전히 자유주의가 이상주의 틀 안에 갇혀 있다고 불평한다. 물론 자유주의자는 세계 평화를 위한 제도적 장치를 구축하고 실제 실천에 옮겼지만, 힘을 추구하는 국가들은 자신의 사활이 걸린 이익 앞에서는 다르게 행동했다. 자유주의자들이 구축한 제도는 늘 좌초되거나 현실적인 존재 의의를 의심받아왔다.

현실주의자는 결과론적으로 말하기를 좋아한다. 그들은 결과적으로 국익 앞에 무력해진 국제사회의 제도적 장치를 보면서 자유주의에 대해 실소를 감추지 않는다. 현실주의자는 많은 국가 간 협력과 그 협력 결과로서 나타난 제도 장치, 이를테면 국제법도 힘의 논리와 이해관계가 반영된 것으로 본다. 많은 자유주의자가 내세우는 성공적인 정책 결정도 여전히 자기 국익 개념에 의지한다. 자유주의적 세계 평화에 공감하는 사람들에게조차 현실주의 이론이 호소력이 있는 이유를 알 만한 대목이다. 특히 국익을 고려하는 것은 정책 결정자만의 의지는 아니다. 자국민의 집합적 의지가 반영된 것이기도 하다. 따라서 국익을 내세우는 논거는 여전히 살아 있다.

현실주의의 반박은 제법 설득력이 있지만, 그 의미를 모두 받아들이기란 여전히 쉽지 않다. 세계정치가 현실주의자의 논리대로 국가만이 중요 행위자인 것만은 아니다. 또한 세계의 역사가 한 가지 방향으로만 흐른 것도 아니기 때문이다. 현실주의든 자유주의든 어느 생각에 마음이 끌리고 그 원리를 어디까지 적용할 수 있는지 궁금한 사람은 이제 세계의 정치사를 생각해보라.

.: 이 야 깃 거 리

1 국가가 평화적 수단을 선택하도록 만드는 방법은 무엇인가? 국내 정치제도에 적용해보고 그 가능성과 한계에 관해 토론해보자.

2 국제금융과세연대(ATTAC)의 활동을 조사해 참고해보자. 납세자의 권리를 내세워 지금의 세계 경제정책뿐 아니라 전쟁도 막을 수 있을까? 그렇다면 또는 아니라면 그 이유는 무엇인가?

3 칸트의 영구평화론에 제시된 구상을 유엔총회에서 논의한다고 가정할 때, 어떠한 장벽에 부딪힐지 예상해보고, 반대하는 편에 선 사람들에게 칸트를 옹호하여 설득할 수 있는 주장과 근거를 제시해보자.

4 세계 평화를 설계하는 데 민주적 절차는 도움이 되는가, 아니면 장애가 되는가? 일반적 결론을 도출하기 위해 여러분은 어떤 주장과 근거를 제시하겠는가?

.: 읽 을 거 리

울리히 벡, 『세계화 시대의 권력과 대항권력』, 홍찬숙 옮김(길, 2011).
임마누엘 칸트, 『영구 평화론: 하나의 철학적 기획』, 이한구 옮김(서광사, 2008).
제러미 리프킨, 『유러피언 드림』, 이원기 옮김(민음사, 2005).

제5장

세계정치의 역사 1: 전쟁과 국제관계

전쟁과 근대국제사회

세계 역사에서 전쟁은 끊이질 않았다. 많은 사람은 전쟁이 사악하다는 것을 알고 있지만, 갈등이 심해지면 모두가 예외 없이 전쟁의 소용돌이에 빠져들었다. 정치적 갈등에 이은 전쟁은 국익을 한 뼘이라도 더 챙기려는 몸부림이었다. 하지만 진정한 국익이 어디에 있는지를 깨닫기까지 비싼 대가를 치렀다. 과거 세계정치에서 주요한 전환점은 많은 국가가 개입한 전쟁이 종결될 때였다. 국제사회의 역사는 강대국의 주기적인 흥망성쇠, 그들 간의 세계대전 그리고 전후 세계질서를 복원하려는 노력으로 요약된다.

국가는 전쟁과 더불어 만들어졌다. 1618년 유럽 대륙 거의 전역에서는 무려 한 세대 동안 전쟁을 치른 일이 있었다. 그 이름도 삼십년전쟁이다. 아버지가 시작한 전쟁을 아들이 이어받아 계속했다. 인간이 30년간 질리게 서로를 물어뜯은 이유는 종교개혁을 둘러싼 신교도와 구교도 간 대립 때문이

1633년 프랑스의 칼로(Jacques Callot)는 『전쟁의 비참과 불행』이라는 18점의 동판화를 통해 삼십년전쟁의 참상을 고발했다. 그의 그림은 전투와 죽음, 처형과 약탈, 파괴와 방화, 고문 장면을 연작으로 강렬하게 표현하여 전쟁의 비극과 참상을 각인시킨다. 특히 큰 나무줄기에 나뭇잎처럼 매달려 죽어 있는 인간을 그린 〈교수형〉은 인간의 잔인함을 고발한 끔찍한 명작이다.

자료: 위키피디아.

었다. 피비린내 나는 전쟁을 신이 허락했을 리 만무하다. 하지만 종교적 신념은 인간을 30년간 피 흘리게 할 만큼 한 시대를 지배했다.

1648년 전쟁이 끝났을 때 유럽 지도는 놀랍게 변모했다. 베스트팔렌조약은 전후 질서의 기초를 닦았다. 베스트팔렌조약에서 강조된 국가주권 개념은 국가를 국제사회 무대에 주연으로 등장시켰다. 각 국가는 교황으로부터 독립된 영토 단위를 인정받게 되었다. 교황이 지배하던 유럽 질서는 국가 간 지배체제로 바뀌었다. 삼십년전쟁은 근대 국제사회의 태동을 알리는 일대 사건이었다. 국가는 국제사회에서 가장 눈여겨봐야 할 대상이 되었다.

삼십년전쟁의 참화는 그로티우스Hugo Grotius라는 학자에게도 충격이었다. 그는 삼십년전쟁을 경험하며 그 참상을 종결하기 위한 전략을 궁리했다. 그는 『전쟁과 평화의 법De jure belli ac pacis』에서 국가의 '전쟁할 권리'를 공통의 국제법적 규칙의 규율하에 두자고 제안했다.

그로티우스는 국가가 서로 일정한 규칙을 준수하면 전쟁의 참화를 어느 정도 억제할 수 있으리라고 생각했다. 그가 이러한 생각을 하게 된 밑바탕에는 인간의 이성에 대한 신뢰가 있었다. 인간은 사회성과 판단력을 지닌 동물이다. 인간 고유의 천성은 질서 있는 사회에서 평온한 생활을 영위하고자 하는 사회적 본능을 지니고 선악을 구별한다. 그로티우스는 이런 관점을 꿋꿋이 믿었다.

평화주의자라면 그로티우스의 믿음이 무너지지 않기를 바라겠지만, 국제사회의 현실은 호락호락하지 않다. 현실을 이상적으로 변화시키려는 입장은 현실을 있는 그대로 보려는 입장으로부터 도전을 받으며 서로 대립한다. 특히 전쟁할 권리는 국제사회의 성립과 더불어 오늘날까지 자유주의와 현실주의 간에 논란이 되어온 논쟁거리다.

국가의 탄생과 전쟁에 호소할 권리

전쟁사에서 줄기차게 제기되어온 문제는 '국가는 태어날 때부터 전쟁할 권리가 있었는가' 하는 것이다. 국가의 주권이 제대로 보호받으려면, 주권이 침해되었을 때 주권을 지킬 수단이 현실적으로 완비되어야 한다. 이런 맥락에서 일반적으로 사람들은 전쟁이라는 수단이 국가의 권리로 보장되어야 한다고 생각한다.

전통적으로 '전쟁에 호소할 권리'는 국가가 보유한 주권의 본질적 속성으로 간주되었다. 대철학자 헤겔G. W. Friedrich Hegel도 『법철학 강요Grundlinien der Philosophie des Rechts』에서 이 권리를 옹호하면서, 국제사회에는 주권국가보다 상위의 권위를 보유해 국가 상호 간의 분쟁을 해결할 수 있는 기구가 없기 때문에 전쟁이 최후의 적법한 해결 수단이 된다고 결론지었다. 이런 논리는 '전쟁에 호소할 권리'를 국가의 태생적 권리로 규정하는 것처럼 느껴진다. 국가의 탄생과 더불어 국제사회가 형성되었지만, 국가가 국제사회의 일원이 되는 찰나의 과정은 국가의 태생적 권리의 보호 없이 이루어질 수 없다.

여기에 몇 가지 의문을 제기할 수 있다. '전쟁에 호소할 권리'를 국가의 태생적 권리로 인정하려는 주장은 국가가 탄생할 때의 목적이 과연 무엇인가를 되묻게 된다. 국가는 전쟁을 하기 위해 태어났는가? 국가는 군대와 다르다. 군대는 평상시 전쟁을 대비하고 전시에는 전쟁을 수행하는 유일한 목적으로 탄생했다. 하지만 국가는 국민의 기본권을 보장하기 위한 수단이다. 인민의 선택과 결의로 탄생한 것이 국가다.

따라서 국가는 국민의 기본권을 보장하기 위해 여러 가지 수단을 선택할 수 있다. 전쟁 역시 국가가 사용할 수 있는 하나의 수단임이 틀림없다. 그렇다면 전쟁은 국가의 존립을 위한 필수적인 수단인가를 되물을 수 있다. 분명 국가가 전쟁을 선택할 수도 있지만 국가 존립을 위한 다른 수단이 있기 때문에 개전권은 필연적이지만은 않다. '전쟁에 호소할 권리'를 국가 자체의 권리와 동급으로 취급하기 곤란한 것이다.

한편 국가 탄생 이전에 전쟁이라는 수단을 국가가 선택할 수밖에 없는 이유가 있었는지 물을 수도 있다. 태초의 평화로운 시기를 가정해 '전쟁에 호소할 권리'를 규명해보는 것은 어떨까? 많은 국가는 처음부터 최악의 상황, 즉 자신도 패전국이 될 수 있다는 입장을 고려할 수 있을 것이다. 그렇다면 전쟁의 발생 가능성을 최대한 낮춰야 한다고 생각할 것이다. '전쟁에 호소할 권리'를 국가의 권리로 인정하는 것은 곧 전쟁으로 발생할 수 있는 피해를 감수해야 하기 때문에 매우 신중하게 판단해야 할 문제다. 조금만 깊이 생각해보면 누구도 전쟁에 호소할 권리가 국가의 탄생과 더불어 존재한다고 섣불리 이야기하기 곤란할 것이다.

전쟁에 호소할 권리는 주권국가의 특권인가

국가에 태생적으로 '전쟁에 호소할 권리'가 있는지를 둘러싼 논쟁은 철학적으로 의미 있는 논쟁이 될 것이다. 하지만 역사적 현실 속에 드러난 문제를 지적하는 많은 사람에게 이것은 충분한 의미를 갖지 못한다. 국가의 '전쟁에 호소할 권리'는 말장난 같은 진리 규명보다 더 중요한 문제, 즉 '전쟁에 호소할 권리'를 국가의 특권으로 인정할 때 나타날 수 있는 전망을 고려해서 판단해야 한다. '전쟁에 호소할 권리'가 '국가의 권리인가, 아닌가'의 문제가 아니라, 그것을 '국가의 권리로 인정해야 하는가, 그렇게 하지 말아야 하는가'라는 것이 더 중요하다. 뒤의 쟁점에서 어느 길을 선택하느냐가 우리의 미래를 결정하기 때문이다.

'전쟁에 호소할 권리'는 역사적 혹은 정치적으로 이해해야 한다. 국제정치사에서 주권으로서 '전쟁에 호소할 권리'는 시대를 구성하는 제도와 관념 등의 영향을 받아 변해왔기 때문이다. 누군가는 전쟁에 호소할 권리를 국가의 태생적 권리라고 부르고 싶을 것이지만, 또 다른 누군가는 그렇지 않다고 주장하고 싶을 것이다. 어떤 때에 이런 견해 차이가 나왔을까? 우리가 쉽게 상상할 수 있는 것은 전쟁의 승패와 관련된 경우라고 할 것이다.

18세기에서 19세기는 제국주의 침략전쟁의 시기로 알려져 있다. 유럽 국가들은 원료공급지와 상품을 판매할 시장을 확보하려고 다른 대륙의 나라를 무력으로 점령하는 침략전쟁을 벌였다. 제국주의 시대에 강대국이 주창하는 '전쟁에 호소할 권리'에 맞설 국가는 많지 않았다. 논리가 아니라 힘이 압도했기 때문이다. '전쟁에 호소할 권리'를 국가에 부여할 것인지의 논쟁은 제국주의국가의 손아귀에서 벗어나지 못했다.

'전쟁할 자유'를 권리로서 인정한다고 하면 뭔가 불편하게 생각하는 사람이 많을 것이다. 무엇보다 제국주의국가들이 '전쟁에 호소할 권리'가 있다면 피식민지 국가의 입장이 상당히 난처해진다. 당연히 약소국은 '전쟁할 자유'를 국가의 권리로서 수용하기 어렵다. 패전국으로서는 '전쟁에 호소할 권리'를 인정하기 어려울 것이다.

전쟁이 끝난 후 '전쟁할 자유'가 국가의 권리인가를 판단하면 전쟁의 승패에 따라 그 판단은 항상 다르게 나타난다. 이런 접근은 논리적으로도 그다지 설득력이 없을 것이다. 제국주의 시대에 '전쟁에 호소할 권리'를 국가의 권리로 주장했던 것은 오직 그것이 제국주의국가들이 자신의 이점에 부합했기 때문이다.

현실주의의 논리에 따라 국가는 오직 국익을 추구하는 존재이기 때문에 전쟁이라는 수단이 주권 보호의 논리로 정당화된다면 전쟁은 항상 본질적으로 정당하다는 논리가 성립한다. 이러한 접근은 제국주의 역사를 정당화하는 데 기여한다. 각 국가가 국익을 정하고 전쟁이라는 수단을 사용하며 권리를 주장할 때, 권리의 충돌은 중재하기 어려운 문제가 된다. 특정 국가의 자기 이익을 확장하고자 전쟁 수단을 국가의 원천적 권리로까지 인정하고 보호해준다면 전쟁을 막을 길은 더욱 막막해진다. 전쟁 발발의 우려에 대한 고려가 우리에게는 더 절실한 문제다.

제국주의 시대는 국가의 힘이라는 야성이 지배하던 시대라 국가의 '전쟁에 호소할 권리'가 옹호되었다. 세계대전이 벌어지기 전만 해도 국익에 부합하면 전쟁은 정당하다는 관념이 팽배했다. 국가는 정복을 통해 국익을 확보할 수 있다고 널리 믿었다. 다른 국가의 이익이나 보편적 윤리 따위는 헌신짝 취급했다. 하지만 20세기 이후 '전쟁에 호소할 권리'는 점차 비이성적인 견해로 비판받기 시작했다. '전쟁에 호소할 권리'를 국가의 권리로 인정해왔던 관점이 지배적이었던 시대는 역사의 뒤안길로 사라져가고 있다. 국제법은 '전쟁에 호소할 권리'를 국가에서 국제기구나 국제법으로 이동시켜 제한하는 방향으로 진화했다.

어떤 자극을 받았기에 국가의 '전쟁에 호소할 권리' 주장이 잦아들었던 것일까? 세계시민들이 세계대전으로 전율했던 탓이다. 전쟁을 개시할 수 있는 권리가 주권적 특권이라는 관념은 양차 세계대전이라는 비극적 결과를 낳았다. 전쟁을 우려하는 정치적 관념은 '전쟁에 호소할 권리'가 국가의 권리이어서는 안 된다는 주장을 강화했다.

전쟁의 비극을 경험한 후에 전후 질서를 주도한 것은 항상 자유주의자였다. 자유주의자는 전쟁 수단이라는 국가의 심장부를 떼어내 국가 상위의 권력체에 부여하고 싶어 했다. 국가의 '전쟁할 자유'를 포함해 국가주권을 재정립하며 평화를 유지하려는 것에 대한 자유주의자의 진짜 논쟁은 두 차례의 세계대전을 전후로 해서 일어난다. 세계대전 시기가 중요한 이유는 국가에 '전쟁에 호소할 권리'를 부여하는 문제에 대한 외부 조건이 달라졌기 때문이다. 전쟁 수단이 권리일 수 있는 때는 그 권리를 가능하게 만드는 외부적 조건이 형성될 때다. '전쟁에 호소할 권리'가 실제로 보장되었던 것은 당시 외부 조건이 그렇게 만들어졌기 때문이다.

결국 '전쟁에 호소할 권리'를 국가의 태생적 권리로 볼 것인지의 문제는 철학적 문제이기보다는 정치적인 문제다. 무엇을 국가의 권리로 보고 어디까지 인정할 것인지의 여부는 국제정치에서 대립되는 정치 주체들, 이를테면 현실주의자와 자유주의자 중 어느 세력의 입김이 강한지에 따라 다르게 정해졌다.

제1차 세계대전과 새로운 국제 규율의 적용

'전쟁할 자유'가 주권국가의 특권이라면, 세계대전을 일으킨 국가의 행위는 합법이며 정당하다. 오로지 개전국만이 이들의 이론에 부합한다. 개전국은 이 권리를 주장함으로써 자신의 전쟁 책임을 회피하고 국익을 보호한다. 국가가 전쟁할 자유를 자신의 본질적 기능으로 주장하고 수행한다면 잘못이라고 지적할 수 없다.

하지만 세계 평화의 관점에서 볼 때 '전쟁할 자유'를 국가 권리로서 인정하는 것이 쉽게 용납되기는 어렵다. 세계대전을 겪으면서 국제사회의 외부 조건은 '국가의 전쟁에 호소할 권리'를 제한하는 추세로 전개되었다. 이는 제1차 세계대전 이후 전개된 논쟁에서 확인할 수 있다.

제1차 세계대전은 침략국 내부의 민족주의적 정서와 신념, 국가적 동맹과 군사적 대립 등이 복합적으로 작용한 결과로 일어났다. 제1차 세계대전의 발생 원인과 관련해 가장 대중적으로 알려진 내용은 당시 유럽의 군사적 제휴가 영국·프랑스·러시아의 3국 협상에 대해 독일·이탈리아·오스트리아-헝가리제국의 3국 동맹이 맞붙는 식으로 양극화되었다는 데에서 출발한다. 오스트리아 황태자 페르디난트 부부가 사라예보에서 세르비아 청년에게 암살당했다. '사라예보 사건'을 계기로 오스트리아가 세르비아에 선전포고를 하고 독일·이탈리아·오스트리아의 3국 동맹이 활동을 개시했다. 이에 맞서 러시아가 군대를 동원하고 이와 연계된 유럽 동맹국이 전쟁에 참여하게 되었다.

당시에는 군비 확장이 국가의 보호막이 되어준다는 믿음이 강했다. 군비 확장을 강화한 이념 중 하나가 민족주의였다. 유럽에서 민족주의의 확산은 국가 중심적으로 사고하는 현실주의자의 논리를 더욱 탄탄하게 뒷받침해줬다. 독일도 민족의 통일 이후 번영하여 막강한 군대를 양성했다.

민족주의의 영향을 받아 오랜 기간 잔존했던 인종적 편견이 표출되었다. 인종적 편견은 심지어 지도자들 간에도 나타났다. 러시아 외무장관 세르게이 사조노프Sergei Sazonov는 오스트리아를 모욕하는 발언을 했고, 독일 황제 빌헬름 2세도 슬라브족을 멸시했다. 각국 지도자의 인종을 둘러싼 편협한 사고가 국가 간 갈등을 자극했다. 지도자들의 부적절한 입씨름처럼 보일지 몰라도 민족적·인종적 갈등은 과소평가할 문제가 아니다. 당시의 민족주의적 정서는 여러 국가 간 군비경쟁을 촉발해 결국 세계대전을 일으켰기 때문이다.

제1차 세계대전은 세계 최초의 대전이었다. 최초의 세계대전 이후 세계의 지정학적 지도는 다시 그려졌다. 세 개의 제국이 몰락했으며, 새로운 국가가 탄생했다. 러시아에서는 사회주의혁명이 일어나고, 독일과 이탈리아에서는 전체주의가 부상했다. 제1차 세계대전에서 거의 1,000만 명이 죽었다. 제1차 세계대전은 현실주의자의 논리대로 힘을 축적함으로써 안보를 추구하는 것이 국가와 그 국민에게 얼마나 자멸적인지를 보여준 대표적 사례다.

최초의 세계대전이 보여준 비참함 때문에 사람들은 강대국 간 경쟁, 무장, 비밀동맹 그리고 세력균형 정치 등을 정당화하는 현실주의 이론에 혐오감을 느끼게 되었다. 그동안 현실주의자는 힘을 키우라, 군비를 확장하라, 동맹을 결성하라고 하지 않았던가? 4년 동안의 압도적인 인적·물적 희생을 경험한 많은 국가지도자들은 '전쟁할 권리'를 재평가하고자 1919년 파리 외곽의 베르사유에 모여 평화회담을 개최했다.

제1차 세계대전 이후 10년 동안 국제정치는 자유주의 세력이 주도했다. 이 시기를 주도한 것은 미국의 대통령 우드로 윌슨Woodrow Wilson이었다. 윌슨은 제1차 세계대전에 대해 "나는 이 전쟁이 마지막 전쟁, 모든 전쟁을 종식할 전쟁이 될 것이라고 약속하는 바입니다"라고 했다. 윌슨은 범세계적 제도의 창조로 전쟁을 억지하고자 했다. 윌슨의 생각은 1918년 미국의 상하 양원 합동회의에서 '14개 조항'으로 표현되었다. 14개 조항의 내용은 투명한 외교, 자유항해권 보장, 평등한 국제무역체제의 확립, 군비축소, 식민지 문제의 공평무사한 해결, 유럽 민족에 대한 독립 보장, 국제연맹 창설 등이다.

국제법의 위상 변화

전후 질서에서 가장 중요했던 국제연맹은 자유주의자 이념의 산물이었다. 국제연맹 설립자들은 집단안보 체제를 조직함으로써 전쟁을 막고자 했다. 또한 국가 간 분쟁이 무력 갈등으로 비화하기 전에 분쟁을 사법적으로 다루는 법적 절차의 활용을 고안했다. 구체적으로 상설국제사법재판소Permanent Court of International Justice: PCIJ를 설립하기 위한 규약을 만들었다. 자유주의자들은 군사적 보복을 상설국제사법재판소가 대체할 것이라고 생각했다. 끝으로 국가들은 전쟁 회피 수단으로서 군축을 추진했다. 1921~1922년에 개최된 워싱턴해군회담에서 전함의 한계를 둠으로써 미국, 영국, 일본, 프랑스, 이탈리아의 해양 경쟁을 줄였다. 1932년 제네바군축회의는 궁극적으로 국제적인 긴장을 줄이려고 했다.

제1차 세계대전 이후 국제법을 규정하던 주도권이 변했다. 20세기 전만해도 국제법은 확실히 강대국의 손아귀에 놓여 있었다. 돌이켜보면 유럽 국가들은 이중적인 기준하에 자신의 법을 약소국에 강요했다. 자신의 법이 국제적인 법이었으며, 이에 따라 무력 침공을 정당화했다. 심지어 미개한 사회를 근대화하기 위한 것이라고 합리화했다. 국제법은 유럽 국가의 제국주의적 식민지 쟁탈을 합리화했다. 국제법은 유럽 국가만을 국제법 주체로 인정하면서, 세계적으로 팽창하는 그들의 식민정책을 옹호하고 명문화해주는 법적 도구였던 셈이다. 비유럽 지역의 국가들은 단지 국제법의 객체였을 뿐이다.

조선도 19세기 중엽 서양 세력의 침략과 함께 국제법을 적용받는 객체가 되었다. 조선은 군사적 열세에 밀려 부당한 강화조약을 체결했다. 이 시기에 약소국이 국제법에 호소한다는 것은 참으로 어리석은 일이었다. 이런 의미에서 볼 때, 을사늑약의 부당함을 알리고자 고종이 만국평화회의에 특사를 파견한 것은 순진한 발상이었다. 약소국은 국제법 형성 과정에서부터 철저히 배제되었다. 서구 선진 국가들이 약소국의 처지까지 고려해 국제법을 구성하지 않는 한 국제법이 지구적 공공성을 띤다고 보기는 힘들다.

그동안 현실주의자는 국가의 '전쟁을 할 권리'를 옹호해왔다. 다른 국가에 선전포고할 권리가 국내법상 합법성을 지닌다는 점은 지금도 여전히 강력하게 남아 있다. 하지만 1899년과 1907년에 채택된 국제분쟁의 평화적 해결을 위한 헤이그 협약 제2조는 '전쟁에 호소할 권리'에 대해 제한을 시도했다. 20세기에 들어와서 국익과 국가주권에 기초한 국내법 우위론에 대응하는 국제법 측의 일종의 자기 회복 선언이 시작되었다.

국제연맹의 탄생은 국가만이 국제법의 주체가 된다는 이론의 기반에 타격을 가하는 것이었다. 국제사회에서 국제기구도 무시할 수 없는 중요한 행위 주체가 되었다. 또한 국제법이 국내법과 어깨를 나란히 할 수 있는 상황이 전개되었다. 이를테면 1919년 바이마르헌법 제4조는 "일반적으로 승인된 국제법규는 국내법과 같은 효력을 지닌다"고 규정했다. 이는 패전국 독일이 앞으로는 국제사회의 규범을 준수하겠다는 법적 약속을 승전국이 강제한 것이다. 제1차 세계대전의 경험과 전후의 국제질서는 국제법과 국내법 간의 관계에 대한 새로운 이론이 정립되는 계기가 되었다.

요컨대 제1차 세계대전의 참화는 기존 국제법에 대해 심각한 반성을 촉구했다. 그 결과 국제연맹규약은 개전권을 제약하려는 시도를 본격화했다. 국제주의와 평화주의에 대한 지향은 국가 행동에 대한 통제 요소로서 국제법의 역할을 새롭게 강조했고, 국가는 국제법을 준수해야 한다는 관념을 강화했다.

명분과 실리의 충돌

자유주의의 길은 가시밭길이었다. 제1차 세계대전 이후 자유주의자의 기획은 현실주의자의 반발을 불러일으켰다. 자유주의자조차 자신의 기획을 모두 받아들이기가 쉽지 않았다. 국가 위의 기구가 주권국가에 제도적으로 평화를 종용할 수 있게 되면 국가는 자국의 이해관계만을 고집할 수 없게 된다. 이렇다면 과연 어느 국가가 자유주의 기획에 동의할 수 있을까?

세계 평화라는 명분과 이성만으로는 실제 국가가 국제연맹규약에 동의하게 하는 데 충분하지 않다. 때때로 국가는 국제연맹규약에 따르면 득보다 실이 많을 수 있다고 생각한다. 국제연맹규약에 반대하는 국가는 그러한 문제를 걱정한다. '국가연맹에 가입하고 규약에 서명하는 것은 국가주권을 일부라도 훼손하는 것이 아닌가'라는 의구심이 국제사회의 전진하는 자유주의적 흐름의 발목을 잡았다.

실제로 자유주의적 개혁 구상의 어떤 것도 진지하게 시도되지 못했다.

가장 기가 막힌 것은 국제연맹 설립을 주도했던 미국 스스로가 국제연맹의 회원국이 될 것을 거부했다는 점이다. 미국 의회는 국제연맹규약의 비준을 거부했다. 미국 의회는 미국의 이익이 세계 전체의 장기적 이익보다 중요하다고 판단했다. 평화로운 세계 건설이 시대적 조류였지만, 미국은 결국 자국의 이익 계산에 따라 행동했다. 미국은 자신을 고립시켜 세계문제에서 물러서려는 태도를 보였다.

미국의 윌슨 대통령은 자신을 포함한 모든 국가에 국제연맹규약에 서명할 것을 주장했다. 하지만 세계 평화라는 명분이 아무리 훌륭해도, 국가의 선택을 국제기구 마음대로 강요하기는 어려웠다. 역시 최종 결정은 국가가 판단하기 때문이다. 실제 미국 이외 다른 국가 대표자들도 14개 조항 중 자국에 이익이 되는 요소만을 지지했다.

자유주의자가 구상한 것은 이상적이었다. 그들은 국익을 강조한 현실주의자의 현실 인식을 따라가지 못했다. 국가들 사이에 존재하는 엄연한 이해관계의 차이와 국가의 미래에 대한 자기결정권을 얼버무리며 넘기려 한 것이 문제였다. 자유주의자의 발목을 잡은 것은 국익에 매달리던 국가들의 주권 의식과 힘으로 국익을 창조하려는 현실이었다. 새로운 체제를 구상할 때 주권국가의 권리 문제는 어느 누구도 비켜 갈 수 없는 중심 논쟁이다.

브레이크 없는 국익 우선 논리

유럽에서 제1차 세계대전이 끝나고 처음 얼마 동안은 평화로운 분위기가 조성되었다. 전후 질서를 정립하기 위한 베르사유조약은 전쟁을 일으킨 독일을 강하게 징벌했다. 독일의 군사적 능력은 급격하게 줄었다. 독일은 중포, 군사용 항공기 또는 잠수함을 보유할 수 없었고, 국경 지대인 라인 란트에 군사력을 배치하는 것도 금지되었다. 독일은 또한 접경 지역의 많은 영토를 잃었다. 해외에서도 독일은 모든 식민지를 잃었다.

전승국은 전쟁 피해에 대한 막대한 배상금을 독일에 요구했다. 1921년 연합군이 독일에 제시한 배상 총액 1,320억 마르크는 독일의 지불 능력을 훨씬 넘어선 것이었다. 독일의 전 국민이 생산활동에 매진해도 언제 채무가 해결될지 알 수 없는 '끔찍한' 강요였다. 이것은 전쟁을 도발한 독일의 자업 자득이라고 할 수 있지만, 승전국 역시 잿더미 위에서 전리품만 챙기는 악랄한 고리대금업자가 될 수 있다는 것을 보여주었다.

서유럽이 독일에 행사한 정치적·경제적 압박은 독일의 패권 야욕을 배가했다. 보상 책임을 유도한 시도가 독일인의 가슴에 증오를 불러일으켰다. 배상금 문제는 독일인의 민족주의적 정서에 불을 붙이고 피해의식을 공고히 하며 적개심을 키웠다. 독일은 자신의 전쟁 책임을 저버리고 다시 재기하려 했다. 독일은 전쟁에 대한 책임 의식을 느끼기도 전에 무력으로 대응했다. 베르사유조약 내용은 하나씩 부정되었다. 동시에 독일은 군비를 증강해 다른 국가 영토를 넘보기 시작했다. '전쟁에 호소할 권리'는 독일국 본연의 권리로 더욱 강조되었다.

국제법은 저항하는 독일을 처벌할 수 있을 만큼 확고하지 않았다. 자유주의자는 유화적인 조치와 협상으로 독일의 팽창주의를 억제할 수 있다고 생각했다. 당시 영국 수상이었던 네빌 체임벌린A. Neville Chamberlain과 다른 국가의 지도자들은 히틀러의 항의를 일부 받아들였다. 히틀러의 요구는 계속 늘어났다. 국제사회는 국가 이익 요구를 제한할 수 없었다. 이러한 자유주의 논리의 허약한 태도가 오히려 국제적 협약을 뒤엎고자 새로 형성된 독일, 이탈리아, 일본의 파시스트 연합의 식욕을 자극했다.

✔ **스페인 내전(1936~1939)**

스페인 공화파 정부에 대항해 프랑코 장군이 쿠데타를 일으키면서 스페인 내전이 시작되었다. 프랑코파를 파시스트 진영인 나치 독일과 이탈리아의 무솔리니 정권이 지원해 제2차 세계대전의 전초전 양상을 띠었다. 영국과 프랑스는 국제연맹의 불간섭 조약을 이유로 스페인 정부에 대한 지원에 미온적이었다. 미국은 공식적으로 중립을 표방했지만, 공화군 측에는 비행기를, 프랑코 측에는 가솔린을 팔았다. 파시스트 프랑코에 맞서 싸운 것은 민주주의를 지지하는 세계 각국의 시민이었다. 각국에서 스페인의 '민주공화국'을 지원하고자 모여든 의용병은 국제여단(International Brigades)이라 불렸다. 그들은 스페인 내전을 파시즘을 저지하기 위한 최전방으로 여겼다. 53개 국가에서 모인 약 3만 명의 국제여단에는 조지 오웰, 헤밍웨이, 생텍쥐페리와 같은 지식인도 상당수 있었다.

스페인 내전에 참전한 국제여단 병사들의 모습.
자료: German Federal Archives.

국제연맹은 1931년 만주를 침략한 일본에 이어, 1935년 에티오피아를 침공한 이탈리아를 제재하는 데 실패했다. 독일과 이탈리아는 1936~1939년 스페인 내전 때 프란시스코 프랑코Francisco Franco 장군이 이끄는 파시스트를 도왔다. 독일은 주변국이 어떤 반응을 보일지 간을 보았다. 하지만 영국과 프랑스는 스페인 내전에 적극적으로 개입하지 않았다. 결국 히틀러가 1939년 폴란드를 침공하면서 자유주의자의 전략은 좌초되었다.

독일이 국제연맹규약에 저항하며 내세운 논리는 주권 침해 반대에 초점이 맞춰진다. 당시 독일로서 침해당한 주권을 회복하는 길은 재무장에 의존하는 것이었다. 자국 이익만 생각한 독일 재무장을 어떻게 억지할 것인가 하는 문제는 국제연맹을 통한 협상 원칙과 평화적 해결 방안에 관한 생각을 시험하는 궁극적인 시험대였다. 세계대전 이후 마련된 평화적 협상 원리와 국제법, 국제기구를 통한 해결이 기대되었다. 그러나 우리가 세계 국가들에 평화적 협상으로 갈등을 해결하라고 성화를 부릴 수는 있을지언정, 국익을 도모하려는 국가의 자기 판단을 무슨 권리로 막겠는가?

허약한 민주주의와 전쟁

1929년과 1930년에는 세계 대공황이 일어났다. 모든 국가가 경제적 타격을 입었다. 특히 패전국에 세계 대공황은 더없이 큰 고통이었다. 국내적 불만도 고조되었다. 이럴 때 국내 문제를 해결하려는 지도자들의 정치적 동기가 전쟁을 일으키는 요인이 된다. 국내 경제 상황이 악화될 때 지도자들의 대중선동정치는 더욱 위력을 발휘하기 마련이다.

전쟁이 발발하는 데에는 군국주의 선동을 통한 여론의 지배와 같은 심리적 혹은 국내적 요인도 작용한다. 독일의 괴벨스Joseph Göbbels 사례는 유명하다. 히틀러의 측근이었던 괴벨스는 모든 독일 국민에게 라디오를 보급했다. 괴벨스의 라디오 보급 계획은 국민 복지를 위한 것이 아니라 섬세하게 정치적으로 고려된 것이었다. 괴벨스는 라디오를 통해 대중에게 나치의 사상을 전파해 무의식적으로 그것을 받아들이게 했다. 독일 나치는 광범위하고 진지한 사회적 동의를 구하지 않고도 비교적 쉽게 국민을 전쟁으로 내몰 수 있었다.

히틀러는 선거를 통해 집권했지만, 집권 이후 히틀러는 유럽 정치지도자들의 능력과 의지로는 감당할 수 없는 도전을 감행했다. 히틀러가 그런 식으로 행동할 수 있었던 이유는 대체로 독일에는 히틀러의 호전적 태도를 제한할 수 있는 이성적인 여론이 억압되었기 때문이다.

독일 내부적으로 세계 평화를 위한 안정적이고 민주적인 기반을 구축하지 못했기 때문에 독일 국민은 '자유로부터의 도피'를 선택했다. 독일의 자유민주주의는 매우 취약했다. 물론 바이마르헌법은 세계 평화에 기여했을 뿐 아니라 기본권을 확장한 좋은 제도적 장치였다. 그러나 이 헌법체제는 독일 내부에서 국민 통합을 충분히 이루어내지는 못했다. 1932년 의회 선거까지 독일 유권자들은 극단적인 정당을 지지했다. 특히 나치, 즉 국가사회주의독일노동자당이 가장 큰 정당이었다. 1933년 1월 30일 나치 당수 아돌프 히틀러는 독일 수상으로 지명되었다. 형식적인 민주주의 제도를 구축하는 것만으로는 나치즘의 성장이나 전쟁을 막을 수 없었다.

역사에 가정은 없다. 하지만 제1차 세계대전 후 독일 바이마르공화국의 민주주의가 독일 국민의 내면 깊숙이 자리 잡았더라면 제2차 세계대전은 발발하지 않았을지도 모를 일이다. 일찍이 윌슨은 "민주적인 정부는 전쟁을 일으킬 가능성이 덜하다"라고 선언했다. 프랭클린 루스벨트Franklin D. Roosevelt도 이에 동의했는데, "민주주의의 계속적인 유지와 향상은 국제 평화 보장의 가장 중요한 요소가 된다"라고 주장했다. 이러한 주장에 기대어 본다면 독일의 민주화에 대한 아쉬움은 더욱 크다.

바이마르공화국이 민주주의를 구현해 민주적 의사결정이 실질적으로 정착된 독일을 상상해보자. 그런 사회에서는 정치적 선동에 이끌려 쉽게 전쟁을 결정하는 상황이 나올 수 없다. 특히 제1차 세계대전에 대한 악몽이 생생하게 살아 있는 사람들은 전쟁에 반대하는 이성적인 판단을 내릴 가능성이 크다. 전쟁을 활용해 국내 반대자들을 제압하고 권력을 유지해 이득을 얻으려는 자는 국민의 저항에 직면하

> **✔ 바이마르공화국**
> 바이마르공화국은 제1차 세계대전 후인 1918년에 독일에서 성립되었다. 독일은 사회민주당 중심으로 연립내각을 결성하여 바이마르헌법을 제정했다. 바이마르헌법은 근대 헌법 역사상 처음으로 소유권의 의무성(사회성)을 강조했다. 바이마르헌법은 복지국가를 지향하는 20세기 현대 헌법의 전형이 되었다. 이는 1933년 히틀러의 나치스 정권 수립과 동시에 실효성을 잃어버렸으나, 그 후 세계 민주주의국가에 많은 자극을 주었다.

게 된다. 민주적 사회가 지속되는 한, 국가가 참전을 명하는 것은 국민에게 부당한 일이라고 느끼는 사람이 많아진다.

물론 민주주의가 완벽하게 구현된 사회는 없다. 민주주의는 창출하고 유지하기가 극히 어려운 통치 형태다. 민주적 의사결정을 거치더라도 공공성에 부합하지 않는 결정이 내려질 위험이 늘 도사리게 마련이다. 물리적 압력과 그로 말미암아 발생할 수 있는 전쟁 가능성도 회피하지 않겠다는 단호한 주장조차 자유롭게 표출될 수 있는 것이 자유민주주의 국가다. 언제든지 호전적 의견을 지닌 사람들이 정치세력화될 수 있다.

그렇다면 민주주의 체제가 민주적 공공성을 어느 정도나 구현해야 국가와 국민이 전쟁이 아닌 평화적 대안을 선택할 것이라고 확신할 수 있을까? 예상하건대, 인민의 의식 속에 국민으로서의 의무가 세계시민의 의무로까지 확장될 때 대안적 의사결정이 나타날 것이다. 전쟁 참여를 결정하는 문제는 한 국가의 문제가 아니라 전 세계시민의 문제로 인식될 수 있기 때문이다. 세계시민으로서 판단할 때 그 결정은 국경을 넘어선 우리 내부의 문제가 된다.

제2차 세계대전과 평화 구상

현실주의자들은 제2차 세계대전이 막을 수 있는 전쟁이었다고 주장한다. 자유주의에 대한 지나친 의존과 그 실패가 전쟁을 방기했다는 주장이다. 하지만 제2차 세계대전 이후 각국 정치지도자들은 현실주의 방식에 냉담했다. 제2차 세계대전은 제1차 세계대전보다 더 끔찍한 전쟁이었기 때문이다.

두 차례 세계대전의 참상을
겪고 나서 전쟁의 비극을 되풀
이해서는 안 된다는 인류 공통
의 인식이 확산되었다. 파멸의
구렁텅이로 빠져들었던 제2차
세계대전에 대한 반성은 썩은
문짝과도 같았던 세계 평화의
원리를 새로 단단히 만들게 했
다. 연합국은 1945년 7월 포츠
담회담에 따라, 전쟁을 일으킨

포츠담회담에 참석한 각국 대표의 모습. 아랫줄 왼쪽부터 클
레멘트 애틀리 영국 수상, 해리 트루먼 미국 대통령, 이오시프
스탈린 소련 수상.
자료: Wikipedia.

국가지도자를 국제법에 의거해 전범으로 체포하고 도쿄전범재판과 뉘른베
르크재판으로 처벌했다. 포츠담선언은 처음부터 중요한 기본 전제를 공유
했다. 적개심을 유발하여 전쟁이 재발될 수 있는 위험성을 제거해야 했다.
재판이 공개적이고 공정해야 하며 전 세계에 자유국가들이 전쟁범죄를 공
정하게 다룬다는 것을 보여줘야 했다.

포츠담회담에서는 "무책임한 군국주의가 세계에서 구축될 때까지는 평
화, 안전, 정의의 신질서가 생길 수 없기 때문에, 일본국 국민을 기만하여
그들로 하여금 세계 정복 의거를 일으키게 한 과오를 범하게 한 자의 권력
과 세력은 영구히 제거되어야 할 것이며, 일본인을 민족으로서 노예화하거
나 국민으로서 멸망시키려는 의도는 갖지 않지만 연합군 전쟁포로에게 잔
혹 행위를 한 이들을 비롯한 모든 전범을 정의에 입각해 엄중히 재판할 것"
이라고 단호하게 선언했다.

연합국이 '평화를 침해한 범죄'로 전범을 기소한 것은 새로운 진전이었
다. 일찍이 1924년 10월 2일의 제네바의정서, 1928년 8월 27일의 부전조약

(캘로그·브리앙 조약)에 의해 '국가정책의 수단으로 전쟁에 호소'하는 것은 금지되었다. 그러나 개전에 대해 개인이 형사책임을 지는 예는 없었다. 전후 재판에서는 국가지도자들이 명령하고 조장한 '체계적 범죄'를 중대하게 취급했다. 여기에는 금지된 무기의 사용, 불법적 방법에 의한 전투, 부당한 목표물에 대한 공격, 작전 또는 점령 지역에서의 민간인에 대한 폭력, 전쟁 포로에 대한 부당한 대우, 점령법 위반 등이 포함될 수 있다. 전후 재판은 이러한 범죄를 종합적으로 지시하고 수행한 '체계적 전쟁 범죄'에 대한 응징이었다. 그것은 커다란 국제법적 발전이었고, 인류의 평화를 보장하는 하나의 초석이 되었다. 침략전쟁을 시작한 것이 죄가 되어 개인이 처벌받게 된 것은 전쟁 방지에 중요한 선례를 남기는 일이기도 했다.[1]

다른 한편으로 연합국은 개전국 국민의 세금으로 배상금 부담을 지우는 데 집중하지 않았다. 각국 지도자들은 제1차 세계대전 후 전쟁 배상금 문제가 공황과 관련되어 있다는 사실을 알고 있었다. 사실, 미국과 영국, 프랑스, 소련이 독일을 분할 점령하면서 배상금 액수는 의미가 없었다. 연합국은 두 차례 세계대전을 주도한 독일을 쪼개놓는 것이 무엇보다 중요하다고 판단했다. 연합국은 개전국에서의 탈군사화와 민주화를 목표에 둔 정치·경제·사회 조직의 재구성에 치중했다. 독일에 대해서는 나치를 공직에서 제거하고 민주적 정당 결성을 용인하는 정책을 시행했다. 그러나 이러한 정책을 놓고 연합국, 특히 미국과 소련의 입장 차이가 컸다. 반면에 미국이 단독으로 점령한 일본에서는 미군정인 연합국총사령부GHQ의 초안에 기초해 군사력 보유 금지와 전쟁 포기를 명시한 평화헌법이 만들어졌다.

무엇보다 자유주의자의 새로운 평화 구상 중 가장 핵심적인 것은 유엔이다. 제1차 세계대전의 결과로 탄생한 국제연맹은 분쟁의 평화적 해결이나 전쟁의 예방에서는 무력한 국제기구라는 것이 판명되었다. 연합국은 더욱 안전하고 강력한 기구를 창설해야 한다는 인식을 공유했다. 그리고 1945년 2월에 열린 알타회담에서 유엔 수립이 확정되었다. 이어서 승전국은 샌프란시스코회의에서 유엔헌장을 채택했다. 유엔은 1648년 베스트팔렌조약, 1919년 국제연맹규약 등에서 시도되었던 집단적 안전보장체제를 한층 진전시킨 형태였다. 유엔은 국가 간 분쟁을 평화적으로 해결할 수 있는 제도적 장치로 고안되었다.

전후 질서를 논의한 여러 회담은 연합국 수뇌부 간의 이해관계에 따라 마찰도 많았지만 비교적 균형감 있게 조율되었다. 하지만 가장 중요했던 독일 문제뿐 아니라 동유럽 국가에 대한 처리 문제와 그 밖의 이해관계가 달린 여러 문제에 대해 명쾌한 합의를 이루는 것은 어려운 일이었다. 합의라는 것은 헐겁게 꿰맨 양말일 수밖에 없었다. 연합국 간의 심각한 입장 차이 탓에 합의 문구는 느슨했고, 결국 상대방을 협정 위반으로 비난하기 쉬운 여지를 만들었다. 이러한 흐름은 결국 전후 질서의 불안정한 모습을 드러낸 것이기도 했다. 결국 유엔이 국가 간 문제 해결을 위한 바람직한 여건을 조성하리라는 막연한 희망에 기댈 뿐이었다.

유엔 조직과 논란

유엔은 총회, 안전보장이사회(이하 안보리), 경제사회이사회, 신탁통치이사회, 국제사법재판소, 사무국 등 6개 기관으로 구성되었다. 승전국은 강대국 간 협조가 필요하다는 생각 때문에 유엔 조직에 안보리를 두어 거부권을 인정하고, 총회에는 모든 회원국이 동등하게 참여하도록 유도했다. 또한 국가 간 분쟁을 해결하기 위해 국제사법재판소ICJ를 두어 국제분쟁을 법적으로 해결하는 방안을 마련했다.

유엔 기관 중 모든 회원국이 참여해 구성된 기관은 총회뿐이다. 총회는 주로 토의하고 권고하는 기관이다. 하지만 총회의 결정은 일반적으로 권고에 그친다. 총회의 의사결정 방식은 일반적인 방법에 따른다. 일반 문제에 관해서는 출석하여 표결하는 회원국의 과반수 다수결에 따르고, 중요 문제에 대해서는 3분의 2 다수결로 이루어진다.

안보리는 5개 상임이사국과 10개 비상임이사국으로 구성된다. 안보리는 국제평화와 안전의 유지에 대해 일차적 책임을 지는 기관이다. 임무는 국제분쟁을 평화적으로 해결하기 위해 권고하는 것과 평화에 대한 위협, 평화의 파괴, 침략 행위에 대해 강제 조치를 취하는 것이다. 안보리는 회원국을 법적으로 구속하는 결정을 내린다. 안보리는 비군사적 또는 군사적 강제 조치를 취하기도 한다. 안보리의 의사결정 방법 중 특이한 것은 상임이사국의 거부권이다. 상임이사국 가운데 반대투표를 하는 국가가 하나라도 있으면 그 사항은 부결된다. 유엔의 사무국 수장인 사무총장도 안보리의 권고를 얻어 총회가 임명하는데, 선출할 때 상임이사국의 거부권이 적용된다.

국제사법재판소는 국제 문제에 대한 법적 분쟁을 관할한다. 유엔 가입국은 자동적으로 회원국이 되며 비가입국도 유엔 가입국의 의무를 수락하면 당사국이 될 수 있다. 국제사법재판소는 총회 및 안보리에서 선출한 15인의 재판관으로 구성되며, 이들의 임기는 9년이다. 재판관의 선거에 관해 명확하게 국가 대표성의 관념을 배제하도록 규정하고 있다. 하지만 선거를 행하는 것은 총회와 안보리라는 정치기관이기 때문에 실제로 재판소의 의석 할당을 둘러싸고 불가피하게 정치적 고려를 하게 된다. 관행을 보면 형평성 있는 지리적 배분을 추구하되, 안보리 5개 상임이사국은 언제나 재판관을 배출하고 있다. 재판소는 한쪽 당사국의 청구만으로 재판을 할 수 없고, 강제적 관할권이 없다. 그러나 판결은 외교적 구속력을 지니며, 당사국이 이를 이행하지 않을 때에는 안보리가 적절한 조치를 취하게 된다. 재판소는 판결과 더불어 권고적 견해를 내리기도 한다. 안보리와 총회, 그리고 총회의 허가를 얻은 유엔의 부속 기관과 전문 기관은 국제사법재판소에 권고적 견해를 구할 수 있다. 하지만 재판소의 권고적 견해는 판결과 달리 구속력이 없다.

유엔의 운영에서 논란이 되는 것은 안보리 상임이사국의 거부권이다. 유엔은 5개 상임이사국의 단결과 합의가 전제되어야 운영될 수 있는 조직이었다. 그러나 전후 미국의 압도적인 영향을 받게 되었고, 소련은 이에 대항하는 무기로서 거부권을 남발했다. 냉전 시대에는 미국과 소련이 서로 상대방 진영에서 제출한 결의안에 대해 자주 거부권을 행사하여 안보리가 제대로 활동하지 못했다.

안보리 상임이사국의 거부권은 유엔이라는 국제기구도 국가 간 힘의 관계를 응축하고 있다는 사실을 보여준다. 안보리의 표결 방식에 약소국이 강하게 반발했지만 소용이 없었다. 현실주의자는 안보리 상임이사국의 거부권을 근거로 국제기구도 "국가들이 전통적인 경쟁과 영향력 획득을 위한 정치적 대결을 수행하는 무대일 뿐"이라고 강조한다.

반면 형식적이나마 총회가 최고의사결정기구이고 국제분쟁의 사법적 해결 방식을 채택한 점은 자유주의자의 이념을 반영한다. 전체 회원 국가 간의 협의와 국제법에 의존하는 방식은 자유주의자가 선호한 논리다. 자유주의자는 유엔이 회원국에 대해 구속력을 지니고 국제정치 경향을 변화시키는 규정을 창조한다고 믿는다. 힘의 관계를 억지하고자 한 노력은 약소국들의 한결같은 바람이었다. 안보리를 통한 강대국의 영향력을 조금이라도 줄이려는 약소국의 노력은 총회, 사무국, 국제사법재판소의 역할을 확장하고

자 했다. 그 결과 총회의 일반적 권한이 증대되었고, 국제사법재판소 역시 국제연맹 시절보다 유엔에서 비중이 커질 수 있었다.

강대국 권한이 핵심적인 지위에 놓인 것 때문에 유엔이 약소국에는 부당한 구상이라고 생각하는 사람도 있을 것이다. 하지만 유엔은 약소국의 입장을 배제하지 않는다. 유엔의 조직과 권한을 구성하는 데 강대국의 힘이 강하게 작용하지만, 약소국 역시 들러리는 아니었다. 유엔헌장에 주권국가 내부 문제에 대한 불간섭 원칙이 도입된 데에는 제국주의국가의 (인도주의적 명분을 포함한) 침략에서 약소국을 보호하려는 목적이 있었다. 불간섭 원칙은 약소국의 역사적 투쟁의 산물이다.[2] 물론 유엔이 국가에 전쟁을 벌일 주권을 인정한다면 약소국이 강조한 불간섭 원칙은 무용지물이 될 가능성이 크다. 결국 국가가 전쟁을 벌이는 행위에 대해 어떻게 규정할 것인지가 핵심적인 관건이다.

유엔헌장과 '전쟁에 호소할 권리'의 제약

유엔규약으로 말미암아 20세기 들어서 국가주권의 절대성 원칙은 약화되었고, 국가의 무력 사용권에 대한 통제가 분명해졌다. 국제사회 헌법으로 불리는 유엔헌장 제4조에 따르면, "모든 회원국은 그 국제관계에 있어서 다른 국가의 영토 보전이나 정치적 독립에 대하여 또는 유엔의 목적과 양립하지 아니하는 어떠한 기타 방식으로도 무력의 위협이나 무력행사를 삼간다"라고 하여 무력행사 또는 무력에 의한 위협을 금지했다.

국제연맹규약에서 전쟁을 제한하는 데 불과했던 규정은 유엔헌장에서 비로소 큰 발전을 이루었다. 다만 유엔은 두 가지 예외를 둔다. 하나는 집단

안전보장체제제하에서 집단적 제재의 일환으로서의 무력행사이며, 다른 하나는 주권국가의 고유한 권리인 자위권 행사에 수반되는 무력행사다. 유엔헌장의 전체적인 내용은 유엔이 주권국가의 무력행사를 제약하는 것으로 해석된다. 유엔은 집단적 제재의 형태로 주권국가의 자유로운 전쟁 선택의 여지를 좁혔다. 전쟁을 벌일 권리는 더 이상 국가의 자유로운 선택이 아니다.

국제규약에 따른다면 '전쟁할 자유'는 유엔의 권한이 되었다고 볼 수 있다. 유엔평화유지군 활동이 그 사례다. 하지만 유엔평화유지군은 자유평화주의자나 현실주의자 모두에게 공격받는다. 평화주의자들은 유엔평화유지군의 무력행사가 평화를 명분으로 또 다른 전쟁을 정당화함으로써 국제평화주의에 어긋난다고 걱정한다. 현실주의자 역시 평화유지군 활동을 의심스럽게 바라본다. 유엔평화유지군은 주권을 침해할 수 있기 때문이다. 유엔의 설계는 꽤 그럴듯해 보이지만, 주권국가와 유엔 간의 관계는 충돌한다.

유엔평화유지군 활동은 원칙적으로 유엔평화유지군을 수용하는 국가의 동의하에 전개될 수 있게 함으로써 절충되었다. 유엔은 주권국가가 자발적으로 동의한 군사적 개입 요구만을 떠맡는다. 한 국가가 유엔의 권고를 따른다면 그것은 국가가 선택하고 동의한 결과다. 국가의 동의에 기초해 세계평화를 구현하는 것이라고 볼 수 있다.

그런데 이러한 절충은 현실주의자에게 힘을 실어주는 듯하다. 현실주의에 따르면, 국가는 독립적인 존재이며 국가 위의 권력에 얽매이지 않고 스스로 목적을 선택한다. 즉, 유엔은 국가 상위의 권력체로서 지시하고 명령하는 중앙 권력이 아니라, 국가의 자유로운 선택만이 그 국가를 강제하는 의무를 정한다는 입장을 나타낸다.

유엔규약 이행에 대한 현실주의자의 시각은 일반적 논리로 자주 등장한다. 물론 유엔의 국가 규제는 모호한 채로 남아 있다. 하지만 미래 지향적인 측면에서 봤을 때 현실주의의 사고에 대한 몇 가지 우려가 제기된다. 유엔 규약이 국가를 강제하지 않는 한, 국가들은 책임감을 전혀 느끼지 않는다. 주권에 대한 현실주의적 생각에는 세계공동체의 규율이 들어설 여지가 줄어든다. 세계공동체 일원으로서 국가의 의무감도 약화된다. 많은 사람은 이 점을 더 걱정한다.

현실주의 시각에 문제를 느끼는 사람이라면, 유엔의 권고를 국가가 쉽게 무시할 수 있는지를 다시 생각해보라고 주장한다. 국가가 자유롭고 독립적이라는 생각은 여러 시기에 걸쳐 전쟁 위험이 커지는 결과를 낳았다. 이런 문제를 인식하는 사람은 세계공동체의 규율을 강화하려는 유엔의 존재 이유를 더욱 부각한다. 국가가 자유롭기만 한 주권국가라면 유엔의 규약을 조금도 신경 쓰지 않아야 한다. 하지만 '현실' 세계에서 어느 국가도 유엔의 규약을 휴지통에 구겨 넣어 전쟁을 벌일 만큼 자유롭지 않다. 회원국으로서 유엔의 권고를 무시하기란 쉽지 않다.

요컨대, 국가와 국제기구 간의 권위를 둘러싼 도전과 대응이 끊임없이 부대끼는 것이 국제사회의 '현실'이다. 명목적인 규정에 따르면 '전쟁에 호소할 권리'가 유엔으로 넘어간 듯 보이지만, 이것이 정착된 것으로 볼 수 있을지는 여전히 의문이다. '전쟁에 호소할 권리'가 국가의 특권인지의 논쟁도 불안정한 정치 지형을 그대로 반영한다. 이 논쟁이 어느 방향으로 조정되고 자리매김할 것인지는 세계를 살고 있는 모든 이에게 달렸다.

1 전쟁에 호소할 권리는 국가를 보호하는가, 아니면 국가를 위협하는가? 전쟁에 호소할
  권리를 국가의 태생적 권리로 인정할 때와 인정하지 않을 때를 비교해 생각해보자.

2 제1차 세계대전과 제2차 세계대전 이후 전후 질서의 공통점과 차이점은 무엇인가?

3 유엔 조직에 나타난 강대국 중심의 의사결정 구조는 오랫동안 문제점으로 지적되어
  왔다. 여기에 최근에는 유엔의 재정 문제가 부각되고 있다. 유엔은 빚으로 운영된다.
  군사력과 경제력이 유엔의 토대라고 믿는 사람들이 많아졌다. 이를 해결할 유엔의 개
  혁 방안은 무엇인가?

노엄 촘스키, 『정복은 계속된다』, 오애리 옮김(이후, 2007).

찰스 틸리, 『국민국가의 형성과 계보』, 이향순 옮김(학문과사상사, 1994).

카알 폰 클라우제비츠, 『전쟁론』, 김만수 옮김(갈무리, 2009).

제6장

세계정치의 역사 2: 냉전에서 불안정한 세계로

냉전체제는 왜 발생했는가

　　세계 평화를 뒤틀어버리는 훼방꾼은 어디든 나타나기 마련이다. 유엔은 세계 평화와 안전을 유지할 목적으로 태어났다. 하지만 미국과 소련 지도자들은 평화를 유지하기 위해서가 아니라 경쟁을 추구하기 위해 유엔을 이용했다. 제2차 세계대전 이후 승전국들이 주도한 세계정치는 오랜 시간 상대를 악마로 묘사하는 타락을 보였다. 대결 관계로 이익을 챙기려는 현실주의자의 득세는 유엔의 역할을 급격히 축소했다.

　　막상 시작된 미·소 간 경쟁체제는 결국 장기간 지속되는 세계체제의 구조물이 되었다. 미국과 소련의 경쟁은 동서 진영으로 확대되었고, 범세계적 폭력으로 폭발할 듯이 위협하던 주기적인 위기로 이어졌다. 이 모두는 갈등의 불가피성, 협력에 대한 초라한 전망, 그리고 영원히 이기적이고 힘을 추구하는 국가들 간에 국가 이익의 상이성 등을 강조하는 현실주의자의 견해를 뒷받침했다. 냉전 시기에 현실주의 이론은 국제사회를 이해하는 데 특히 설득력이 있어 보였다.

하지만 냉전이 예정되었던 것은 아니다. 어떻게 냉전 시대가 시작되었으며 20세기 내내 그토록 오래 지속될 수 있었을까? 일반적으로 냉전 시대를 이데올로기 경쟁 시대라고 일컫는다. 그런데 어떻게 전 인류가 이데올로기에 그토록 오래 매몰될 수 있었는가?

장기간의 대립은 공산주의 세력과 자본주의 세력의 정치적·경제적 이해를 고려하지 않고서는 상상하기 어렵다. 제2차 세계대전 이후 유럽의 전통적 강대국의 소멸로 생긴 권력 공백은 미·소 양국이 서로 갈등하게 만들었다. 약소국에 양 진영은 자국의 정치적·경제적 이익을 위해 반드시 자기네 편으로 끌어들여야 할 대상이었다. 양 진영이 경쟁하면서 이데올로기적 정당성이 표면화되었다. 냉전 이데올로기는 냉전의 명분이었다.

연합국이 전시 얄타회담과 포츠담회담에서 합의한 내용은 제대로 시행되지 못했다. 특히 중부 및 동부 유럽 국가의 미래에 대해 각국의 이해관계가 엇갈리면서 각국은 첨예하게 대립했다. 전쟁에서 함께 피 흘렸던 국가들은 서로 싸우면서 연합군을 쪼개고 갈라서기 시작했다.

서방 국가들은 소련의 동유럽 정책이 사회주의 이데올로기의 팽창을 지향한다고 판단했다. 먼저 1946년 영국의 처칠이 소련과 사회주의국가를 겨누어 공격했다. 처칠은 '철의 장막'이라는 상징적 표현으로 소련 진영과 스스로를 구분했다. 그는 "철의 장막 뒤의 도시와 주민들은 소련의 세력권에 있으며, 그들 모두는 어떤 식으로든 소련의 영향뿐 아니라 커져가는 모스크바의 통제를 받고 있다"라고 비판했다.

1947년 터키와 그리스에서 폭동이 일어났다. 미국의 트루먼은 공산주의자들이 폭동을 유도했다고 생각했다. 트루먼은 "무장한 소수 또는 외부 압력으로 야기되는 정복 기도에 맞서 싸우는 자유 인민을 지지하는 것이 미국의 정책이 되어야 한다"[1]라고 선언했다. 트루먼은 공산주의 세력화에 대한 적극적 방어를 미국의 외교 지향으로 삼았다.

트루먼 독트린은 미국의 서유럽 경제 부흥계획인 마셜플랜으로 뒷받침되었다. 마셜플랜은 단순히 유럽 경제 재건 계획이 아니라 소련 주변의 경제 권역을 배제하는 것이었기 때문에 소련을 자극했다. 자본주의국가군의 연이은 동맹 세력화에 대해 소련 중심의 동유럽 국가는 코민포름과 몰로토프플랜으로 경제 부흥과 공동 방위력을 결집하며 맞섰다.

트루먼 독트린은 소련과 공산주의국가군의 영향력에 대해 '봉쇄정책'이라는 군사적 공격 위협으로 한 걸음 더 나아갔다. 자본주의국가군은 1949년 북대서양조약기구NATO(이하 나토)를 창설했다. 한국전쟁과 비슷한 전쟁이 서유럽에서 재발하지 않도록 미국은 서유럽에 대한 군사 지원을 강화했다. 이에 맞서 사회주의국가군은 1955년에 바르샤바조약기구를 창설했다. 군사 대결이 한층 강화되었다. 이로써 침략 억지를 내세운 현실주의의 논리는 국가지도자 몇 명의 주장에 그치지 않았다. 국가지도자들의 주장은 주요 국가의 정책이 되었고 냉전체제는 굳어졌다.

냉전체제는 한 민주국가의 합리적 이성마저 마비시켰다. 미국에서도 현실주의자들이 득세해 반공주의 동맹을 형성했다. 미국 상원의원 매카시 Joseph R. McCarthy는 광신적 반공주의자였다. 그는 1950년 이후 "미국 정부와 의회 안에 수백 명의 공산주의 동조자들이 있다"라는 근거 없는 주장으로 정치 선동을 했다. 미국은 도처에 공포와 감시 분위기를 조성해 사상의 자유를 억압했다. 진보적 사회운동은 소련의 음모에 따른 체제 파괴 활동으로 몰아 탄압받았다. 수많은 공직자들은 국가에 대한 충성을 맹세해야 했다. 전체주의국가에나 있을 법한 일이었다. 자유민주주의 정신은 그렇게 짓

밝혔다.

공산주의자를 야만으로 규정하는 마녀사냥은 "소련의 세계 지배 음모를 막기 위한" 군비 증강에 불을 지폈다. 반공주의를 표방한 정치적 실천은 핵무기 경쟁의 확대와 군사적 역량 극대화를 정당화하는 데 이용되었다. 군부, 보수적인 정치인, 각종 무기 생산을 담당하는 방위산업 자본가 집단, 냉전 이데올로기를 만들어내는 연구 집단이 결합해 '군산복합체'를 이뤘다. 그들은 자신들의 정치적·경제적 영향력을 강화하고자 냉전을 이용했다.

이데올로기 경쟁으로 보이는 냉전체제는 단순히 허구의 이념 경쟁이 아니다. 경제적·정치적·군사적 이익이라는 국가와 국가 내 특정 세력의 이해관계를 반영한 것이다. 미·소 양 진영에 가담한 국가가 많아지면서 냉전은 국제사회 구조가 되었다. 반면에 대결 체제 유지를 위해서 치른 비용과 손실은 고스란히 세계의 시민이 짊어져야 했다.

공포의 핵 딜레마

미·소 간 갈등은 1961년 베를린 장벽 설치에 이은 1962년 쿠바 미사일 위기에서 최고조에 달했다. 미국이 유럽 지역에 소련을 겨냥한 군사 방어 전략을 강화하자 소련이 크게 자극받았다. 소련은 쿠바에 미사일 기지를 건설하려 했다. 쿠바에 미사일 기지가 건설되면 미국 본토 전체가 미사일 공격의 사정권에 드는 만큼, 이는 미국에 치명적인 위협이었다. 미국은 소련이 미사일 기지 건설과 관련된 물자를 쿠바로 수송하면 격침하겠다고 위협했다. 미국이 쿠바 주변의 해안을 봉쇄하면서 전쟁 일보 직전의 상황으로 치달았다.

서유럽과 쿠바에서 일어난 미사일 기지 건설 경쟁으로 핵전쟁의 가능성도 커졌다. 미사일에 핵탄두만 장착하면 핵전쟁이 일어날 수 있기 때문에 정책 결정자들도 핵전쟁에 대한 공포를 인식했다. 핵에 대한 일반인의 공포는 더욱 절박한 것이었다. 핵전쟁이 터질 위기가 세계를 떨게 했다.

미국과 소련 양 진영의 국가들은 핵무기가 국가의 안위를 지켜줄 최후의 방어벽이라고 생각해 서로 경쟁적으로 핵무기를 개발했다. 미·소 냉전이 끝나갈 무렵까지 미·소 양국은 각각 1만 발의 핵탄두를 보유하기에 이르렀다. 하지만 핵무기를 한 번 사용하면 적대 세력의 응수로 결국 모두가 자멸하기 때문에 핵무기는 사실 사용할 수 없는 무기다. 핵무기는 효과적인 위협 수단으로는 적절하지 않은 고철덩어리에 불과했다. 동시에 핵무기는 누군가 버튼 하나를 잘못 누르기라도 한다면 끔찍한 재앙을 불러올 수 있는 고약한 괴물이기도 했다. 고조되는 냉전 경쟁으로 핵전쟁이 더는 미래의 일이 아니라 눈앞의 현실로 다가오면서 팽팽한 핵 균형 전략은 누구라도 먼저 내려놓아야 했다.

미국과 소련 양국 정치지도자들은 직통전화로 핵전쟁의 가능성을 완화하려고 노력했다. 소련이 쿠바의 미사일 기지 건설을 포기하고, 미국은 쿠바를 식민지화하려는 위협을 자제하기로 함으로써 위기를 극복했다. 이를 계기로 냉전체제의 군비경쟁에 대해 되돌아보게 되었다. 고비용·저효율의 냉전 구조에서 나타난 아찔했던 경험은 냉전을 군사적 수단으로 치르려는 강대국의 욕망을 누그러뜨렸다. 긴장 관계는 한계곡선을 그리기 시작했다.

미·소 간의 긴장 관계 완화는 각 진영 내부의 복잡한 관계 덕분에 가능했다. 국익을 규정하는 관계는 변화무쌍하기 때문에 영원한 우방은 없다. 미·소 양 진영에 소속된 국가 내 관계는 역동적이다. 냉전체제에 대한 내부의 불만 세력들은 현실주의자들을 압박했다. 미·소 양 진영의 여러 국가지도자와 국민은 국가의 이해관계를 허울 좋은 이데올로기 경쟁에 무한히 내몰 만큼 둔감하지는 않았다. 특히 각 진영 내부 상황은 국내외적 요인에 따라 복잡하게 변했다. 세력균형이라는 전략도 각국 입장과 이익 그리고 아래로부터의 민주적 저항에 따라 의미가 반감되었다.

미·소 양국은 각 진영 내 포섭된 국가들을 관리하는 데 한계에 도달했다. 미국 진영 내에서 가장 도전적인 국가는 자존심 강한 프랑스였다. 프랑스는 자체 핵 개발에 성공한 데 이어 1966년 나토 탈퇴를 선언했다. 1968년 프랑스에서 벌어진 68혁명은 유럽에 존재했던 구시대의 민주주의를 새롭게 구성했다. 프랑스 청년들은 반전 평화, 생태, 인권의 문제를 거칠게 제기했다. 미국으로부터 군사적·경제적 지원을 받으며 성장한 서독 역시 자국의 이익을 고려해 동독과의 관계를 개선하는 동방정책을 펼쳤다.

변화의 움직임은 서유럽뿐 아니라 동유럽에서도 나타났다. 소련 스스로가 변하기 시작했다. 소련은 스탈린 사망 이후 자본주의 요소를 도입하는 수정주의 정책을 추진했다. 소련을 중심으로 뭉쳤던 사회주의권 세계는 중·소 영토 분쟁으로 균열되었다. 소련 진영에서는 체코가 가장 용감했다. 체코에서는 '프라하의 봄'으로 일컫는 민주화 운동이 전개되었다. 체코의 민주화 시위는 비록 소련의 탱크에 짓밟혔지만 사회주의권 내에서도 민주화를 원하는 바람을 불러일으킨 주목할 만한 사건이었다.

'인민민주주의'이든 '자유민주주의'이든 체제 경쟁과 이데올로기만을 고집한다면, 민주주의를 지향하던 역사와 전통에 자부심을 느끼기는 어렵다. 다른 진영에 사는 누구라도 상대 민주주의를 비판할 수 있다. 그러나 자국 민주주의에 대한 자부심을 느끼려면 상대를 넘어 자기 민주주의에 대한 존경을 느낄 수 있어야 한다. 내 나라의 민주주의가 인민주권, 구체적으로 삶의 정치적·사회적·경제적 조건을 향상시킬 수 없다면 민주주의에 대한 진정한 자부심을 느낄 수 없다. 민주주의에 대한 갈망과 실천이, 극한까지 치달았던 냉전 갈등을 끌어내리기 시작했다.

역동적이고 복잡해진 데탕트 시기

1970년대는 데탕트, 말 그대로 화해의 시대였다. 이 시대는 곧 자유주의자의 득세와 관련이 깊다. 닉슨 대통령은 1969년 데탕트라고 명명된 새로운 접근 방식에 호응했다. 1971년 미국은 중국과 이른바 핑퐁외교를 시작했다. 냉전 경쟁을 완화하는 데에는 정치적·군사적 협력보다 민간 스포츠 외교가 더 유용했다. 탁구는 중국이 세계에서 주름잡는 종목이었다. 핑퐁외교는 중국의 위상을 세워주면서 대결을 누그러뜨리는 데 더할 나위 없이 효과적이었다. 결국 민간 교류의 활성화가 뒷받침되면서 1979년 미·중 외교 관계가 수립되었다.

미국과 소련 간에는 군축 합의를 둘러싼 진전도 있었다. 군비통제는 데탕트 시대에 중요한 관심사였다. 1969년 전략무기제한협정SALT이 체결되었다. 전략무기제한협정은 탄도미사일 배치를 제한함으로써 위협적이고, 값비싼, 점증하는 군비경쟁을 무디게 했다. 이전과 다른 세력의 등장은 새로운 화해 분위기를 연출했다.

데탕트 시기에 형성된 새로운 국제정치 구조는 생각처럼 단순하지 않았다. 아랍 산유국의 자원민족주의가 대두하면서 국제정치 구조는 더 복잡해졌다. 1970년대 석유파동은 자원 대국이 군사적으로 소국일지라도 군사대국의 행동에 결정적인 영향을 미친다는 것을 보여줬다. 또한 석유수출국기구OPEC와 같은 비국가행위자들이 국제적인 사건의 진로에 영향을 미칠 수 있으며 국가와 경쟁할 수 있음을 보여줬다.

한편 제3세계 비동맹 국가들은 이데올로기 문제가 아니라 남북문제를 국제적인 이슈로 부각하기도 했다. 제3세계 국가들의 문제 제기는 먹고 사는 문제가 이데올로기적 명분보다 더 중요하다는 것을 일깨워줬다. 그리고 강대국이 정치적·경제적으로 약소국을 지배하는 현존 체제가 제3세계의 빈곤을 야기했다는 '종속이론'이 세계적으로 설득력을 얻었다. 제3세계 국가들은 국제정치 의제를 설정할 정도로 중요한 위치를 차지했다.

하지만 제3세계 국가들의 역량을 과장되게 평가해서는 안 된다. 제3세계 국가들이 미·소 간 긴장 완화에 기여했다는 근거를 찾아보기 어렵다. 오히려 제3세계는 미·소 간 경쟁의 또 다른 각축장이기도 했다. 제3세계 역량이 미·소 냉전체제의 균열을 낳기보다는 미·소 냉전체제가 제3세계의 위상을 강화했다고 보는 것이 적절하다. 제3세계 국가들은 미·소 간 경쟁 때문에 그 틈바구니에서 정치적 역량을 유지했다. 따라서 데탕트 시기와 이후 탈냉전 시기에 강대국이 제3세계 국가들을 자기편으로 끌어들일 이유가 적어지면서 제3세계 국가들의 존재 가치는 더욱 잊힐 운명이었다.

데탕트를 이끈 원동력은 유럽뿐 아니라 냉전의 당사국인 미국의 변화, 정확히 말해 미국 시민의 변화에서 찾을 수 있다. 국가, 인종, 문화, 성의 장벽을 넘어 생각하는 청년들의 자유로운 상상력이 세상을 움직였다. 장기간 베트남전쟁에 시달렸던 미국 내부에서부터 반전 평화 움직임이 거셌다. 미국에서는 대학을 중심으로 진보적이고 양심적인 자유주의자들이 베트남전쟁 반대 시위에 나섰다. 곳곳에서 시위대와 경찰이 충돌했다. 거센 저항운동은 기존 국제정치 흐름을 바꿔놓았다.

마침내 닉슨 대통령은 징병제 폐지를 제안했고, 1973년에 미국이 베트남에서 단계적으로 철수하면서 징병을 모두 자원병으로 대체했다. 국민을 전

1973년 워싱턴에서 레오니트 브레주네프 소련 공산당 서기장과 리처드 닉슨 미국 대통령이 만났다. 이로써 미국과 소련 간 데탕트 분위기는 절정을 이루었다.
자료: National Archives and Records Administration.

쟁으로 내모는 것이 국가의 명령과 의무로 여겨지던 것에 변화가 일었다. 공산주의 진영과의 세력균형이라는 명분은 대립각을 세웠던 자유주의 사상으로 약화되는 역설을 보였다. 이데올로기적 명분이 국익의 논리로 결합되는 것에 대해 전쟁을 거부할 권리 주장이 맞서기 시작했다. 새로운 세대는 공공적 명분을 찾으려 했다.

냉전에서 벗어나기와 냉전을 거부하기

미·소 양국 간 정치적 대결이 데탕트 시기에 종식된 것은 아니다. 현실주의자들은 항상 도전적이었다. 어느 시대나 시대의 조류가 자신의 이익에 부합하지 않을 때 이를 역전시키려는 저항이 있기 마련이다. 데탕트 시기에 위축되었던 현실주의자는 자기 이익을 도모하는 일을 모색한다.

소련의 강경론자들은 데탕트에 역류했다. 1979년 소련이 아프가니스탄을 침공하면서 데탕트가 끝났다. 이에 자극받아 미국에서도 현실주의자들이 다시 득세했다. 1980년대 초반 긴장 관계가 다시 조성되었다. 신냉전 시대가 온 것이다.

1980년대 로널드 레이건이 미국 대통령에 당선되면서, 미국에서 현실주의 보수파의 목소리가 커졌다. 레이건은 미국의 자존심 회복을 내세웠다.

레이건 행정부는 아프가니스탄뿐 아니라 새로운 냉전의 격전지가 되었던 앙골라, 니카라과 등의 정부를 지원했다. 나아가 레이건 행정부는 전략방위구상별들의 전쟁 Star Wars 계획으로 소련을 위협했다. 이 계획은 소련의 핵무기 공격을 지상 및 우주에서 일거에 무력화한다는 거대한 계획으로 논란을 일으켰다. 이는 우주전쟁의 상상이 현실에서 시도된 것이었다.

1970년대 말과 1980년대 초에 미국과 유럽에서는 반핵 평화 행진이 거세게 일었다. 레이건의 선택은 이러한 사회적 요구에 찬물을 끼얹는 것이었다. 하지만 미국 정부도 냉전 대결 체제를 핵전쟁, 우주전쟁으로 끝까지 밀어붙일 수만은 없었다.

자유주의자는 신냉전으로 치닫는 미국 정부의 정책에 반대했는데, 이때 현실주의를 반박하기보다는 세계정치에 국가적 판단이 재개입해서는 안 된다는 원론적 반론을 폈다. 이런 식의 주장은 보수주의자를 이롭게 하면서 자유주의의 평판을 끌어내렸다. 자유주의자는 다소 방어적으로 자신도 국익을 지지한다고 주장했다. 이들이 말하는 가치는 여전히 국가적 가치였다. 그러나 이 가치는 자유주의적 공적 이성을 훼손했다. 그것은 이 땅에 널리 퍼진 세계적 갈망과 관련되지 않을뿐더러, 더 큰 의미의 공적 세계에 대한 갈망에 답하지도 않았다.

국익을 생각하는 사람들은 국익 차원에서 호전적인 정부 정책에 대해 반대를 이끌어내기도 한다. 사람들은 냉전체제 유지를 위한 사회적·경제적·정치적 비용을 감당할 수 없을 때 경쟁 정책에 회의감을 느끼게 된다.

국익을 의식하는 타협적 자유주의자들은 냉전에서 벗어날 생각을 한다. 국가 이익에 대한 인식은 냉전 정책의 변화를 이끌어내기도 한다. 냉전 초기에 군사 부문 지출을 늘리며 성장한 중화학공업은 1970년대 석유파동을 거치면서 타격을 입었다. 냉전 시기를 거치면서 물질적·사회적 비용이 우려되었다.

　군사비 지출은 이제 각국에 재정적 부담으로 돌아가기 시작했다. 냉전을 거치면서 미국과 소련을 중심으로 한 주요 국가들은 지구 곳곳에 지구를 몇 십 번 폭파하고도 남을 핵무기를 쌓았다. 하지만 핵을 통한 상대 국가 위협 전략은 단 한 번도 사용할 수 없었다. 먼지만 쌓여가는 핵무기 앞에서 정치 지도자들은 국가의 재정 적자를 염려해야 했다.

　제한받지 않는 군사비 지출 때문에 국가재정 압박이 심화되면서 경제문 제가 가장 중요한 문제로 부각되었다. 정부가 '일어나지도 않은 전쟁'을 위 해 시민에게서 돈을 가져가는 것에 대해서 국민의 동의를 얻기가 점점 더 어려워졌다. 국가들이 냉전체제에 종속되는 한, 한쪽 진영의 국가는 다른 진영 국가들과 교류가 단절된 탓에 경제적 손실을 봐야 했기 때문에 냉전체 제는 지속되기 어려웠다. 경제위기를 타개하려면 적대 진영에 있는 국가와 도 경제적 교류를 해야 했다.

　변화는 소련에서 시작되었다. 소련은 자국의 어려운 경제적 여건 때문에 냉전에서 벗어나려는 의지가 미국보다 더 강했다. 소련은 자국의 경제 상황 조차 감당하기 어려웠다. 소련이 사회주의권 전체를 관리하는 것은 힘에 부 쳤다. 소련은 다른 사회주의국가들의 주권을 공식적으로 인정했다.

　소련은 쿠바에 대한 원조와 지원을 중단했고, 아프가니스탄과 동유럽에 서 철수했으며, 일방적인 군비 감축을 선언했다. 미하일 고르바초프는 전략 무기를 대폭 감축하는 조약인 전략무기감축조약Strategic Arms Reduction Treaty: START과 유럽의 소련 주둔을 감축하는 유럽통상전력조약Conventional Forces in Europe treaty: CFE에 동의했다. 또한 소련은 이주를 자유화했고, 종교적 자 유를 더욱 폭넓게 허용했다.

　1989년에는 냉전 대결의 상징이었던 베를린 장벽이 무너졌다. 베를린 장벽이 붕괴되자 동서독 주민은 베를린 장벽 위에 올라가 환호했다. 1991년에는 소련이 해체되었다. 마르크스Karl Marx가 반자본주의를 선언한 이래, 사회주의혁명가들이 새로운 실험을 시도했지만 결국 실패로 끝났다. 후쿠야마는 이념적 논쟁의 종결을 '역사의 종말'로 표현했다. 많은 사람이 이날을 축하하며 거리로 쏟아져 나왔다. 그러나 어느 누구도 냉전의 평화로운 종식을 예견하지 못했다. 우리는 냉전체제의 붕괴를 어떻게 봐야 할까?

끊임없는 군비경쟁을 강조하며 안보 국가라는 미명하에 국민을 병영체제로 묶어 통제했던 현실주의자는 공산주의 체제의 몰락을 곧 자본주의의 승리로 치켜세웠다. 하지만 사실 그들이 한 것은 냉전의 긴장을 이용해 자신의 권력 입지를 강화한 것뿐이다. 현실주의자였던 리처드 필 미국 대통령 자문은 "힘의 비교에서 강력하게 기여했던 핵 억지와 군사적 능력이 결국 소련 지도자로 하여금 덜 호전적이고, 덜 위협적이 되는 국제정치 접근을 택하게 했다"[2]라고 주장했다. 그러나 레이건 행정부의 강압 정책은 소련의 지도자들로 하여금 군비 감축을 비롯한 개혁 정책을 펴는 것을 더욱 어렵게 했을 뿐이다.

사실은 고르바초프의 '신사고'가 모스크바와 워싱턴 사이의 관계를 지배하는 새로운 규범을 등장시켰다. 고르바초프의 신사고는 개인적 능력이 역사의 진로를 바꿀 수 있다는 것을 증명했다. 이렇게 보는 것은 자유주의자의 해석이다. 현실주의 이론은 상당 부분 훼손되었다.

그런데 냉전체제에서 탈출해 새로운 체제에 안착하려던 고르바초프의 구상은 사실상 다른 방향으로 진행되었다. 고르바초프의 신사고는 소련과 유럽 사회주의에 거대한 폭풍우를 몰고 왔다. 사회주의권의 수장이 페레스트로이카(개혁)와 글라스노스트(개방)를 선언하면서 사회주의권의 사회적 모순이 폭발했다. 사회주의권 국가의 몰락을 이끈 힘은 아래로부터의 민주화 시위에서 비롯되었다. 고르바초프가 소련 붕괴 이후 권력을 유지하지 못한 이유 중 하나가 바로 이 점 때문이다. 그가 군부 쿠데타로 실권했다가 다시 복귀했지만, 이미 민중의 힘은 고르바초프의 점진적 개혁 의지를 넘어섰다. 현실주의가 강조하는 국가권력의 힘이 아닌 '아래로부터의 힘'이 냉전을 무너뜨렸다. '아래로부터의 힘'은 냉전을 거부하는 힘이었다.

동유럽 인민들은 자유주의적 사고에 깊이 매료되어 있었다. 동구권은 평화적으로 행동하는 시민운동의 점증하는 반냉전 민주화 압력에 따라 혁명적으로 붕괴되었다. 사회주의권 국가의 몰락 이후를 우리는 '탈냉전'이라고 부른다. 하지만 이러한 표현은 냉전을 거부하는 '냉전 반대'의 정서와 의지가 새로운 시대를 이끌었다는 점을 놓치고 있다.

평화는 아직 오지 않았다

냉전 해체는 세계정치사의 획기적인 사건이었다. 하지만 냉전 해체 이후에도 안정과 평화의 시대는 오지 않았다. 탈냉전 시대 국제사회는 세 가지 불안정한 지형의 모습을 보였다.

먼저 냉전체제에서는 잠재되어 있던 인종, 종교, 민족의 갈등이 동구권 몰락 이후 수면 위로 떠오르면서 국지적 분쟁이 빈번하게 발생했다. 패권국가는 세계 경찰국가로서 임무를 떠안으려고 하지 않았다. 패권국가에 직접 도전하지 않은 분쟁은 무시되었다. 강대국은 경제적·정치적 이익이 있을 때만 분쟁에 개입했다. 개입 목적이 국익에 있는 이상 해당 국가의 정부가 민주정부인지 여부는 고려하지 않았다. 그뿐 아니라 패권국가 미국이 승리를 자축하며 잔뜩 위엄을 부리던 시기에 테러는 세계를 더욱 불안하게 했다.

둘째, 냉전 시대의 현실주의자와 세력이 다시 고개 들기 시작했다. 중국과 과거 사회주의권 국가들이 주도하는 상하이협력기구Shanghai Cooperation Organization: SOC가 2001년 창설되면서 미국과 나토에 대한 새로운 견제 세력이 되고 있다. 2005년에는 중·러 공동 군사훈련이 전개되면서 미래 예측을 더욱 어렵게 만들었다. 이라크 전쟁의 종전 선언 이후 미국은 아시아·태평양 지역에 군사력을 강화하고 있다. 아시아는 새로운 격전지가 될 가능성이 커졌다.

셋째, 탈냉전 시대는 자유주의 시대였다. 하지만 소련과 동구권이 무너진 후 자본주의국가군의 승리감은 자유주의국가에서 확산시킨 자아도취적 여론에 불과했다. 지구적 자본주의가 확산되면서 자유주의 사상은 균열되었다. 경제적 자유주의의 득세 속에서 이에 저항하는 새로운 민주주의 담론이 나타났다. 새로운 민주주의 정신은 경제적 자유주의와 긴장 관계를 형성한다.

이 모든 상황은 현재진행형이다. 이 모든 것은 지구공동체를 향한 구상에서 우리가 고려해야 할 과제이기도 하다. 우리는 '몰락 이후' 지구화 시대에 대해 명확한 전망을 세우기 어렵다. 세계에서는 지금도 모순으로 가득 찬 정치적 조류가 국가라는 비좁은 공간에서 서로 갈등하며 결합한다. 세계정치에서 가장 친숙한 질문이었던, 전쟁에 호소할 권리가 국가에 있는가 하는 문제도 국경에 의존해 사고한다면 미래 전망을 긍정적으로 내리기가 더욱 어려워진다. 그렇다고 국경을 넘어선 자유주의 논리가 우리의 전망이라고 내세운다면 논란은 봉합되는 것이 아니라 오히려 더 커질지도 모른다.

하지만 현재 진행되는 불안정한 조짐과 그것에 대한 문제의식이 새로운 지구사회를 묶는 공통분모가 될 수 있을지도 모른다. 그래서 그 결과 도처에 확산된 오늘날의 세계정치적 질문에 해답을 줄 수 있을지도 모른다. 국가에 다시 전쟁에 호소할 권리를 줄 것인가, 또는 신자유주의가 우리의 대안인가에 대한 해답 말이다. 냉전체제에 반대했던 민주화 시위에서 나타났듯이, 그래도 우리가 믿는 것은 아래로부터 연계된 힘이다. 세계정치의 불안 속에서도 부단한 노력으로 일어서는 아래로부터의 역동적인 민주주의의 힘을 믿고 싶다.

이야깃거리

1 핵전쟁의 발발 가능성은 어떻게 무마되었으며, 향후 그 가능성은 어떻게 전망되는가?

2 데탕트가 냉전 해체를 유도하지 못한 이유는 무엇인가?

3 극한으로 치닫던 냉전체제가 왜 세계대전도 없이 평화적으로 종결되었는가? 국가 간 평화적 협조의 가능성은 어디에서 기원하는가?

읽을거리

노엄 촘스키 외, 『냉전과 대학』, 정연복 옮김(당대, 2001).

에릭 홉스봄, 『극단의 시대: 20세기 역사』, 이용우 옮김(까치, 1997).

제임스 E. 도거티·로버트 L. 팔츠그라프, 『미국외교정책사: 루스벨트에서 레이건까지』, 이수형 옮김(도서출판 한울, 2008).

조지프 S. 나이, 『국제분쟁의 이해』, 양준희·이종삼 옮김(도서출판 한울, 2011).

제2부
지구화와 세계경제

우리는 중요한 세계문제를 해결하려 할 때 올바른 규칙에 관해 물어야 한다. 국제사회의 운영을 시장에 맡기면 그 운영을 규정하는 규범이 타락하거나 질이 떨어질 수 있다. 따라서 사회를 보호하기 위한 규범은 시장 논리의 침입을 막는 것에서부터 찾아야 한다. 국가 그리고 시장사회와는 구별되는 시민사회의 공공적 의의를 찾는 것이 사회보호 원리의 취지에 부합한다. 과연 국가와 시장이 사회 공공성 조건에 얼마나 부합하는 역할을 했는지 생각하며 자본주의 역사를 살펴보는 것도 흥미로운 일이 될 것이다.

제7장

세계경제를 보는 시각

　　"시장을 자유롭게 하라!" 시장이 국가에 구속되어 있다고 불만을 표출하는 이러한 구호는 이제 낯설지 않다. 하지만 자유시장주의가 세계경제를 쥐락펴락하는 오늘날에도 자유시장에 대한 의문은 끊임없이 제기된다. 자유시장은 정부 개입의 '오염'이 없는 청정 구역일까? 정부는 시장경제에 개입해서는 안 되는가? 그렇다고 한다면 경제위기가 발생할 때 정부는 시장경제의 장기 순환을 그저 지켜보기만 해야 할까?

　　자유시장 옹호는 전형적으로 두 가지 근거를 제시한다. 하나는 인간 본성에 관한 근거이고, 또 하나는 자유의 가치에 관한 것이다. 먼저, 자유시장주의자는 인간이 자기 이익을 추구하는 존재이며, 자유시장은 자기 이익을 추구하는 인간 간의 자연적 질서라고 말한다. 둘째, 자유시장주의자는 자발적 교환을 허용하는 것이 개인의 자유를 존중하는 길이며, 자유시장에 간섭하는 제도는 개인의 자유를 침해한다고 말한다.

　　자유시장 비판론자는 이러한 주장에 의심의 눈초리를 보낸다. 이들은 시장에서 이루어지는 선택이 겉보기처럼 늘 그렇게 자유롭고 완전하지는 않다고 주장한다. 자유시장 비판론자들은 정부가 불안정한 시장에 끊임없이 개입해왔다고 말한다.

이번 장에서는 경제를 이해하는 데 성격이 다른 두 가지 접근 방식의 논쟁을 따져보려 한다. 우리 시대에 가장 치열한 논쟁은 자유시장주의와 국가 개입주의 사이에서 일어난다. 논란의 대상인 이 두 접근 방식이 중요하게 취급하는 가치를 생각해본다면, 경제에 관한 대표적인 입장의 의도와 차이점을 밝히는 데 도움이 될 것이다.

자유시장주의

자유시장주의부터 시작하자. 애덤 스미스Adam Smith는 『국부론The Wealth of Nations』에서 시장경제가 자연스럽고 기능이 뛰어난 최선의 경제체제라고 했다. 그는 자애self-love와 자기 편익self-interest 추구라는 인간 본성에 기초해 논지를 편다. 그의 결론은 이렇다. 자기중심적인 인간 본성에 기초한 시장경제는 자연적 질서이기 때문에 개인들이 자신의 경제적 이익을 추구하는 행동이 필연적으로 경제 전체의 조화로운 발전을 만들어낸다. 스미스는 자유주의의 가장 기본적인 개념을 제공해준다. 이후 자유시장주의 논의는 신자유주의의 대표적인 입지를 구축한 프리드리히 하이에크Friedrich A. Hayek와 밀턴 프리드먼Milton Friedman이 계승해 발전시켰다.

하이에크는 『노예의 길The Road to Serfdom』에서 사회주의, 복지국가, 개입주의는 인간이 의도적으로 만든 설계주의적 합리주의의 산물이며, 이 제도들은 국가권력의 남용을 초래함으로써 결과적으로 자유를 축소하고 시장경제의 효율을 떨어뜨린다고 비판한다. 그는 인위적 질서와 자생적 질서를 구분하고 시장경제를 자생적 질서로 옹호한다. 여기에 자유를 궁극적 가치로 여기고 논의를 이어간다. 하이에크가 보기에 문명의 성장은 개인의 자유가 억압받던 영역을 점차 줄여나간 역사였다. 인간의 경제적 이익 추구가 통제당하는 것은 삶이 통제당하는 것을 의미한다. 계획경제처럼 공동의 윤리 규범을 창출하려는 인위적인 시도는 자유의 발전에 역류하는 것을 의미한다. 민주주의 역시 자유를 위한 수단이다. "과거 어느 시기에도 경제문제에서의 자유가 없이 개인적·정치적 자유가 있어본 적이 없다."[1] 경제활동의 자유가 없는 정치적 자유는 기만이다. 시장경제에서 개인의 자유라는 민주적 이상이 꽃핀다. 자유는 궁극적 가치다.

프리드먼은 『자본주의와 자유Capitalism and Freedom』에서 정부보다는 시장이 자유라는 가치의 보호에 효과적으로 부합한다고 주장한다. 시장경제는 경제적인 힘을 수많은 경제주체들 사이에 분산하기 때문에 권력을 해체하고 자유를 지향한다. 시장경제는 다양한 주체의 자유를 보장한다. 이에 비해 "정부는 결코 개별 행동의 다양성과 차별성을 따라갈 수 없다."[2] 이것이 정부가 세상을 낙후시키는 원인이 된다.

하지만 우리는 정부가 시장경제를 살리기 위해 매일 무언가를 하고 있다는 것을 보고 들으며 산다. 뉴스를 보면 정부가 새로운 경기회복 대책을 내놓고 불철주야 노력하고 있다는 것을 알게 된다. 정부는 바쁘다. 정부는 이 모든 것을 내려놓아야 할까? 우리는 이렇게 물을 수 있다. 정부의 개입이 세상을 낙후시켰다는 것은 지나친 것이 아닐까? 이에 대해 프리드먼은 자유에 대한 흔들림 없는 믿음으로 반박한다. 그는 정부가 벌여온 사업이 문제가 많았다고 전제하고, 그럼에도 미국이 발전할 수 있었던 것은 "자유시장을 통해 서로 협조하는 개인들의 창의력과 추진력" 덕분이라고 주장한다.3 정부가 무슨 노력을 해서 경제가 성장한 것이 아니라 개인의 자유로운 정신이 성장을 이끌었다는 이야기다.

프리드먼에 따르면, 자유주의 논리는 정치적 자유의 보장에 기여한다. 이를테면 "빵을 사는 사람은 그 빵의 재료인 밀을 재배한 사람이 공산주의자인지 공화주의자인지, 입헌주의자인지 파시스트인지, 흑인인지 백인인지 알지 못한다."4 시장에서는 생산성과 무관하다면 사람들을 차별하지 않을 뿐만 아니라 오히려 차별받지 않도록 보호한다. 프리드먼은 자유로운 시장경제가 인간의 자유를 증진시켰다고 믿는다.

자유주의자는 공통적으로 "국가는 시장에서 손을 떼라"고 한다. 자유로운 시장경제가 원활하게 유지되려면 누군가에게 특혜를 주거나 제한을 가하는 국가의 모든 제도를 완전히 철폐해야 한다. 국가의 역할 축소는 경제적으로 시장경제의 효율성을 도모하는 것이고 정치적으로는 개인의 자유를 증진하는 것이다.

국가개입주의

다음으로 경제를 정부의 개입주의와 연관 짓는 이론을 살펴보자. 자유시장주의는 사실 자본주의 경제체제의 이념적 표현이고, 이에 대해 국가주의는 사회주의 계획경제의 표현으로 대응된다. 하이에크가 『노예의 길』에서 사회주의 계획경제에 대해 대응 논리를 폈지만, 실제 그가 출간 이후 논쟁에서 대립각을 세우며 마주한 것은 개입주의였다. 개입주의 이론을 대표하는 사람은 존 메이너드 케인스John Maynard Keynes다.

케인스는 『고용, 이자 및 화폐에 관한 일반이론The General Theory of Employ-

ment, Interest and Money』에서 시장경제의 자동적 조절 기능에 이의를 제기한
다. 이 책의 핵심은 완전고용을 실현하려면 자유방임주의가 아니라 소비와
투자, 즉 유효수요를 확보하기 위한 정부의 공공지출이 필요하다는 것이다.
케인스는 개인의 합리적 판단에 의거해 시장경제의 발전을 기대하는 것을
의심한다. 그는 자유시장경제가 불확실하다고 진단한다. 소비와 저축을 개
인의 손에만 맡기면 투자는 불안정할 뿐이다. 케인스는 불확실성의 시대에
정부가 자본비용을 낮춤으로써 기업 투자를 고무하고, 그것이 불충분하면
실종된 투자를 스스로 메워야 한다고 주장함으로써 개입주의의 포문을 열
었다. 케인스의 결론은 국가가 장기적인 관점에서 투자를 직접 조직하는 좀
더 큰 책임을 떠맡아야 한다는 것이다.

　케인스의 주장에는 자본주의 시장경제가 자동적인 조절 기능을 갖고 있
지 않다는 비판이 스며들어 있다. 대공황으로 실업자가 넘쳐나고 전 국민의
경제적 고통이 가중되고 있을 때 정부는 무언가 조치를 취해야 한다. 정부
가 대공황의 한복판에서 신속한 대책을 내놓는 대신, "'보이지 않는 손'의
작용으로 결국에는 경기가 정상으로 되돌아올 것"이라고 국민에게 인내심
을 요구한다면, 케인스가 『통화개혁론A Tract on Monetary Reform』에서 썼듯이
"결국 우리는 모두 죽게 될 것이다." 시장경제가 원활하게 작동할 수 없는
조건과 상황에서 정부가 적극적으로 개입하지 않는 것에 케인스는 반대한
다. 만일 정부가 아무 일도 하지 않는다면 존재할 이유가 무엇이란 말인가?
케인스의 사고 속에는 실업자 보호의 의지가 담겨 있다. 이는 개인의 자유
를 보호하는 진정한 의미를 되묻는다. 경제적 낙오자가 아무것도 할 수 없
는 상황에서 자유는 한낱 휴지조각에 불과하다.

　시장경제의 작동이 불완전하게 나타나는 것으로 판명된다면, 정부의 적
절한 개입으로 그 불확실성과 불완전성을 교정할 수 있다는 것이 케인스의

생각이다. 하지만 케인스의 정부 개입은 자본주의 시장을 더 잘 작동하게 만드는 것이지, 그것을 해체하려는 것이 아니라는 점을 우리는 주의해서 봐야 한다. 이런 점에서 케인스의 개입주의는 사회주의식의 국가주의와는 많이 다르다.

케인스가 부여했던 정부 개입의 정치적 의미는 완전고용, 공공 부문 등의 핵심 용어들과 친분을 쌓으면서 폭넓은 사상적 군을 형성했다. 케

✔ **베버리지 보고서**

영국 전시 내각이 창설한 '사회보험 및 관련 서비스에 관한 위원회'(위원장 윌리엄 베버리지)에서 작성해 1942년에 제출한 보고서로, 정식 명칭은 '사회보험 관련 사업'이다. 이 보고서는 빈곤 문제에 접근하는 방식을 바꾸는 데 크게 기여했다. 즉, 그동안 개인의 문제로 취급했던 빈곤을 사회적 책임으로 접근하게 되었던 것이다. 보고서는 부모 소득과 관계없이 아동이 성장할 수 있는 아동수당, 누구나 자유롭게 치료를 받는 무료 의료시스템, 원하는 사람 누구나 일할 수 있게 하는 노동정책을 제시하고, 이를 통해 '요람에서 무덤까지' 모든 국민에게 일정한 복지 수준이 유지되어야 한다고 제안하여 복지국가 형성에 중요한 디딤돌이 되었다.

인스 자신은 「베버리지 보고서」나 미국의 뉴딜정책을 직접 주도하지 않았고, 전후 복지국가 체제 형성에 깊이 개입하지 않았다. 그런데도 케인스주의는 정부가 시장경제에 적극적으로 발을 들여놓는 적극적 국가론의 선봉에 서게 되었고, 개입주의는 복지국가와 다시 연결되었다.

지구화를 보는 관점의 차이

경제사상에 대한 이해를 바탕으로 이제 세계경제로 눈을 돌려보자. 지구화 시대에 세계경제를 둘러싼 두 이론의 공방은 더욱 치열하다. 통상적으로 자유시장주의자들은 지구화를 불가피한 것으로 받아들인다. 오마에 겐이치는 『국가의 종말』에서 자유시장경제주의의 입장을 대변했다.

오마에 겐이치의 주장에 따르면, 민족국가의 특권은 영토에 대한 통제에

서 성장했지만, 번영하는 세계경제는 인위적으로 국경을 수정할 필요도 없이, 이웃한 영토로 영향력을 넓혀나갈 수 있다. 또한 민족국가는 정치적 독립에 기초해 성장했지만, 점점 국경선을 덜 존중하게 된 세계경제에서는 그 독립의 중요성이 줄어들고 있다. "경제적 사안을 관리하는 조직으로서의 민족국가의 권리는 불가피한 쇠퇴 사이클의 희생물로 전락했다."5 지구화와 이에 따른 국가의 종말은 거스를 수 없는 시대적 조류다.

자유시장주의자가 보기에 국가의 퇴각을 보여주는 지구화는 자연스럽고 중립적일 뿐만 아니라 바람직하다. 지구화는 모든 사람에게 번영과 성공의 결과를 약속한다. 전 세계에 걸쳐 자유로운 시장 원리가 작동되어 자원의 효율적 배분을 가능케 한다. 자유시장주의자들은 지구화의 지향을 완전경쟁시장으로 두면서, 국가 개입이 만연한 사회를 '개혁'하고자 한다. 자유시장경제의 지구화와 대조적으로 국가 개입은 삶을 저해하는 탓이다.

자국 산업을 보호하기 위한 보호무역 조치는 품질 좋은 수입 상품에 대한 소비자의 선택권을 빼앗는다. 정부의 인위적인 환율 정책은 자유무역 질서를 저해하며, 외국 투자에 대한 통제는 비효율적 생산을 조장하고, 물가 조절 정책은 식품 생산을 억제한다. 자유주의 신조에 발맞추어 국가가 규제를 풀고 기업 경쟁을 자유방임 세계에 맡기면 자연히 지구화의 혜택이 모든 사람에게 돌아간다.

개입주의자는 자유시장주의자의 논리를 조목조목 반박한다. 자유시장경제의 지구화 모델은 하나같이 최대한의 시장과 최소한의 정부를 이상적으로 그린다. 그러나 이에 반대하는 사람들은 순수한 경제학 '교과서적' 형태의 '자유시장 자본주의'란 언제 어디에도 없었다고 반박한다. 국가가 경제적 제도를 어떻게 구축하느냐에 따라 시장사회의 모습은 매우 다양하게 나타난다. 자유주의 경제학에서 시장은 본래 자원을 효율적으로 배분하고, 이에 반해 국가는 비효율적인 관료집단으로 전제된다. 하지만 이러한 논리는 역사적으로 국가가 시장실패를 보완해 시장의 효율을 오히려 증가시켰던 사실을 무시한다. 국가는 시장을 포함하는 경제적 제도의 구축과정에서뿐만 아니라 새로운 형태로 전환하는 과정에서 결정적으로 중요한 역할을 담당했다. 요컨대 자유시장주의자들은 시장을 경험적으로 분석하는 것이 아니라 단순히 가정한다.[6] 이것이 근본적인 문제다.

오늘날의 지구화는 신자유주의적 지구화를 지칭한다. 이 때문에 국가의 개입이 종말을 고하는 것은 아니다. 산업·금융 자본가의 영향력이 증대되면서 국가 역할이 재조정되었다. 따라서 지구화 자체는 국가에 의한 기획이며, 오히려 국가 개입은 증대되었다. 세계경제 및 그 자본 축적 주체의 전환은 자유로운 '시장'이라는 무대에서 진행된 것이 아니었다. 중심부 국가들은 사실 전후 시기 내내 세계시장의 게임 규칙에 끊임없이 관여해왔다. 지구화는 국가의 정치적 통제와 무관하지 않다.[7]

자본이 지배하는 세상?

자유시장경제의 지구화 모델을 그것이 초래한 문제점을 중심으로 지적하는 사람도 많다. 촘스키Noam Chomsky는 영국 ≪파이낸셜타임스≫의 기사를 인용하면서, "새로운 세계체제는 G7, IMF, 세계은행, GATT가 실질적으로 조종하는 것이나 마찬가지이며, 개발도상국의 지도자들은 새로운 지배계급 체제 속에 흡수되고 있다"라고 지적한다.[8] 그는 자본의 논리에 따르는 지구화를 세계경제의 불안정성, 실업 및 불평등의 증가라는 모든 악의 근원으로 규정한다.

이제 자유시장의 지구화를 추진하던 사람들도 스스로 자신을 뒤돌아보게 되었다. 자유무역 원리는 세계의 경제문제를 해결하기는커녕 더 많은 문제를 일으켜왔다. "국제적인 경쟁의 강풍에 자국경제의 개방은 대부분의 국가에서 더 강한 경제성장을 이끌지도 못했고 고용기회를 증진시키지도 못했다."9 자유시장주의자 스스로 자유무역 원리를 비판하기에 이르렀다. 이미 1999년에 세계경제포럼에서는 '책임 있는 지구화'를 주제로 설정하고 지구화의 충격을 해소하려는 노력을 주요 논의 사항으로 다루었다. 세계경제포럼에서 지구화에 대한 규제 방식이 논의된 사실은 자유시장주의자들의 가정에 문제가 있음을 스스로 인정한 것이다.

지구화 비판론자들은 자본의 지배 음모를 겨누며 자유시장론에 대한 공세를 강화한다. 그들은 자본주의 역사를 통틀어 자본의 지배 전략을 지적하기도 한다. 비판론자들에게 자본의 지구화는 그리 특이할 만한 일이 아니다. 우리가 '지구화'라고 부르는 것은 아주 오래전부터 존재했다.

세계체제론이 보여주듯이 "자본주의는 처음부터 세계경제적 사건이었으며, 민족국가적 사건이 아니었다." 신대륙 침략 이후 중남미에서 긁어온 금과 은의 화폐자본화, 상업혁명 및 산업 생산력의 증대로 세계적 차원에서의 교역 확대, 자본주의 독점화와 제국주의 전개 및 세계대전, 영국을 대신한 미국의 세계경제 장악 등 자본은 자기의 확장을 위해 늘 지구화를 지향했다. 자본은 국가 경계 때문에 자기 이윤이 제한되는 것을 용납하지 않았다. 자본주의는 단순히 경제활동의 국경을 넘어선 지리적 확장이 아니라 일정 수준의 기능적 통합(국제분업)이었다는 점에서 처음부터 세계화였다.10 이전과 다른 것은 1980년대 이래 신자유주의 '정책'이 선진 자본주의국가에서 지배적인 사조로서 등장해 그 운동 원리를 지구적으로 제도화함으로써 더욱 강력해졌다는 점이다.

지구화 비판론자들은 지구화를 '자본의 지배'로 일축한다. 그들은 지구화를 '자본의 논리'가 관철된 이데올로기로 규정함으로써 그 본질을 꿰뚫는다. 그러나 이 주장은 명료하지만 단순하다. '자본'을 하나의 흐름으로 파악할 수 있을지 몰라도 모든 책임을 물을 수 있는 주체가 되지는 못한다. 자본이 독자적으로 모든 것을 계획planning하는 것은 아니기 때문이다.

분명 자본주의가 문제이지만, 자본주의만을 문제 삼는 단일한 접근 방법으로는 해석되지 않는 문제가 바로 지구화다. 다 같은 자본주의국가이고 다 같은 신자유주의국가이지만 유럽과 미국이 다르고 또한 한국이 다르다. 경악할 만한 세계문제가 자본주의의 논리에 따른 신자유주의적 지구화 때문이라면 어느 국가에서나 동일한 문제와 반응이 나타나야 하는데, 사실은 그렇지 않다. 지구화 비판론자들은 자본주의경제가 모든 것을 결정했다는 '경제결정론'의 함정에 빠져들었다. '경제결정론'은 국제 행위자의 다양한 실천을 발견하기 어렵게 만든다. 일부 지구화 비판론자들의 날 선 비판은 지구화 경제의 문제를 극복할 수 있는 자신의 정치적 가능성을 스스로 제한했다. 경제결정론은 현실적으로 진행되는 지구화의 역동성과 각국의 서로 다른 차별성을 설명할 수 없다는 점에서 지나치게 획일적이다.

세력 간 각축을 벌이는 지구화

지금까지 살펴본 자유주의와 개입주의는 모두 지구화를 둘러싸고 각축하는 지배와 저항의 역동성을 등한시한다는 점에서 동일한 한계를 지닌다. 첫 번째와 같은 자유시장주의자의 견해는 지구화의 불가피성을 강조함으로써 지구화에 맞서는 정치적 대응을 무의미하게 만든다. 반면에 두 번째 비판론자의 견해는 지구화의 허구성을 강조한다는 점에서 자유시장주의자의 지구화론과 다르다. 하지만 마찬가지로 지구화의 전개 과정에서의 저항운동을 소홀히 취급함으로써 결국 지구화를 이미 주어진 자본주의의 숙명으로 받아들일 위험이 있다.

지구화를 둘러싼 지배와 저항은 구체적인 대상 없이 일어나지 않는다. 무엇보다 지구화는 국가의 정책이라는 몸짓의 언어로 표현되었다. 지구화는 탈규제, 공기업의 민영화, 노동시장의 유연화, 개방화 및 자유화 등으로 대표되는 '신자유주의적 지구화' 내지는 '시장친화적 정책'으로 구체화되었다. 이러한 정책은 개별 기업이 제 몫을 챙기고자 최종적으로 국가를 움직인 결과였다. 기업은 자본을 쌓고 늘리기 위해 국가 간 협약과 국제기구를 통해 통합된 세계경제의 규율을 만들었다. 기업은 치열하게 자기 이익을 위해 국가에 의지하며 활동했다.

그러나 국가가 어떤 선택을 할 때 외부적 요인의 영향을 일방적으로 받는 것은 아니다. 자본의 기획은 항상 국가 내부에서 정치적·사회적·이데올로기적 대결과 직면하게 된다. 이를테면 국가의 정책 결정이 노동자에 반하는 정책일수록 노동자의 저항은 더욱 거세어진다. 초국적 기업과 금융자본이 표방하는 자본주의적이면서 동시에 반사회적인 의도를 관철하기 위해서 국가가 더욱더 연루된다. 그러면 국가는 점점 더 저항의 주요 목표가 된다.

지구화가 역동적인 것은 오늘날의 지구화가 국가정치를 매개로 하고 있다는 분명한 사실 때문이다. 지구화는 지배와 저항의 소용돌이 한복판에 놓여 있다. 한편으로는 사회를 일률적으로 '자유시장경제화'하려는 산업·금융자본가들이 국가나 국제기구에 접속하면서 정치적 행위를 실천한다. 다른 한편으로는 국가와 국제기구를 보호막으로 삼아 생존을 유지하고 빈곤, 불평등, 평화, 환경 등에서 부당하다고 여기는 문제를 해결하려는 노동·시민사회운동가들이 맞선다. 그 사이에서 벌어지는 전쟁과 같은 것이 지구화다.

대안적 시각: 사회보호 논리

전쟁처럼 혹은 실제 전쟁으로 치러지는 지구화는 정치적 역동성을 드러내는 개념이다. 많은 사람은 왜 무엇을 위해 이렇게 충돌하고 갈등하는가? 그 갈등은 사람들이 발 딛고 서 있는 사회에 대한 애착에서 비롯된다. 삶에 대한 애착이 더 나은 삶을 원하게 되고, 그 결과로 자연스럽게 정치적 갈등이 벌어진다. 지구화 논의에서 정치를 고려하지 않으면 자유주의와 개입주의라는 서로 다른 세계관과 철학이 충돌하면서 제기된 새로운 사회 원리를 발견할 수 없게 된다. 시장을 둘러싼 대립되는 시각의 교차점에서 발견한 사실은 다음 두 가지다.

첫째, 우리는 자유를 굳건히 지지하면서도 사회와의 끈을 완전히 끊어버리지 못한다. 둘째, 시장에 대한 정부의 개입을 요구하면서도 자유를 보호하려는 생각은 뿌리가 깊다. 이 두 가지는 모두 우리가 발 딛고 있는 사회와 삶의 보호 논쟁을 야기한다. 여기서 좀 더 분명한 것이 떠오른다. 무너지는 자본주의를 수렁에서 건져낸다고 해서 사회를 보호하는 것은 아니라는 것이다. 또한 정부가 시장경제에 개입한다고 해서 모두 사회보호에 성공하는 것도 아니다.

앞에서 제시한 경제사상에서 개입주의 논리에는 사회보호라는 뜻이 담겼다. 사회보호는 개입주의 시각과 좀 더 친밀한 대안적 시각이다. 사회보호 논리는 자유주의 논리가 극한으로 치달을 때 자연스럽게 도출된다. 시장의 자유는 경제가 불황일 때 찬양받기 어렵다. 시장의 자유가 타인의 고통을 망각하고 전체적으로 사회를 파괴할 때 더욱 그러하다. 경기 불황 시기에는 많은 경제적 낙오자가 생기기 마련이다. 사람들은 경제적 낙오자 대신 낙오자가 되어줄 것은 아니더라도 낙오자에 대한 공감을 하게 된다. 사람들은 개인의 자유를 누리는 데 기뻐하기보다는 서로의 사정을 둘러본다. 이때는 개인의 자유를 보장해 시장경제의 조화로운 발전을 기대한다는 조치가 사회보호 관점과 충돌한다.

경제적으로 어려운 시기에 시장에서의 경제적 자유만을 넋 놓고 그리다가는 케인스의 언급처럼 결국 우리는 모두 죽게 될 것이다. 따라서 좋은 사회라면 지나친 경제적 자유는 정부 개입으로 억제해야 할 덕목이 된다. 시장경제의 위기 때 정부 개입으로 시장경제를 획일화하지는 않겠지만, 적어도 지독히 뻔뻔한 자유시장 논리를 억제하고, 그것을 조정한다는 신호를 보낼 수는 있다. 개입주의는 경제적 자유를 '부정'하기보다는 '조절'한다. 개입주의가 극단으로 치달을 때는 개인의 자유 자체를 억압하지만, 사회보호 원리에 연착륙한다면 개인의 자유 보장과 사회보호를 조화시킬 수 있다.

물론 개입주의의 사회보호 효력을 인정한다고 해서 국가가 항상 사회를 보호한 것도 아니기 때문에 개입주의가 자유주의에 우선해야 한다고 고집하는 것은 아니다. 때에 따라, 자유권이 심각하게 훼손된 곳에서는 더 많은 자유를 확보해야 할지도 모른다. 이때 자유를 추구하는 것은 사회에서 소외된 희생자를 일으켜 세워 우리 사회의 일원으로 끌어안고 사회를 보호하려는 길이기 때문이다. 따라서 경제를 둘러싼 우리의 관심은 단지 자유와 개입을 저울질하는 데 그치지 않는다. 우리가 중요하게 취급하는 것은 사회보호의 문제다. 지구화 논쟁의 핵심은 좋은 사회를 만드는 데 필요한 개인의 자유 의식과 행위를 제도적으로 다듬는 문제다.

사회보호라는 대안적 시각은 자유주의와 개입주의 간의 원론적인 논쟁에서는 두각을 보이지 않는다. 하지만 지구화로 말미암은 '20대 80의 사회'가 선진국과 후진국 사이에서뿐만 아니라 선진국 내부에서조차 사회문제로 드러나면서 지구화로 파괴되는 사회를 보호하자는 공감대가 확장되었다. 지구화 시대 세계경제를 사회보호의 관점에서 읽는 것은 곧 최선의 삶을 고민하는 것이다.

사회 공공성의 보호

새로운 대안적 시각을 보완하기 위해 기존에 우리의 사고를 지배하던 국가와 시장 중심의 접근법을 사회 공공성의 보호 차원에서 비판적으로 검토할 수 있다. 사회 공공성은 인간의 존엄성을 잃지 않아야 하고 인간의 기본권이 보장되어야 하며, 누구나 접근할 수 있어야 하고 공통의 관심사를 둘러싼 합리적인 의사소통이 이루어져야 한다는 의미다. 과연 국가와 시장이 사회 공공성 조건에 얼마나 부합할까?

먼저 국가 중심의 사고를 생각해보자. 지구화 시대에도 국가는 여전히 살아 있다. 하지만 지구적으로 전개되는 시장 논리에 맞서기 위한 방법으로 우리를 국경 안에 닫힌 공간으로 유도하는 것이 적절한지는 의문이다. 이를테면 신자유주의에 맞서 국산품을 애용해 국내 산업을 보호하자는 논리가 우리의 대안일 수 있는지를 생각해보자.

애플의 아이폰보다 삼성의 갤럭시를 사야 초국적 기업에 맞서는 것인가? 삼성 제품 역시 세계적인 네트워크로 생산되다 보니, 정확히 삼성 제품을 한국산이라고 해야 하는 것인지도 분명하지 않다. 그렇다면 삼성 제품을 사야 하는 타당한 이유가 있는가? 삼성 역시 많은 공장을 해외에 건설하고 있지만 한국인에게 일자리를 제공하기 때문이라고 해보자. 그러나 일자리 창출 효과라는 이유만으로 삼성 제품을 사야 한다면 우리는 중요한 가치에 둔감해진다. 애국의 논리에 눈멀게 되면 삼성 노동자들이 겪고 있는 사회적 권리 침해에 침묵하게 되며, 한국인과 다른 외국인을 경계 짓는 데 더욱 익숙해질 뿐이다. 따라서 세계시민 간의 합리적인 의사소통은 단절되고 만다.

인간이라면 누구나 누려야 할 인권을 고려하지 않는다면 우리가 지향하는 지구적 공공성과 멀어진다. 국가에 집착하다 보면 공공성은 가짜이기 쉽다. 국가에 묻혀 지구적인 공공성 담론을 줄이기 때문이다. 자본은 국경을 넘어 시장 논리를 지구적으로 확산하는데, 많은 사람은 아직도 국경에 집착한다. 지구적 소속감이 우리에게는 부족하다. 국경을 강조하는 한, 국경을 넘어 인간 존엄의 가치를 확장하려는 지구적 연대의식은 더욱 막연해진다.

반대로 시장 논리에 따른 방법으로 지구적 규범을 세워보자. 이를테면 국경을 문제 삼지 않고 시장에서 단순히 값싸고 질 좋은 제품을 '자유롭게' 구입하면 어떤가? 사실 보통 질 좋고 다양한 기능이 있는 제품은 가격이 비싸다. 시장 논리는 경제적 능력이 있는 사람들의 개인적 만족감을 높여 그들을 자유롭게 해준다.

하지만 국내 중소기업이 만들어 허름한 동네 문구점에서 판매되는 축구공보다 대형마트에서 판매하는 나이키 축구공이 질이 좋다고 해서 그 축구공을 구입하는 것에는 과연 어떤 의미가 있는가? 초국적 기업인 나이키가 축구공, 운동화 등을 파키스탄의 아동노동으로 생산한다는 사실이 알려지면서 초국적 기업의 반인권적인 경영을 놓고 논란이 일었다. 시장에서 소비자가 어떤 축구공을 구입할 것인지 판단할 때, 시장 논리는 인권을 고려하지 않는다.

소비자의 경제적 자유만을 언급하는 시장 논리는 시장에서 거래되는 상품이 어떤 곳에서 어떻게 만들어지는지를 문제 삼지 않는다. 시장 논리는 기업이 어린이에게 혹독한 조건에서 일을 시키는지, 노동자에게 저임금 장시간 노동을 강요하고 저임금마저 체불한 채 착취하는지, 노동기본권과 노동조합을 억압하는지, 환경오염 물질을 배출하는지, 아마존 삼림을 파괴하는지 묻지 않는다. 시장경제 체제에서는 경제적 능력에 따른 자유만 있을 뿐 공공성이 자리 잡기 어렵다. 시장 논리는 지구화 시대 민주적 세계시민에게 요구되는 지구적 공공 의식을 무너뜨린다.

시장 논리는 우리 삶을 파괴하는 데 깊게 관련되었다. 물론 국가가 주도한 정치도 지구시민들 간의 관계를 경계 짓고 억압하는 기제였다. 자유주의자들이 국가가 공공성을 주도한 과정과 내용을 비판하면서 공공성은 부정적으로 울린다.

하지만 국가가 지닌 권력의 원천과 자원 동원 능력의 관계를 잘 활용할 수 있다면, 공공성의 발전에 기여하도록 유도할 수 있다. 복지국가의 역사적 경험 속에서 국가를 통해 공공성을 강화하고자 했던 시도를 이미 확인한 바 있다. 오늘날 국가가 문제라면 그것은 국가가 공공적 가치를 보호하고, 일국적 공공성에서 지구적 공공성으로 나아가는 데 충분하지 못하다는 점일 것이다.

반면에 시장 논리는 지구화 시대에 우리가 지향해야 할 공공적 가치에 미흡할 뿐만 아니라 우리 사회의 우호적 관계망 자체를 망가뜨린다. 자유주의 이론가들은 국제금융가들과 초국가적 경제기구들이 지구적 포용에 유리한 관계를 조성한다고 주장한다. 그러나 경제적 자유에 근거한 경제적·이해타산적 사고가 국제사회의 여러 문제, 이를테면 평화, 환경, 문화, 빈곤 문제에 적용될 때, 그것은 국제사회의 포용과는 거리가 멀다. 경제적 이해에 기초한 이합집산을 전 지구적 포용으로 말하는 것은 무리다. 오히려 시장 논리는 온 지구사회를 경제적 능력에 따라 분열시켰다. 경제적 불평등을 조장하는 시장 논리는 우리 사회를 지구적 공동체로 전환할 수 있는 규범이 될 수 없다.

우리는 중요한 세계문제를 해결하려 할 때 올바른 규칙에 관해 물어야 한다. 국제사회의 운영을 시장에 맡기면 그 운영을 규정하는 규범이 타락하거나 질이 떨어질 수 있다. 따라서 사회를 보호하기 위한 규범은 시장 논리의 침입을 막는 것에서부터 찾아야 한다. 국가 그리고 시장사회와는 구별되는 시민사회의 공공적 의의를 찾는 것이 사회보호 원리의 취지에 부합한다. 과연 국가와 시장이 사회 공공성 조건에 얼마나 부합하는 역할을 했는지 생각하며 자본주의 역사를 살펴보는 것도 흥미로운 일이 될 것이다.

∴ 이 야 깃 거 리
1 자유시장주의와 국가개입주의는 모두 자유라는 가치를 부정하지 않는다. 오늘날 자본주의의 위기를 말하는 논자들은 모두 자유라는 가치의 훼손을 우려한다. 민주주의의 입장에서 볼 때 이러한 주장이 각각 어떤 자유의 보호를 지향하는지 토론해보자.
2 사회보호 논리는 자유시장주의 및 국가개입주의와 각각 어떤 관련이 있는가? 논리의 연관성을 추적해 토론해보자.

∴ 읽 을 거 리
로버트 스키델스키, 『존 메이너드 케인스』, 고세훈 옮김(후마니타스, 2009).
밀턴 프리드먼, 『자본주의와 자유』, 심준보 · 변동열 옮김(청어람미디어, 2007).
사이토 준이치, 『민주적 공공성』, 윤대석 외 옮김(이음, 2009).
프리드리히 A. 하이에크, 『노예의 길』, 김이석 옮김(나남, 2006).

제8장

역사적 자본주의

자본주의, 그 낯섦과 익숙함에 대하여

　　사람들은 자본주의capitalism라는 말을 언제부터 사용했을까? 자본 capital은 '머리'를 뜻하는 라틴어 '카푸트caput'에서 유래했다. 프랑스의 역사 학자 브로델Fernand Braudel에 따르면, 자본이라는 말은 12세기부터 이탈리 아 상업도시의 문서에 출현하며, 16세기 무렵이 되면 기업이나 상인의 사업 자금, 즉 화폐자본의 의미로 쓰이기 시작한다. 그리고 18세기 프랑스 중농 주의자들이 자본을 오늘날과 같은 생산자본의 의미로 사용했다. 18세기 말 에 자본가는 '돈을 가지고 있으면서 그것을 이용해 더 많은 돈을 벌려는 사 람'이라는 나쁜 평판을 받았다.

　　자본주의라는 단어는 리샤르Jean-Baptiste Richard의 『불어 신어휘Enrichisse- ment de la langue française』(1842)에서 처음 등장한다. 사회주의자 프루동Pierre Joseph Proudhon은 자본주의를 '자본가가 지배하는 사회적·경제적 체제'로 정확히 정의했다.[1] 러시아혁명 이후 자본주의에 대해 적대적이고 냉소적인 반응은 자본주의국가에 부담이 되었다. 자본주의국가에서는 자본주의라는 표현을 금기시하기도 했고, 나아가 자본주의를 시장경제와 같은 말로 번역하기를 희망했다. 어떤 사람은 소련의 경제 또한 자본주의에 맞서는 사회주의가 아닌 국가자본주의라고 주장한다. 자본주의는 그 말을 쓰는 사람에 따라 혹은 시대에 따라 불분명하게 적용된다.

어휘를 역사적으로 연구하는 학자들은 자본주의가 18세기에서 19세기 사이에 신조어로서 등장한 사실을 밝혀냈다. 초기에 자본주의라는 말은 우리가 흔히 자본주의를 규정할 때 사용하는 사유화, 시장, 계급, 생산, 체제 등의 단어들이 조합된 것을 의미하지 않았다. 겨우 20세기 초에 가서야 자본주의라는 말이 보편화되었다. 자본주의라는 말은 처음에는 정확한 뜻을 가질 수도 없었고 낯설기까지 했다. 이제 자본주의라는 단어는 일상에서 쓰인다. 그것은 우리 시대를 이전 시대와 구분 짓는 역사적 개념이다.

자본주의는 특정한 시대를 가리키는 자기만의 역사가 있다. 인류 역사에는 다양한 경제체제가 있었고, 특정 시기에만 자본주의 경제체제가 나타났다. 실제 자본주의의 역사는 그리 오래된 것이 아니다. 자본주의는 18세기 혹은 19세기를 기점으로 자리매김한다. 자본주의 이전 체제는 중세였다. 중세는 유럽 역사에서 서로마제국이 멸망하고 게르만 민족의 대이동이 이루어진 시기(5세기 무렵)부터 르네상스 이전 시대(16세기 무렵)까지를 가리킨다. 중세가 1,000년의 역사를 자랑한다면, 자본주의 역사는 극히 짧막하다.

자본주의에 역사적으로 접근한다는 것은 인류 역사의 전부가 아니라 한 시대를 규정하는 특정한 체제로 이해한다는 것을 의미한다. 이렇게 이해하는 방식은 자본주의 자체를 신화로 묘사해오던 기존 방식을 거부하고 객관적으로 조망해보는 데 도움이 된다.

역사적 자본주의를 연구한 학자들은 여럿이었다. 브로델이나 폴라니Karl Polanyi, 월러스틴Immanuel M. Wallerstein 등 저명한 학자들이 연구를 지속해왔다.[2] 이들은 공통적으로 자본주의를 더 넓은 세계관, 즉 세계사적 차원에서 접근했다. 이들의 연구는 자본주의가 실제로 역사 속에서 어떻게 탄생하고 변천했는지를 보여준다. 이들은 특별히 국가와 이데올로기가 자본주의 발전에서 어떤 역할을 했는지를 볼 수 있는 관점을 제공한다. 여기서 자본주의는 자연발생적인 것이 아니라 인간이 만든 구조적 기획물이라는 시사점을 얻을 수 있다.

자본주의는 이전 시대와 비교되는 어느 한 시점 이후 특정한 영역을 차지하기 시작했다. 자본주의는 시장 영역과 같은 특정한 영역에 자리 잡았지만, 처음 비자본주의적인 영역을 인위적으로 해체해나가면서 그 지향은 전 지구를 향했다.

시장경제는 한 걸음씩 만들어져 갔다

시장보다 더 불분명한 대상은 없을 것이다. 시장은 교환거래가 이루어지는 구체적 장소로서의 장터다. 그 장터에서 많은 사람이 거래에 참여하면서 거래 규칙이 정립되었다. 이때 이 거래 규칙을 시장 원리라고 부르기도 한다. 특정한 시장에서 경제활동이 운영되는 원리가 불분명하게 보이는 것은 그 자체가 신비화되었기 때문이다. 시장과 그 운영 원리는 장터에서 경제활동을 하는 사람들이 먹고살기 위해 매 순간 내리는 판단과 그 판단을 하는 정치적·사회적 관계에서 유도된 것이다. 따라서 시장과 시장 원리는 역사적으로 변해왔다.

그런데 사람들이 아주 자연스럽게 물건을 사고팔기 위해 모여들다가 시장이 만들어졌을까? 오직 인간 본성 때문에 시장이 발달했을까? 애덤 스미스가 말하듯 교환행위의 발생을 인간 본성에서만 찾는 데 그친다면 시장은 우후죽순 생겨날지라도 지금까지 아주 낙후한 형태로 남아 있었을 것이다. 애덤 스미스의 주장은 자본주의 시대의 시장을 특징 있게 설명하기에 부족하다.

원시적 시장과 자본주의 시대의 시장은 다르다. 자본주의 시대를 역사적으로 규정한 방식에 따르면, 시장 역시 자본주의 시대의 시장을 이전 시대의 시장과 구분 지어 설명해야 한다. 자본주의 시대의 장터는 교환거래가 활발해지면서 무질서하게 수없이 생겨났다. 그런데 이것은 교환행위를 하려는 사람들의 본성에 의한 것만은 아니다. 자본주의 시대에 시장의 발전은 중세 유럽 영주들이 부를 축적하기 위해서 시장을 만드는 데 정책적으로 노력을 기울인 결과였다.

1666년 런던에서는 정부가 시장을 진두지휘했다. 장터 주변 거리의 원활한 교통 소통을 위해 당국이 직접 나서서 안뜰이 있는 큰 건물을 지어준 일도 있었다. 이 건물들 중 어떤 것은 전문화된 시장이 되었고, 어떤 것은 도매시장이 되었으며, 다양한 상품을 판매하는 시장이 되기도 했다. 정부가 시장을 만들어준 것이다.

오늘날 정부가 재래시장을 현대화하듯 시장을 조직하면서 지난날의 관례, 습관, 전통은 폐기 처분했다. 그리고 새로운 운영 원리가 나타났다. 흔히 말하는 시장 원리다. 자본주의 시대의 시장 원리는 기존의 관습을 집어삼켰다. 꼭 가격에 따라 거래되지 않았던 관계나 물건은 모두 '가격'을 붙이게 되었다. 특정 지역이나 도시가 '전국적인 시장'이 되면서 교회의 토지나 원칙적으로 손댈 수 없었던 귀족의 세습재산마저도 시장을 거치게 되었다.

노동시장이 확대되면서 시장은 "가장 비천한 사람이라도 시장경제라는 사다리의 한 칸을 이루게 되었다."[3]

영국 정부는 중상주의로 경제적 틀을 만들고 전국적 시장구조를 갖추기 시작했다. 전국적인 규모의 시장은 결코 저절로 만들어진 것이 아니다. 국가가 개입해 전국 시장을 만들었다. 전국적 시장은 생산물의 원활한 소통을 위해 꼭 필요한 것이었다. 그동안 도시 시민은 농민이나 타 시도 상인에 대해 차별적이고 우월적 지위를 누리며 교역을 통제해왔다. 또한 원거리 상인의 수입 제품은 한곳에 모이지 못했고 별개의 시장에서 거래되었다. 그러나 정부는 자유로운 상업을 가로막던 비경쟁적 장벽을 무너뜨렸다. 정부는 국지교역과 자치도시 간 교역의 케케묵은 텃세를 부수었다. 정부는 도시와 농촌 사이뿐만 아니라 도시와 지방 사이의 차별도 점차 무너뜨리는 전국적으로 통일된 시장으로 가는 길을 닦았다.[4]

자본주의를 역사적으로 접근하면 일부 경제학자가 말하는 시장경제의 자동 조절 기능은 그들이 "머릿속으로 만든 것에 불과하다"[5]는 것을 쉽게 알 수 있다. 시장 운영 원리는 단 한 번도 가격에 따라 자동 조절되지 않았다. 모든 가격은 '수요와 공급의 원리'에 따라 오르고 내리지 않았다. 경제학자들의 자동 조절 기구로서 시장가격은 명쾌한 논리를 제공한다. 하지만 역사적이고도 정치적 관계를 읽지 못하는 함정에 빠져들었다. 가격은 시장에 참여하는 많은 사람들의 권력관계에 따라 다르게 결정되었다. 교역이 증가하면서 중간상인이나 대상인의 지위가 향상되었고, 이들은 공개시장을 피해가는 담합을 일삼았다. 권력화된 상인들이 가격을 주물렀다.

1764년 한 외교문서는 정부가 자본주의 초기 시장 질서를 조정했음을 보여준다. 그 외교문서는 다음과 같이 적고 있다.

정부는 식량 가격이 지나치게 올라서 사람들이 수군거리는 것에 다소라도 주의를 기울여야 할 것이다. 더구나 이 수군거리는 소리는 바로 위정자들의 잘못에 기인한다. 왜냐하면 이렇게 가격이 오른 중요한 원인은 수도에 우글대는 그 독점상인들의 탐욕에 있기 때문이다. 근자에 이들은 시장 상황을 앞서 가려고 획책한다. 이들은 큰길로 나가서 시장에 상품을 싣고 오는 시골 사람들을 맞이하여 여러 상품을 사들이고는 그것을 자신이 원하는 값에 비싸게 판다.6

이 문헌을 통해 알 수 있듯이 가격은 시장 참여자의 권력이 반영되어 결정되었다. 시장경제를 조절하려는 국가의 개입은 자본주의 초기부터 있었고 또 촉구되었다. 도시와 국가가 시장을 키웠고 다시 시장의 법칙에 지배를 받았다. 시장경제는 국가가 개입하면서 한 걸음씩 만들어져 갔다.

국가의 원거리 무역 지원

14세기에 베네치아 시 정부는 갤리galley 상선 체제를 조직했다. 정부 직속 조선소에서 큰 배를 만들고 의장을 갖춰준 뒤 이 배를 상업 귀족에게 빌려줬다. 정부가 만들어준 배는 상업 귀족의 교역에 큰 도움을 줬다. 시 정부가 초기 투자 자본을 부담한 것이다. 이것은 아주 강력한 덤핑이었다.7

'국가가 자본주의를 방해한다'는 주장은 의문스럽다. 베네치아 대무역은 국가와 자본주의의 연결을 보여준다. 브로델에 따르면, 국가와 자본은 비교적 잘 어울리는 짝을 이룬다. "국가는 결코 뒤에 물러서 있지 않는다."8 국가는 국내시장에서 특정한 부르주아들에게 특권을 부여하고 상업 활동을 보장해줬다. 그러나 그것은 공짜가 아니다. 모든 회사는 국가가 요구하는 세금을 납부해야 했다. 근대국가들은 항시 재정적인 어려움을 겪었기 때문에 부르주아들의 상업 활동을 도와 재정을 충당해야 했다.

국가는 처음부터 지구적 자본주의를 도왔다. 자본주의 출현의 역사에서 중요한 것은 원거리 무역이다. 자본주의 초기 원거리 무역은 자본주의가 지구적 차원에서 전개되었던 사실을 알려준다. 국가가 주도한 원거리 무역을 보면 지구적 자본주의의 탄생을 이해할 수 있다.

초기 자본주의를 주도한 대표 국가는 네덜란드였다. 네덜란드의 암스테르담은 중개무역항 기능을 독점했다. 나아가 유럽의 모든 금융적 거래와 어음 결제도 네덜란드 암스테르담 증권거래소에서 이뤄졌다. 무역 독점과 금융 독점은 동시적이었다. 네덜란드는 공인합자회사인 동인도회사라는 기업 조직을 바탕으로 무역(상업)과 금융에서 독점적 지위를 확보할 수 있었다.

동인도회사들은 광범위한 네트워크를 이용하여 1년에 수천 건 내지 수십만 건의 거래를 처리했다.[9] 동인도회사는 융성기인 17~18세기에 1,500척 이상의 배를 소유하고, 네덜란드와 아시아에서 수백만 명을 고용하는 등 당대 세계 최대의 무역회사이자 선박회사로서 그 이름을 떨쳤다. '하멜 표류기'로 우리에게 잘 알려진 하멜도 네덜란드 동인도회사의 직원이었다.

동인도회사는 전성기에 국가와 유사한 권력을 행사했다. 회사는 자체 통화를 발행하고 민형사재판 관할권을 행사했다. 회사는 수천 명의 자체 병력을 유지했으며, 독자적으로 전쟁을 일으키고 조약을 체결할 수 있는 막강한 권한을 지녔다. 동인도회사는 상업과 군사를 통일한 회사였다.[10]

동인도회사의 독점 역시 국가의 도움과 개입 때문에 가능했다. 네덜란드는 유럽에서 해군의 우위를 확보했다. 네덜란드 함대가 무역 항로의 안전성을 보장해주어야 동인도회사가 원거리 무역을 독점할 수 있었다. 자본주의

조지프 멀더(Joseph Mulder)가
그린 17세기 네덜란드 암스테르
담의 조선소 풍경. 17세기는 네덜
란드 무역의 황금기였다.
자료: Wikipedia.

는 처음부터 국가 개입을 필요로 했다.

　네덜란드의 무역 독점에 영국이 도전장을 내밀었다. 영국은 네덜란드의
원거리 무역 독점을 모방해 똑같이 동인도회사를 세우고 해군력을 키웠다.
영국의 해군은 네덜란드의 무역 및 선박업을 완전히 파괴했다. 영국은 노예
무역권을 확보하기 위해 1652년부터 1674년까지 네덜란드와 전쟁을 벌이
기도 했다. 후발 국가들이 네덜란드 모델을 모방하면서 네덜란드의 우위도
약화되었다.

　영국은 중상주의를 채택했다. 후발 국가들은 보통 자신의 뒤처진 출발선
문제를 해결하고자 중상주의를 선택했다. 중상주의는 무역수지 흑자로 경
제적 부를 증대할 수 있다는 믿음에서 생겨났다. 이러한 믿음을 갖는 세력
이 정치적으로 우위에 서 있었기 때문에 중상주의가 국가의 정책 기조로 채
택되었다. 영국은 한 세기에 걸쳐 보호주의를 유지했다.

　하지만 중상주의 정신을 국가 주도의 경제성장전략이라고 이해한다면
정부가 자유화를 추진하는 역설을 파악할 수 있다. 국가는 자유화가 국가의

경제성장 전략에 부합하면 이를 추진하는 정신적 지주가 되기도 한다. 제한된 교역을 풀기 위해 정부는 적극적으로 팔을 걷어붙였다. 정부가 자유교역을 추진해 배타주의라는 기존 관습을 무너뜨렸다. 정부가 자유화를 촉진한 것이다. 이제 자유주의가 시대의 정신이 될 수 있었다.

산업혁명의 신화?

19세기에 영국이 산업혁명으로 강국이 되었다는 것은 공인된 이야기다. 많은 사람이 인류 역사상 가장 큰 변화를 가져온 사건으로 산업혁명을 꼽는다. 동력 발전이 없었다면 오늘날 자본주의는 지금과 전혀 다른 모습을 하고 있었을 것이다. 그러나 '과학기술이 점차 발전해서 세계 자본주의가 확산되었다'라는 주장은 사실일까? 기술이 영국을 강대국으로 만들었을까?

일반적으로 사람들은 공장제 수공업인 매뉴팩처manufacture에 주목한다. 매뉴팩처는 산업혁명에 의해 자본주의 생산방식의 토대가 되었다. 그러나 이것을 비판하는 사람들은 매뉴팩처의 성공을 영국이 세계를 지배하게 된 핵심으로 받아들이지 않는다. 즉, 산업기술이 발전하면 모두 세계를 지배하는 헤게모니적 강대국이 될 수 있는 것은 아니라고 주장한다. 여기에는 중요한 근거가 있다.

세계 자본주의를 이끈 영국의 발전은 영토제국주의라는 정치적·군사적 팽창과 관련된다. 영국은 1588년 스페인의 무적함대를 물리치며 해상 강국이 되었다. 영국은 독자적으로 항해조례(1651년, 1662년)를 제정해 자국 식민지에서 외국 무역상이 활동하는 것에 대해 엄격히 금지하거나 중한 벌금을 부여하고 영국 선박에게만 교역 독점권을 허가했다. 그러나 이것 역시 도움에 지나지 않는다. 영국은 식민 정치를 활용했기 때문에 성공했다.

영국은 식민지 인도를 가졌다. 영국이 결정적으로 패권을 차지하게 된 것은 인도의 무굴제국을 해체하고 18세기 말에 인도 대륙을 장악하면서부터다. 처음에 영국은 인도와의 무역 거래에서 적자를 나타냈다. 영국이 인도와의 경쟁에서 승리하기 위해 선택한 유일한 방식은 기계를 도입하는 것뿐이었다. 기계의 발전과 산업혁명은 정치적·경제적 의도하에 진행되었다. 영국이 인도를 점령한 후에 인도는 면화 재배지로 전환되었다. 영국은 인도에서 원면을 쉽게 조달받을 수 있었다. 이는 다시 영국 경제를 더욱 발전시켰다. 결국 영국의 면직물 산업 발전은 제국주의라는 정치적·군사적 원리로 이룩한 것이다.

나아가 영국은 인도와의 무역수지 불균형을 완전히 해소하고 싶었다. 영국은 인도의 대외 무역 흑자분을 영국 내로 흡수할 수 있는 묘책을 찾았다. 그것은 단순했다. 인도 은행을 영국 은행에 병합한 것이다. 이러한 역사적 맥락에서 볼 때, 세계 자본주의 발전이 산업혁명에 따른 기술의 효율성 논리에 따라 전개되었다는 것은 매우 단순한 해석이다.

자유주의자의 정치적 역할과 자유무역

애덤 스미스는 1776년에 『국부론』을 발간했다. 자유경쟁시장론의 대표 인물인 스미스의 『국부론』은 네덜란드의 세계 자본주의 주도권이 쇠퇴하고 영국이 점차 부강해지던 시기에 빛을 보았다. 『국부론』이 공격 대상으로 삼은 것은 네덜란드의 국가독점기업이었던 동인도회사였다. 스미스는 동인도회사의 무역 독점권을 폐지하고 그것을 모든 기업에 나눠주라고 설파했다. 하지만 자유시장이 옳다거나 독점이 잘못되었기 때문에 이러한 주장을 한 것만은 아니다. 단지 그는 자유주의를 통해 국부 증진을 도모하려 한 것이다. 무엇보다 스미스는 중소 자본가들의 자유주의 목소리를 대변하려고 노력했다.

스미스는 중소 자본가의 학문적 대변인이었다. 당시 영국 중상주의를 주도한 세력은 의회를 장악하고 있던 대상공업자들이었다. 스미스는 대상공업자들이 무역을 규제하는 중상주의의 중요한 설계자였음을 지적했다. 영국 자본주의 초기에 등장한 중상주의는 정부에 의한 경제 규제, 대자본과 정부의 정경 유착 등 일그러진 모습을 보였다. 특히 중소 산업 발전을 억압한다는 비판이 일었다. 스미스의 자유무역주의는 당시 영국 중소 상공업자들의 요구를 반영한다. 스미스를 계승한 리카도David Ricardo는 심지어 직접 의회에 나가서 곡물조례를 폐지할 것을 주장했을 정도였다.

독점이 제약된 시기는 『국부론』 발간 시기와 차이가 난다. 영국 동인도회사의 독점권이 폐기된 것은 영국이 네덜란드보다 우위에 서게 되는 19세기 중엽 이후다. 영국 동인도회사의 인도 무역 독점권이 폐지된 것은 1813년이다. 동인도회사는 이후 중국으로 거점을 옮겨 아편 무역을 독점했지만, 1833년 중국 무역 독점권도 폐지되었다. 고전경제학자가 주장하는 자유주의적 시장 개념은 하나의 학문적 이데올로기였고, 이것이 정책에 영향을 미쳐 자유방임 정책을 추진하기까지는 좀 더 시간이 필요했다.

중소 산업자본가들이 정치적으로 우위에 서게 되면서 지주의 이익을 보호하는 법령과 국가의 중상주의적 규제의 폐지를 추진했다. 그 결과 1846년에는 유럽에서 수입하는 곡물을 제한하는 곡물법이 폐지되고, 1849년 항해조례를 폐지했다. 시장 메커니즘으로 자유롭게 작동한다고 하던 시장경제는 사실 인위적인 인간 설계로 확립된 것이었다.

보호주의 입장 대 자유무역 입장 간의 긴장은 19세기 세계체제에서 여러 국가가 정책을 결정하는 데 중요하게 작동했다. 이것은 대개 특정 국가의 주요한 정치세력들을 양분하는 가장 중요한 쟁점이었다.11 자유무역에서 이득을 얻을 수 있는 집단은 그것을 옹호했으며, 손해를 볼 집단은 보호무역 쪽으로 모였다.

보호주의 시대에 영국은 스미스의 주장을 채택하지 않다가 세계 패권국가로 올라서자 스미스를 이데올로기로 내세우기 시작했다. 자유경쟁 이데올로기는 자국 입장에 따라 고무줄과 같이 적용된다. 선진 국가일수록 자유경쟁, 자유무역 이데올로기를 내세우게 되고, 추격하는 국가일수록 보호주의를 내세우는 것이 일반적이다. 특히 개발도상국에서 보호주의적 정책이 가장 적극적으로 추진된다. 이는 자국 산업을 보호해서 앞선 국가를 따라잡으려는 강한 욕구 때문이다. 그러나 세계경제 게임에서 자기가 당연히 승리할 것으로 예상될 때, 자유경쟁 법칙을 찬양하는 방향으로 전환하기 마련이다. 영국도 패권국가로 성장한 이후 태도를 바꿨다.

나아가 영국 정부는 자유무역을 외국에 강요했다. 영국은 일방적으로 자유무역을 선포하고 이를 세계질서로 만들었다. 영국이 세계 모든 상품의 교역권을 사실상 독점하고 있었으므로 다른 국가는 자유무역을 받아들이지 않을 수 없었다. 국제경제가 자유시장경제 질서에 따르는 것은 인간 본성의 자연스러운 발현이 아니며, 신의 섭리는 더더욱 아니다. 국가의 정치적이고 인위적인 기획일 뿐이다. 자유시장경제주의자들은 이러한 사실을 말하려고 하지 않았다.

국가가 강제한 자본주의로의 이행

고도로 발달한 수송·통신 체계는 인간을 어디든지 갈 수 있게 해주었다. 일반적으로 사람들은 기술이 사람의 이동성을 촉발했다고 믿는다. 자유시장주의자들은 이에 대해 뭐라고 말할까?

공장이 세워진 곳에는 노동력이 요구되었다. 자유시장주의자들은 일자리를 준다고 하면, 즉 노동력의 수요가 있으면 공급이 따라올 것이라고 생각한다. 하지만 노동의 이동 과정이 과연 수요와 공급의 원리에 따라 진행되었을까? 자유시장 논리에 반대하는 사람들은 가상의 이론보다는 역사적 사실에 주목한다.

15세기부터 16세기까지 영국 농촌에서는 미개간지나 공유지에 담이나 울타리로 경계를 만들어 타인의 이용을 막고 사유지로 삼는 인클로저enclos-ure 운동이 시작되었다. 양모산업이 발전하자 지주들이 양을 키우는 목장을 만들기 위해서였다. 지주와 귀족은 때로는 폭력을 수단으로, 때로는 강압과 협박으로 사회질서를 뒤엎고 예로부터 내려온 법과 관습을 파괴했다. 그들은 문자 그대로 빈민에게서 공동지 용익권을 박탈했다. 그들은 빈민이 관습상 자기 것으로 알고 썼던 가옥을 허물어버렸다. 소농은 농지를 잃고 결국 도시로 쫓겨나 임금노동자가 되었다. 그들은 공업도시의 슬럼 속에서 인간답지 못한 생활을 하게 되었다. 『유토피아Utopia』의 저자 토머스 모어Thomas More는 이를 두고 "양이 사람을 잡아먹는다"라고 표현했다.

토지는 상품이 되었다. 울타리를 두른 토지는 그렇지 않은 토지보다 두 배 혹은 세 배의 차이가 났다. 인클로저 운동으로 소지주인 젠트리gentry와 자영농인 요먼yeoman은 많은 자본을 쌓고 늘렸다. 그리하여 매뉴팩처라고 불리는 작은 공장이 생기면서 자본주의적 생산관계를 발전시켰다. 산업혁명을 이끈 양모산업의 발전은 인클로저 운동이라는 인위적 기획을 바탕으로 이뤄졌다.

구빈법의 사례는 인위적으로 형성된 자본주의를 이해하는 데 도움을 준다. 구빈법에서 중요한 것은 구빈원이다. 구빈원의 중요한 목적은 빈민을 지원해주기보다는 부랑자를 가두기 위한 것이었다. 구빈법은 '구제'라는 명목으로 제정되었지만, 실제로는 빈민의 그릇된 태도와 버릇을 고쳐야 한다는 데 초점이 맞춰졌다. 인클로저 운동으로 농민을 농촌에서 밀어낸 다음 도시에 떠도는 사람이 많아졌는데, 빈민은 구빈원에 들어가야 했다. 노동자도 아니고 구빈원에도 들어가지 않는 거리의 부랑자는 잡아 죽일 정도로 강력한 규율이 발휘되었다. 마르크스Karl Marx와 엥겔스Friedrich Engels는 『독일 이데올로기Die deutsche Ideologie』에서 헨리 8세(1491~1547) 시기에만 7만 2,000여 명의 유랑자를 목매달아 죽였다고 밝혔다. 죽지 않으려면 구빈원에 들어가야 했다.

그런데 구빈원의 생활환경은 극악한 상태로, 간신히 생존만을 유지시켜주는 수준이었다. 사람들 사이에서는 '차라리 공장에 가는 것이 구빈원에 가는 것보다는 낫다'는 생각이 점점 퍼져 나갔다. 빈민이 고를 수 있는 선택지는 제한되었다. 결국 국가가 사람들에게 공장에서의 노동을 강요한 것이다. 이제 인간의 노동력은 값싼 상품으로 취급되었다.

화폐 또한 상품으로 조직되어야 했다. 화폐도 시장경제의 매우 활력적인 부분을 형성하기 때문이다. 원래 화폐는 구매의 수단일 뿐 결코 생산되지 않는 것이다. 그런데도 시장의 원리는 화폐를 집어삼켰다. 하지만 구매력의 공급을 시장기구의 관리에 맡기면 기업은 파산하게 된다. 화폐 부족이나 과잉은 경기에 엄청난 재난을 가져올 것이기 때문이다.

화폐 또한 상품화하면서 화폐 상품 자체의 가격이 가격 변동의 영향을 받아 매우 불안했다. 외환이 요동을 치면 무역을 했을 때 상당한 곤란을 겪는다. 환율 위험을 방어하려고 국가는 중앙은행을 만들었다. 중앙은행의 목표는 안정적인 화폐 질서 유지에 있다. 그런데 안정적인 화폐 질서 유지 역시 인위적이고 강제적이다. 중앙은행의 역할은 곧 국가 '정책'이 된다. 국가 정책 결정자들은 중앙은행에 끊임없이 개입한다. 이를테면 영국 정부와 중앙은행인 영란은행이 인도의 무역 흑자분을 모두 매입하기 위해 인도 은행을 합병하는 역할을 담당하기도 했던 사실을 다시 떠올려 봐야 한다.

국가는 시장 메커니즘을 형성하면서 인간의 경제를 시장 시스템으로 변형하고, 사람들의 사상이나 가치를 특이하고 혁신적인 시장 시스템에 적합하도록 주조했다. 이러한 '혁신'은 관습과 전통에 호소한 것이 아니다. 법률적·권력적 방법으로 달성되었다. 국가가 만든 시장 메커니즘은 인간의 운명과 자연환경의 유일한 지배자가 되었다. 이제 시장 메커니즘은 인간과 국가를 옥죄게 되었다. 시장 메커니즘에서 토지, 노동, 화폐의 상품화는 본원적인 것이다. 폴라니 표현에 따르면, 상품화 논리는 사회에서 인간과 인간, 인간과 자연 간의 관계가 갖는 생명력을 가루로 만드는 '악마의 맷돌'이었다.

화려한 19세기 자본주의

자본주의 세계경제는 번영의 꼭대기를 향해 치솟았다. 미래는 금빛 찬란하게 물들었다. 자본주의는 생산력의 발전으로 많은 사람의 물질적 욕구를 충족시켜주었다. 낡은 공업은 파멸되었고, 새로운 것이 그것을 대체했다. 새로운 공업에 의해 공장은 더욱 바빠졌다. 세계시장에는 있어야 할 것은 다 있었고, 없을 것은 없었다. 상품으로 바뀌지 않은 것은 없었으며, 모든 사람은 자유롭게 물건을 사고 팔 수 있게 되었다. 매일 새롭고 진귀한 물품이 무더기로 쏟아져 나와 사람들은 넘쳐나는 상품 때문에 어지러울 지경이었다.

국가의 개입으로 달성된 19세기 자본주의의 승리는 자축의 거창한 예식인 만국박람회로 표현되었다. 1851년 영국 런던의 하이드파크에서는 최초의 만국박람회가 대대적으로 열렸다. 이 박람회에 방문한 입장객 수가 600만 명에 이를 정도로 런던만국박람회는 국내외에서 폭발적인 관심을 모은 문화적 사건이었다. 박람회는 각국의 기계산업을 뽐내는 장으로 전 세계 40여 개국이 참가했고 1만 4,000개 회사가 1만 5,000여 점 이상의 작품을 출품했다. 박람회가 열린 수정궁Crystal Palace은 산업화 시대 부와 기술의 진보를 드러낸 기념비적 건물이었다. 돌이나 벽돌이 아닌 철골로 뼈대를 세워

산업시대의 특징을 살렸다. 유리로 지붕을 씌워 온실과 같은 효과를 내 산업혁명의 유산을 웅장하게 드러내며 새 시대의 출현을 공개했다. 이 건물은 문화적 충격 그 자체였다.

많은 사람은 자본주의가 빚어낸 부와 여가를 즐겼다. 자본주의 도시는 화려하고 눈부셨다. 야간에도 도시는 화려한 조명을 받았다. 시장에는 상품을 사고팔려는 사람들로 넘쳐났다. 거리는 자본주의를 찬양하는 축제의 한 마당이었다. 사람들은 도시의 화려함을 칭송했다. 조금만 주

1851년 런던만국박람회가 개최된 수정궁의 모습.
자료: 위키피디아.

변을 둘러보아도 높아진 건물 뒤로 불평등과 적대가 신음하고 있다는 것을 알 수 있었지만, 사람들은 앞만 보고 달렸다.

경제 선진국에서 생산한 값싼 상품은 지구 구석구석을 찾아다녔다. 만리 장성을 무너뜨리고 산과 바다를 건넜다. 한편으로 자급자족과 생계안정을 추구하는 경제는 낡은 것으로 취급되었다. '못난' 국가들의 경제는 외국에서 들여온 차가운 시장 규율에 자리를 내줬다. 자본주의는 가장 미개한 민족까지도 문명 속으로 끌고 들어감으로써 문명화의 임무를 완수했다. 세계의 문명화는 한없이 진화하는 것 같았다. 하지만 화려한 19세기 자본주의 역시 국가의 정치적·군사적 개입으로 빛을 볼 수 있었다.

정치적 · 군사적 자유무역주의

제2차 산업혁명 시기인 1870년 이후, 유럽과 주요 경제 선진국에서 강철 제련, 전기, 화학, 엔진 부문의 기술이 급속하게 발전했다. 동시에 국가별 생산 유형이 점차 지구적 경쟁의 영향을 강하게 받기 시작했다. 영국은 산업이 발전하면서 세계로 시장을 넓혔다. 동시에 원자재 수요가 늘었다. 영국은 점차 많은 나라와 식민지로부터 원자재를 공급받으려 했으므로 광범한 무역 질서가 창조되었다.

기초 상품의 대량 거래가 활발하게 이루어졌다. 영국은 팔 수 있는 것은 무엇이든 팔았다. 아편과 같이 인간에게 백해무익한 물자까지 팔았다. 영국령 인도에서 중국으로 간 아편의 수출은 19세기 중반에서 후반으로 넘어가면서 두 배가 증가했다. 그것은 아편전쟁이라는 식민지 제국의 강압적 폭력을 수반하지 않고서는 이루어질 수 없었다.

영국은 1875년까지 해외에 10억 파운드를 투자했다. 1870년부터 1913년까지 국제무역량은 매년 평균 3.4%씩 증가해 세계 생산량의 33%에 이르렀다.[12] 무역을 하는 지역의 수도 급증했다. 비산업국은 1차 산품의 수출로 벌어들인 돈으로 산업국가의 완제품을 구입했다. 이러한 불평등한 산업 구조 때문에 국가 간 무역관계가 위계화되었다.

무역은 자유주의와 아무런 관련이 없었다. 경제 선진국과 후발 국가는 원료 공급과 생산된 제품이 소비되는 시장을 둘러싸고 각축을 벌였다. 그리고 이 국가들 간에 식민지 쟁탈전이 벌어졌다. 유럽이 지리적으로 팽창하면서 독립적 세계 제국(중국 세계, 이슬람 세계, 인도 세계 등)의 사회는 붕괴해 단일 세계경제 틀 안으로 끌려 들어갔다.

미국에서는 남북전쟁에서 보호무역을 지지했던 북부 공업 지대 세력이 승리하면서 아메리카 대륙의 지형을 바꿔놓았다. 북부의 승리는 근대 미국의 승리이자 미국 자본주의의 승리였다. 남북전쟁 후 미국 자본주의는 인상적인 발전을 이룩했다.

미국 자본주의는 자원이든 시장이든 필요한 곳에 자회사를 만드는 방식으로 발전했다. 자회사와 모회사 사이의 내부 거래로 주요한 거래가 이루어졌다. 이러한 법인 자본주의의 형태는 오늘날 초국적 기업이라는 모델이 되었다. 미국 기업은 주요하게는 중심부 국가들로 진출하고, 일부는 원료를 찾아 라틴아메리카로 들어가는 이중 구조의 형태로 발전했다.

미국은 라틴아메리카라는 배후지가 있었던 덕분에 식민지 쟁탈에 적극적이지 않아도 되었다. 라틴아메리카는 19세기 초반에 대부분 독립했는데, 여기서 중요한 것은 1823년 미국이 먼로 독트린을 내세웠다는 점이다. 먼로James Monroe 대통령은 "미국은 유럽의 일에 간섭하지 않고, 유럽은 아메리카 대륙에 간섭하지 말아야 한다"고 했다. 여기서 말하는 아메리카 대륙에는 북아메리카뿐 아니라 남아메리카도 포함된다. 먼로의 말에 담긴 속뜻은 남아메리카가 미국의 식민지나 다름없다는 것이다. 이렇게 남아메리카라는 원료 추출지가 미국의 영향권에 들어왔기 때문에, 미국으로서는 군이 피를 흘리며 식민지 확장을 추진할 이유가 없었다. 그 후 남아메리카는 '종속의 길'을 걸어야 했다.

조선의 사례

국가의 물리력 지원을 바탕으로 한 자유무역주의는 한 사회를 야금야금 무너뜨렸다. 조선의 사례가 대표적이다. 우리가 잘 알고 있듯이 제국주의 시대 자유무역은 개항이라는 이름으로 강요되었다. 개항이란 외국인의 거주와 자유 통상을 위해 항구를 개방하는 것이다. 1875년 조선 정부가 일본 외무성 서신의 수리를 거부하자 일본의 무력시위로 1876년 강화도조약을 체결하고, 개항이 이뤄졌다. 조선에서는 자급자족적인 경제와 폐쇄적인 사상이 팽배하여 외국과의 무역에 대해 소극적이거나 부정적으로 생각하는 사람이 많았다. 또한 당시 조선은 무역활동을 국가가 강하게 통제했고 특권적인 유통 독점이 존재했는데, 이 때문에 자국 상품의 판매에 어려움을 겪은 일본으로서는 불만이 컸다. 외국 자본주의는 이러한 무역장벽을 없애고자 불평등조약을 강제해 조선의 주권을 제약했다.

일본은 조선에 자본주의를 이식하면서 동인도회사와 비교할 만한 동양척식회사를 이용했다.[13] 일본은 동양척식회사를 설립하면서 지도 및 개발을 통한 문명의 혜택 공유, 조선 민족 생활의 향상, 조선 농업 진흥 등을 명분으로 내세웠다. 동양척식회사의 주식자본과 설립위원 구성은 일본인 위

주로 편성되었다. 일본 측 설립위원 대부분이 일본인 관료였기 때문에 동양 척식회사는 일본소정부日本小政府라 해도 지나치지 않았다. 동양척식회사는 철저히 일본 정부가 만든 기업이었다. 일본 정부는 이 기업을 감독하고 지도·보호할 권한을 가졌다. 일본 정부는 회사에 보조금 지급과 사채 보증 업무를 지원하는 등 회사 재무를 보증하고 회사의 무한한 존속을 보호하고자 했다. 일본 정부가 동양척식회사의 재정을 지원하고 운영의 감독권을 가진 탓에 동양척식회사는 정부의 의향에 따라 움직였다. 결국 동양척식회사는 일본 정부와 유착된 정치권의 법인체다.

동양척식회사는 토지와 건물 매매 업무를 겸하고 거주민 이주사업과 금융업까지 추가함으로써 조선 농업을 장악하는 등 식민화를 달성하기 위해 조직되었다. 기존 조선의 농토를 매입한 뒤 일본인에게 분양해 지주가 되게 하고, 그 농토에서 자작 또는 소작했던 조선인을 추방했다. 일본인의 수탈 때문에 조선인은 소작인, 도시 부랑자, 간도 개척민, 일본의 노동자 등으로 전락했다. 선진 기업과 강대국이 강요한 자유무역과 자본의 논리는 조선 사회공동체의 경제적 뿌리를 파괴했다.

민간인이나 민간 기업을 피식민지 국가에 보내고 그들을 보호한다는 명분으로 무장 세력을 보내는 것은 과거에 제국주의 세력이 보여주었던 고전적인 침략 방식 중 하나다. 동인도회사가 그렇고 동양척식회사가 그렇다. 이라크 전쟁에서 볼 수 있듯이 이것은 오늘날에도 통용된다. 역사는 자유로운 경제활동을 통한 지구화라는 것이 선진 기업과 국가의 탐욕을 포장한 것에 불과하다는 것을 보여준다.

대기업의 탐욕

　　유럽에서 자본주의가 발전하면서 대기업이 성장하기 시작했다. 그중 철도회사는 대표적인 대기업이었다. 식민지 개척이 늘어나면서 철도 부설이 중요해졌다. 여기에 영국 철강산업이 세계 철도 레일을 공급하는 지위에 올라서면서 영국의 세계 패권을 도왔다. 1850년대 후반, 영국의 거의 모든 철도는 '노스이스턴 철도회사North Eastern Railway'가 지배했다. 이 회사를 운영한 허드슨George Hudson은 '철도왕'으로 불렸는데, 그는 의회 로비로 독점을 유지했다. 그는 철도 레일을 대량으로 매점하며 회사를 성장시켰고 주식 공모를 부추기며 재정을 충당했다. 철도에 대한 관심의 폭증과 이윤의 증대로 이 회사의 주식을 사려는 열풍이 투기 현상으로 나타나기도 했다. 노스이스턴 철도회사의 독점과 투기의 배경에는 정관계 권력층과의 긴밀한 교분이 있었다.

　　한편 미국의 철도왕으로 통하는 이는 밴더빌트Cornelius Vanderbilt였다. 철도를 1킬로미터 늘릴 때마다 평균 1,000만 평이라는 넓은 국유지를 정부에서 불하받는, 그야말로 날강도와 다름없는 벼락부자였다. 그것도 중국인 노동자들을 채찍으로 혹사하여 금과 은을 파내는 것이 목적인 산적 같은 귀족이었다.[14]

　　세계는 철도와 증기기관으로 연결되고 묶이는 단일체를 형성했다. 그러나 전 세계의 견지에서 보면 간선철도망은 국제적 해운망의 보족물에 지나지 않았다. 경제적 견지에서 생각할 때 아시아, 오스트레일리아, 아프리카 및 라틴아메리카의 철도는 1차 산품을 대량생산하는 지역을 항구로 연결하는 장치였다. 피식민지의 철도는 경제 선진국들의 무역항을 연결하는 수단에 불과했다.

19세기 자본가들의 성공 뒤에는 '도적 귀족robber baron'이라는 적절한 별명이 붙었다. 미국의 도적 귀족은 사설 무장 병력을 갖추고 사기나 약탈과 다름없는 방법을 사용했다. 대표적인 인물이 금융계의 큰 손으로 통하는 JP모건과 석유 재벌인 록펠러John D. Rockfeller (1839~1937)다.[15]

모건John Pierpont Morgan은 남북전쟁에서 무기 거래로 많은 돈을 벌었다. 예나 지금이나 전쟁으로 먹고사는 기업이 있다. 모건은 남북전쟁의 시작과 동시에 총기 수요를 예측하고 북군에서 총을 사들였다가 최종적으로는 최초 판매자였던 북군에게 다시 6배 비싼 가격으로 되팔았다. 이른바 '카빈총 스캔들'은 여파가 매우 커서 링컨 대통령이 전쟁 와중에 국방장관을 사임시켜야 했을 정도였다. 사건 전모를 알게 된 미국 의회에서 거래를 정지하려고 했지만, 모건은 계약서를 내세우며 재판소에 호소해 합법성을 인정받았다. 모건은 이 자금을 바탕으로 뉴욕 은행업에 뛰어들었고 JP모건사를 키웠다. 모건 스스로가 주가를 끌어올리는 수법으로 많은 돈을 모았다. 그는 월스트리트에서 신규 회사를 만들어 투자해 주가가 오르면 되파는 방식으로 주가를 조종했다. 그 자금으로 철강왕 앤드루 카네기Andrew Carnegie의 회사를 인수하고 '유에스 스틸US Steel'이라는 회사를 세웠다.

한편 록펠러는 역사상 가장 큰 부를 일군 경이와 신화의 대명사이자 문어발식 사업 확장으로 탐욕과 공포의 상징이 된 인물이다. 록펠러는 자신이 석유를 발견하지 않았지만, 정유공장에 투자해 자기 공장에서 나오는 석유를 철도회사의 화차에 실어 전국으로 공급하는 일을 했다. 그러나 그는 경기 불황으로 수익이 줄어들자 철도회사 간부들을 불러 모았다. 그는 철도회사 간부에게 철도 운임을 오히려 높이고 자신에게만 저렴한 운임을 적용해 달라고 요구했다. 그는 그렇게 되면 경쟁 정유회사들이 도산할 것이므로 그 회사를 모두 인수해 부족한 운임 손해를 보전해주겠다고 제안했다. 나중에

'리베이트 시스템'으로 알려진 이 방식 때문에 소규모 석유업자들은 대거 도산했다. 절망적인 상태를 견뎌내지 못하고 자살하는 사람도 생겨났다. 뉴욕 철도조사위원회에서 뉴욕 상인들을 변호한 사이먼 스턴은 철도회사와 스탠더드의 관계를 놓고 "세계 역사상 공공 서비스 의무를 지닌 철도가 사적인 목적으로 가장 완벽하게 전용된 사례"라며 비난했다.[16] 록펠러는 이러한 방식으로 1882년 미국 내 정유소의 95%를 지배하는 스탠더드오일 트러스트Standard Oil Trust를 조직했다. 록펠러는 내셔널시티은행의 대주주가 되기도 했다. 후대에 모건의 퍼스트내셔널은행과 경쟁 관계인 록펠러의 내셔널시티은행이 합병해 퍼스트내셔널시티은행, 즉 훗날 시티은행이 된다.

시장경제를 파괴한 것은 정부가 아니라 대기업이었다. 대기업이 내세운 계약서는 정부의 법을 무너뜨렸고, 대기업과 자본가는 많은 사람의 삶을 절망으로 내몰았다. 흔히 말하듯 기업이 사회를 먹여 살린다는 것은 적절하지 않거나 부분적으로만 의미를 지닐 뿐이었다.

자본주의의 세계적 팽창은 진보였는가

산업혁명 이후 생산력이 증진되었고, 소비재를 더 많이 쓸 수 있게 되었다. 그런 면에서 자본주의는 진보다. 자유시장주의자는 이것을 믿는다. 하지만 그것이 누구에게 진보인가라는 반문을 제기하는 사람도 있다. 자유무역은 모두에게 이로워야 했지만, 많은 국가에 멸망과 파괴를 초래했다. 경제적 힘의 균등 상태는 도달할 수 없었다.

유럽인들의 자유주의 정신은 식민지에 자유시장경제를 이식했다. 경제비용 절감이라는 '순수한 경제적 논리'로 노예제를 도입하고 문명을 파괴하고 그다음에 원주민을 절멸시켰다. 이후에는 파시즘이 등장하고 인종 절멸이 나타나고 세계대전이 벌어지는 이 전체가 자본주의의 역사다. 자유시장 경제 논리에 반대하는 사람들은 이것이 진보인지를 되묻는다.

사실상 국가가 개입한 초기 자본주의의 세계적 팽창은 자본주의 세계 내에서 위계질서를 만들었다. 승자와 패자, 강한 자와 그렇지 않은 자가 나뉘어졌다. 원거리 무역은 도시의 부상에 중요한 역할을 하고 역동적인 경제를 만들었다. 교역과 자본이 집중되는 곳은 세계 도시로 성장했다. 이는 승자의 상징이 되었다. 그 도시들은 베네치아, 암스테르담, 런던, 뉴욕으로 이어졌다. 그러나 다른 한편으로 농촌의 경제는 몰락했고, 피식민지 도시는 수탈의 거점지가 되었다. 그곳에는 사람이 살고 있었다. 경쟁에서 패배한 지역에서 가난한 사람은 삶의 기반을 잃었다.

자본주의를 냉정하게 평가하려면 전체적인 대차대조표를 그려야 한다. 그러나 그 대차대조표를 작성할 때는 간단한 통계로 돌릴 수 없는 다양한 인간의 삶이 가쁘게 숨을 쉬고 있음을 생각해야 한다. 이러한 점에서 자본주의는 역사적 진보일 수 없다. 진보는 절실하고 필요한 것이기 때문에 준비해야 하고 만들어갈 수는 있어도 자본주의 스스로가 진보를 낳는 것은 아니다.

.: 이 야 깃 거 리
1 자본주의에 대한 사회적 평판은 크게 엇갈린다. 우리 사회에서 일고 있는 대립적인 평판을 비교하여 토론해보자.
2 전 세계로 시장을 확장한 동인도회사, 동양척식회사, 초국적 기업의 이윤 추구는 자기 이익 추구라는 인간의 본성에 입각하여 정당화될 수 있는가?

∷ 읽 을 거 리

에릭 홉스봄, 『자본의 시대』, 김동택 옮김(한길사, 1998).

이매뉴얼 월러스틴, 『역사적 자본주의/자본주의 문명』, 나종일 · 백영경 옮김(창비, 1993).

이매뉴얼 월러스틴 · 테렌스 K. 홉킨즈, 『이행의 시대』, 김영아 · 백승욱 옮김(창비, 1999).

칼 폴라니, 『거대한 전환』, 홍기빈 옮김(길, 2009).

페르낭 브로델, 『물질문명과 자본주의』, 주경철 옮김(까치, 1995).

제9장

대공황과 그 극복을 위한 정치적 기획

자본주의경제에서 호황과 불황이 반복되는 경기순환은 일반적 현상이다. 경기가 호황일 때 자유주의자든 개입주의자든 자신이 그 시대를 주도하는 상황이라면 권력을 누릴 수 있었다. 하지만 불황일 때 어느 쪽이든 그 시대를 주도하던 신념체계는 설 자리를 잃게 된다. 특히 경기침체가 장기화할 때 호황의 균형을 곧 찾을 것이라고 말하는 자유주의자의 주장은 일반 사람들의 신뢰를 잃는다. 반면에 불황을 타개할 정부의 가시적인 조치가 필요하다는 주장에 동의하는 사람이 많아진다. 불황의 골이 깊고, 넓게, 오래 지속되면 경제적으로뿐만 아니라 정

대공황 초기 뱅크런이 발생하자 뉴욕의 아메리칸유니언은행 앞에 몰려든 사람들.

자료: Wikipedia.

치적·사회적으로도 많은 문제를 일으키기 때문이다. 1930년대에 전 세계를 강타한 대공황이 그랬다.

대공황은 왜 발생했는가

대공황은 자본주의 역사상 유례를 찾아보기 어려운 대사건이었다. 이 경제적 대사건은 어떻게 발생한 것인가? 먼저 당시 상황을 정리해보자. 1920년대 세계경제는 전후 복구에 힘입어 전성기를 누렸다. 미국은 대규모 금과 외화가 유입된 흑자국이었다. 제1차 세계대전 후 채권국으로 발돋움한 미국은 생산체제에서도 혁신을 이루었다. 이를 주도한 것은 포드자동차였다. 포드자동차는 경영합리화 방안을 구사해 '테일러-포드시스템'이라는 대량생산체제를 주도했다.

이러한 분위기는 주식시장의 초호황과 함께 주식과 채권에 대한 투기열풍을 일으켰다. 영국을 비롯한 세계 여러 나라의 투기자본도 대량으로 미국에 유입되었다. 국제결제 방식이 점차 미국의 대부에 의존하는 상황에서 미국은 긴축통화정책을 펴 투기열풍에 대응했다. 이는 국제금융시장의 금리 상승으로 이어졌다. 그러자 1차 산업에 의존하던 채무국의 부담

> **✓ 테일러-포드시스템**
>
> 과학적 관리법으로도 불리는 테일러 시스템(Taylor system)은 프레더릭 테일러가 제창했다. 이전에 관리자의 직감이나 경험에 따른, 이른바 주먹구구식 관리와는 달리 노동자 작업의 동작과 거기에 할애되는 시간의 불필요한 부분을 제거하고 '하루의 공정한 작업량'과 작업방법을 표준화했다.
>
> 포드주의(Fordism)는 포드자동차의 생산 방식에서 유래했다. 컨베이어벨트에 노동자를 위치시켜 일관된 작업 과정으로 노동과정을 개편해 노동강도를 강화했고, 노동과정 안에 남아 있는 자유 공간을 제거함으로써 자본가의 통제를 더욱 확고히 한 체제다.
>
> 테일러-포드시스템으로 생산성을 높여 대량생산과 대량소비 체제가 형성되었으나, 노동자를 기계로 취급해 노동의 소외를 초래한다는 비판도 제기된다.

은 가중되었다. 채무국은 원리금을 갚고자 국제시장에 농산물을 대량 공급했고, 이 때문에 농산물 가격이 급격히 하락했다. 이는 미국 농촌에 결정적인 타격을 주었다. 농촌 은행들도 대거 파산했다.

1929년 10월 24일 주가 대폭락은 대공황을 알리는 상징적인 사건이었다. 대공황이 시작된 1929년 10월 한 달 동안 무려 320억 달러가 증시에서 사라졌다. 10월 1일 뉴욕증권거래소에 상장된 주가 총액은 870억 달러였으나, 한 달이 지난 11월 1일에는 550억 달러로 폭락했다. 그리고 해가 바뀐 1930년 3월 주가 총액은 190억 달러에 지나지 않았다. 불과 6개월 사이에 제1차 세계대전에서 미국이 전비로 쏟아부은 300억 달러의 두 배가 넘는 680억 달러가 사라졌다.

대공황으로 가장 심각한 타격을 받은 나라는 독일과 오스트리아였다. 패전의 멍에를 쓰고 막대한 전쟁 배상금과 인플레이션에 시달리던 두 나라는 미국에서 불거진 대공황의 충격에 가장 민감했다. 1931년 7월 13일 독일 최대 은행인 다나트 은행이 영업을 정지하자 베를린의 증권거래소와 은행은 문을 닫는 것 말고는 달리 선택할 여지가 없었다. 오스트리아와 독일로 확장된 파산의 도미노는 유럽 금융의 심장인 런던으로 번졌다.

대공황의 원인을 진단하려면 조금 어려운 경제이론을 거론해야 한다. 경제사학자들은 아직도 대공황의 원인을 놓고 다양한 논쟁을 벌이고 있지만, 크게 두 가지 견해로 나뉜다. 케인시언은 실물경제에서 원인을 찾고, 통화주의자는 미국 정부의 통화정책 실패 탓이라고 지적한다.

먼저 케인시언은 대공황의 원인이 가계 소비, 기업 투자, 정부 지출, 수출 등으로 구성된 총수요의 부족 때문이라고 지적한다. 특히 농산물 가격 하락에 따른 농민의 소득 감소가 소비 감소로 이어졌다는 점을 주목한다. 당시 미국인 절반가량이 농촌 인구였기 때문에 농가 수입 감소는 사회 전체의 구매력 감소에 상당한 비중을 차지했다. 당시 농민의 피해상은 1939년에 출간된 존 스타인벡John Steinbeck의 소설『분노의 포도The Grape of Wrath』에서 잘 묘사되었다.

반면, 밀턴 프리드먼을 중심으로 한 통화주의자는 1929년 주식시장 붕괴에서 시작된 은행 위기가 반복되면서 통화량을 위축시켰다고 본다. 1930년과 1933년 사이에 파산한 은행 수는 미국 전체 은행 수의 3분의 1에 해당한다. 따라서 사람들은 은행에 돈을 맡기기보다는 현금을 직접 보유하려는 성향이 강해졌다. 이에 미국 정부는 적극적인 통화팽창정책을 시행해야 했는데도 일관성 있게 그렇게 하지 않았다. 프리드먼은 이것이 대공황을 초래했다고 주장한다.[1]

어떤 주장이 옳은지는 여전히 논란거리다. 통화주의자의 분석은 프리드먼과 슈워츠Anna J. Schwartz가 함께 저술한『미국 화폐사A Monetary History of the United States, 1867~1960』의 출간 이후 대부분의 경제학자들이 받아들이게 되었다. 하지만 이 책의 내용이 전적으로 옳았다고 판단하기 어려운 여러 문제 제기가 이어지고 있다. 대공황의 원인을 놓고 난해한 논쟁은 계속되고 있다.

그러나 역사적으로 분명한 것은 통화주의자들의 책이 출간된 해가 1963년이라는 사실이다. 따라서 대공황 시기에 통화주의자들의 주장은 정책적으로 아무런 영향을 끼칠 수 없었다. 반면 대공황 당시 세계경제의 지식 패권은 영국의 케인스에게 있었다. 케인스의 견해는 대공황을 극복하기 위한 조치에 중요한 자극을 줬다.

대공황의 충격

 대공황이 불어닥쳤을 당시 사람들은 아침에 일어나 일하러 나갈 곳이 없어 허송세월을 보내야 했다. 1930년 내내 선진 공업국의 제조업 실업률은 15%을 넘었다. 그 가운데서도 특히 미국은 역사상 최대의 경기 침체를 겪었다. 제조업 실업률은 1920년대 7%에서 1930년대 26%로 상승했다. 1929년에서 1933년 사이에 실질 GDP도 급격히 줄어들었다.[2] 다른 많은 나라에서도 상황은 비슷했다.

 생산설비와 기술자는 건재했으나 공장은 버려졌다. 창고에는 값싼 재고 상품이 가득했지만 사람들은 이를 구매할 돈이 없었다. 거리에는 해진 옷을 걸치고 일자리를 찾아 헤매는 사람들로 넘쳐났다. 농촌도 사정은 마찬가지여서 한 끼 식사와 잠자리를 찾는 사람들이 헤아릴 수 없을 정도였다. 17주 넘게 일자리를 찾아 떠돌아다니던 한 영국 노동자는 이렇게 말했다. "여기저기를 그렇게 많이 터벅터벅 쏘다니는 것이 어려운 일은 아닙니다. 물론 아주 나쁘기는 하죠. 일자리가 거기에 없다는 것을 알면서도, 내딛는 한 걸음 한 걸음이야말로 절망적인 것이죠."[3]

 야적장에는 석탄이 산더미처럼 쌓여 있었으나 사람들은 추위에 떨면서 긴긴 겨울밤을 지새워야 했다. 작가 조지 오웰George Orwell에 따르면, 겨울에 실직자들의 주요 관심사는 바깥에서 온기를 찾아다니는 것이라고 했다. 당시에 영화관, 도서관, 강연회에 사람들이 몰리는 기이한 현상이 나타났는데, 그 이유는 오직 추위에서 벗어날 도피처를 찾기 위해서였다.[4] 대공황은 사회를 철저히 무너뜨렸다.

대공황에 대처하기 위한 세 가지 정치적 기획

대공황에서 탈출하기 위해 각국은 대처 방안을 강구했다. 폴라니는 『거대한 전환The Great Transformation』에서 '시장으로부터 사회를 보호하려는 움직임'을 강조한다. 각국이 내세운 대공황 극복 방안은 사회를 보호하려는 노력의 일환이었다. 사회보호의 실질적 효과는 다양하게 평가된다. 경제적으로만 봤을 때 먼저 파시즘이 가장 효과적이었다. 파시즘은 자유민주주의에 반하는 폭압적 방식을 사용했다. 둘째, 사회주의다. 이는 자본주의에 대해서 근본적으로 제동을 걸기 위한 대처 방안이었다. 셋째, 뉴딜이 등장한다. 정부가 금융 부문을 비롯해 시장경제를 통제하려는 것이 핵심이다.

파시즘

1933년 독일의 나치 정권 출범은 지금까지 민주주의 역사에서 가장 큰 충격이었다. 이와 비교해 나치 정권 이전 바이마르공화국의 성립은 민주주의 역사에서 중요한 의의를 지닌다. 당시 사회민주주의의 발전은 좌파를 두려워하던 파시스트당과 기업, 군, 고위 공직자를 결집시켰다. 나치는 베르사유조약 이후 급격히 추락한 독일 경제에 대한 대중의 반감을 교묘하게 활용했다. 독일에서의 나치 정권은 쿠데타가 아니라 합헌적 방식으로 대중의 지지를 얻어 등장했다.

나치가 대공황에 휩싸인 경제를 회복시키기 위해 제시한 방법은 무엇이었을까? 그것은 파시즘다운 방식이었다. 나치는 민족적 이해관계의 핵심을 생산성에서 찾기 시작했다. 그리고 비자유주의적 자본주의 경제체제를 지향했다. 나치는 실업 감소를 위해 노조를 파괴하고 임금교섭 업무를 정부가 직접 담당하게 하며 저임금정책으로 일관했다. 병역의무와 강제노동 제도를 도입하고, 여성 고용 감소를 부추겨 노동 수요를 증대하는 등의 방법을 썼다.

사람들은 흔히 동화 속에 나오는 것처럼 '착한 과정'의 '좋은 결과'를 희망하지만, 세상은 꼭 그렇게 돌아가지는 않는 것 같다. 나치의 '나쁜 방식'은 완전한 경제 회복을 이끌었다. 1932년 43.8%까지 올랐던 제조업 실업률은 12%(1936), 7%(1937), 3%(1938)로 줄었다.[5] 이러한 성과는 점차 군사 계획으로 합류하고, 대규모 토목 공사 계획으로 이어졌다. 독일은 최초의 근대적 고속도로 체계(아우

영화 〈양철북〉. 나치의 유겐트 대원을 배경으로 불안감과 놀람이 교차되는 주인공의 표정이 대공황기 독일 사회의 혼란을 상징적으로 보여준다.

토반Autobahn)를 건설해 그 위를 질주했다.[6] 경기회복과 함께 나치는 군비지출을 더욱 늘렸다.

나치의 대공황 탈출기는 우리에게 근원적인 질문을 던진다. 인간의 기본권을 침해하더라도 끔찍했던 대공황을 벗어났다면 문제될 것이 없는가? 경제성장의 목적을 최우선시해왔던 우리의 정서에서 바라보더라도 쉽게 받아들이기란 어려울 것이다. 무엇이 문제일까?

경제위기는 극복되었지만, 그 대가는 비싼 것이었다. 나치즘의 상징인 갈고리 십자가는 권위와 힘을 의미한다. 파시즘의 상징도 국가의 권위와 결속을 나타내는 도끼였다. 독일은 나치의 상징처럼 강제와 통제에 의존해 경제와 정치 영역에서 모두 민주제도를 철폐하는 희생을 치른 대가로 대공황에서 빠져나왔다. 국민은 개인적으로 인권을 박탈당하고 정치적 주체로서 책임 있는 역할을 할 수 없게 되었으며, 민주주의는 불구화되었다.

독일 나치는 세계 패권을 향해 더욱 급진적으로 나아갔다. 독일이 살아남으려면 주변 국가들과 충돌하지 않을 수 없었다. 이 충돌이 제2차 세계대전으로 이어졌다. 그러나 대공황을 극복하기 위한 나치의 방식은 전쟁에 패하면서 우리의 기억에서 급격히 멀어졌다. 왜곡된 문명은 이런 식으로 멸망하는 법이다.

히틀러의 출현은 대공황에 대한 반응의 결과였다. 파시즘의 출현은 우연의 결과가 아니라 객관적 상황의 요청에 대한 반응이었다. 그러나 파시즘 방식이 경제위기 때마다 필연적으로 나타나는 것은 아니다. 파시즘은 자유주의와 진보적 질서가 허약하거나 실패한 지점에서 성공적으로 자리 잡았다. 따라서 파시스트적 해결책은 명백하게 퇴행적인 성격을 띠고 있었다.

사회주의

농업 후진국이었던 제정러시아에서 사회주의혁명(1917)이 일어났다. 혁명 이후 사회주의 실험은 전 지구적 혁명이 아닌 이상 자본주의 체제의 위기를 벗어나기 위한 국가주의적 대응의 형식을 나타냈다. 혁명을 주도한 레닌의 사망(1924) 이후 집권한 스탈린은 사유재산 철폐, 산업의 국유화 등 사회주의경제 방식을 추진했다. 하지만 그는 공황을 극복하기 위해 국가 주도의 성장주의 성격이 짙은 강제적이고 신속한 공업화 정책을 강조했다.

스탈린은 "현재 우리는 선진국에 비해 50년 내지 100년 뒤떨어져 있다"고 선언했다. 그는 "우리는 10년 안에 이 격차를 줄여야 한다. 이를 성취하지 못하면 우리는 패배할 것이다"[7]라고 하면서, 1928년부터 5개년 단위의 경제계획을 시행했다. 중공업 중심의 산업화, 농업의 집산화 및 기계화가 시행되었다. 이러한 생산의 사회화 방식은 파시즘이나 뒤에서 볼 뉴딜 방식과는 성격이 다른 새로운 것이었다.

다른 조치들이 그러했듯이 국가가 주도하는 강력한 방식은 단기간에 효과를 나타냈다. 소련은 사회주의 방식으로 생산의 증대와 노동력 절감이라는 성과를 보였다. 농촌 잉여노동력은 공장 노동자로 전환되었다. 실업 문제는 다른 국가의 문제일 뿐이었다. 1928년부터 1940년 사이에 공업 생산은 3배, GDP는 거의 2배가 되었다. 소련은 최우선적으로 석탄, 원유, 전기, 강철, 기계와 같은 중공업과 자본재 공업을 발전시켰다. 1939년에 이르러 소련은 세계 제3의 공업국, 유럽에서는 독일 다음의 제2의 공업국이 되었다.[8] 서유럽이 75년간에 걸쳐 이룬 것을 사회주의국가 소련은 12년 만에 달성했다.

그러나 사회주의적 기획이 경제위기를 극복할 수 있는 대안이라고 일반화할 수 있을까? 스탈린 체제하 사회주의적 기획은 세계적 사회주의혁명노선이 일국적으로 전환된 이래 실제 성격은 '일국적 사회주의socialism in one country' 독재체제에 불과한 것으로 변모했다. 소련의 사회주의적 기획이 경제적 의미에서 일부 성공이었다고 하더라도, 역시 시민사회를 쑥대밭으로 만든 비극은 그냥 덮어둘 일이 아니다. 소련의 성공은 대규모 숙청과 추방을 통해 사회주의혁명가들을 비롯한 많은 사람의 생명과 기본권 파괴를 대가로 얻은 것이기도 했다. 사회주의자들이 말하는 사회주의 기획은 실천되지 않았거나 부분적으로 실현되었을 뿐이다.

뉴딜

대공황 시기에 치러진 1932년 미국 대통령 선거에서 대중은 정권 교체를 원했고, 결국 프랭클린 루스벨트를 선택했다. 루스벨트는 대공황을 극복하기 위한 방법으로 뉴딜정책을 기획했다. 뉴딜정책은 미국 정부가 경기회복과 사회 재분배를 목표로 금융, 산업, 농업과 임금 결정 과정에 직접 개입한 여러 조치를 말한다.

먼저 1933년부터 1934년까지 최악의 경제 상황을 극복하기 위해 단기적인 경제 회복 정책이 추진되었다. 투기적 금융이 대공황의 핵심적 문제였다고 파악한 미국 연방정부는 금융시스템을 재정비했다. 특히 「글래스-스티걸법Glass-Steagall Act」[9]은 금융자본과 산업자본의 분리라는, 오늘날 한국 사회에서도 논란이 되는 사안의 모델이다. 이 법은 상업은행과 투자은행을 분리함으로써 증대되는 금융의 고위험성과 그에 따른 불안정성을 해결하고자 했다.

한편 미국 정부는 구호정책을 추진했다. 연방정부는 실업자, 빈민 등에게 낮은 이자로 대출해주거나 공공근로를 통한 대규모 공익사업(도로, 병원, 학교, 운동장 건설, 자연보존 활동)을 벌였다. 그중 테네시강유역개발공사TVA의 설립과 후버댐 건설은 뉴딜의 상징이 되었다.

1935년부터는 노동자와 도시 빈민을 지원하기 위한 프로그램을 강화해 나갔다. 미국 정부는 1935년에 「와그너법Wagner Act」을 제정해 기업에 대한 연방정부의 감독을 강화하고 노동조합을 보호했다. 고용주는 최대노동시간(주 40시간), 최저임금 등의 규제를 받아들여야 했다. 「와그너법」은 장기적으로 노동조건 개선에 기여했다. 이 법은 대공황 이후 노동단체의 협력이 필요했던 정치적 관계 때문에 탄생할 수 있었다.

이러한 뉴딜정책 관련 법안은 1935년 미연방대법원이 대부분 위헌 판결을 내리면서 위기에 직면하기도 했다. 루스벨트의 뉴딜정책에 대한 평가는 분분하다. 루스벨트의 취임 이후 뉴딜정책이 시행된 결과 경기가 회복된 것은 사실이다. 1937년에는 산업 생산과 국민소득이 1929년의 수준을 회복했다. 하지만 미국 경제를 완전히 구해낸 것은 아니었다. 이를테면 실업자는 공공근로사업과 실업보조가 가장 활발했던 1937년에조차 700만 명에 달했다. 1933년의 1,500만 명보다는 다소 호전되었으나, 1938년에 다시 1,000만 명으로 늘었다.[10]

시장은 자동적인 위기 치유 능력이 있는가

대공황을 극복하기 위한 세 가지 정치적 기획은 모두 정부의 개입주의 경향이라는 맥락에서 일치한다. 정부가 시장에 개입해 경제 전반을 관리하고 조절했다. 정부는 대공황으로 고통을 받는 이들의 저항과 요구 때문에 적극적인 조치를 취해야 했다. 또한 대공황 시기 국가의 적극적인 개입은 자본주의 경제체제를 유지해야 하는 국가의 불가피한 대응이기도 했다. 자본주의 체제는 시장경제 메커니즘에 따라 자동적으로 위기를 극복할 능력을 갖지 못했다. 세 가지 정치적 기획 중 가장 뚜렷한 성과를 낸 것은 파시즘의 실험이었다. 사회주의적 기획도 일정한 성과를 보였다.

일반적으로 알려진 바와 달리 뉴딜이 미국을 대공황의 수렁에서 끌어낸 것은 아니다. 뉴딜은 실업 문제를 충분히 해결하지 못했다. 당대의 최고 석학이었던 케인스는 시민의 복지를 향상시키는 공공시설의 건설에 투자하라고 권유했지만, 미국의 경기회복은 케인스 모델로 인해 성공한 것은 아니었다. 대공황의 깊은 수렁에서 빠져나온 계기는 또 하나의 세계대전이었다. 적어도 대공황에 대한 치료의 효능에 관한 한 전쟁무기를 만드는 데 투자하는 것이나 공공시설에 투자하는 것이나 마찬가지였다. 세계대전이라는 전시 특수는 실업 문제를 해결하는 데 결정적인 역할을 하게 된다.

전시 특수는 대공황 위기를 극복하는 데 모든 국가에 도움을 주었다. 하지만 전쟁의 승패에 따라 특정 모델에 대한 후대의 평가는 달라진다. 파시즘 모델 자체가 억압적 질서에 기초했기 때문에 그것이 장기화할수록 실패할 가능성은 더욱 커졌을 것이다. 하지만 파시즘 모델은 전쟁 패배가 그 종국적 실패를 앞당겼다. 뉴딜 모델이 성공한 것으로 비춰진 것은 연합국의 전쟁 승리와 무관하지 않다. 뉴딜 모델은 승전국의 모델이었을 뿐만 아니라 전후 협조 체제를 형성했기 때문에 장기간 경제성장을 도모할 수 있었다.

위기 극복을 위한 국가개입주의는 노동자의 정치적 요구를 매개로 복지국가를 지향했고, 시장 자율이 사회적 통제로 전환되었다. 이로써 완전고용과 케인스주의적 총수요관리, 국가복지 체계, 그리고 임금과 가격 결정에서 사회협조주의를 받아들이는 혼합경제 기조가 자리 잡았다. 제도화된 타협은 사회세력 간 관계 속에서 이루어졌다. 국가가 아래로부터의 사회적 요구를 반영함으로써 자본주의 위기를 극복할 수 있었다.

⊹ 이 야 깃 거 리
1 대공황의 충격을 극복하기 위한 세 가지 방법의 공통점과 차이점을 비교해보자.
2 자본주의 위기는 주기적으로 나타났다. 대공황 이후 주기적으로 나타난 공황에는 어떤 것이 있으며 그때마다 국가 및 여러 행위자가 어떻게 대응했는지 비교해보자.

⊹ 읽 을 거 리
밀턴 프리드먼 · 안나 제이콥슨 슈워츠, 『대공황, 1929~1933년』, 양동휴, 나원준 옮김 (미지북스, 2010).
양동휴, 『대공황시대』(살림, 2009).
찰스 페인스틴 · 피터 테민 · 지아니 토니올로, 『대공황 전후 유럽경제』, 양동휴 · 박복영 · 김영완 옮김(동서문화사, 2001).

제10장

세계 금융체제의 변환

고전적 금본위제의 성립과 몰락

　　서로 다른 세상에 사는 사람들이 만났을 때 가장 큰 어려움을 겪는 문제는 의사소통이다. 각기 다른 언어를 구사하는 사람들이 만나 서로를 이해하기란 쉬운 일이 아니다. 지구화 시대의 세계경제 통합을 어렵게 하는 원인 중 하나는 경제적 언어인 화폐가 서로 다르다는 데 있다. 국가들은 서로 모양새가 다르고 가치도 다른 화폐를 사용하기 때문에 원활한 경제적 의사소통과 자유무역이 벽에 부딪힌다. 자유주의자라면 이 문제를 어떻게 해결할까?

　　여기서 두 가지 방법이 떠오른다. 한 가지는 각국 화폐를 서로 연계지어 상대 국가 화폐에 따라 자국 화폐 가치를 상대적으로 규정하는 방법이다. 다른 한 가지는 모든 국가가 동일한 하나의 가치 아래 자국 화폐 가치를 묶어놓은 것이다. 전자의 방법에 따라 각국이 나름대로 기준을 가지고 통화가치를 정한다면 모든 나라가 다른 모든 나라와 각각 환율을 정하기 때문에 가치 측정이 매우 복잡해지고 원활한 자유무역을 기대하기 어렵다. 후자를 따르면 국제무역 거래가 훨씬 단순해지고 효율적이다. 제1차 세계대전 발발로 국제통화시스템이 변동한 1914년까지, 각국의 통화가치를 하나로 묶기 위해 설정한 공통의 재화는 금이었다. 이를 두고 금본위제라고 한다.

금본위제는 몇 가지 단순한 원칙을 기반으로 한다. 각국 통화에는 금의 보유량에 따라 가치가 매겨져 있어 그 가치가 엄격히 유지된다. 이를테면 영국 파운드는 순금 약 7.2그램이었고 미국 달러는 약 1.5그램에 해당했다. 각국 중앙은행은 이러한 동일한 가격에 맞추어 자국 통화를 금으로 전환할 준비를 하게 된다. 따라서 서로 다른 통화 간 환율도 고정된다. 이를테면 영국 1파운드는 7.2 나누기 1.5, 즉 4.8달러가 된다. 이러한 체제 때문에 자본은 자유롭게 국경을 넘나들었고, 금과 동일한 가치로 정해진 고정환율에 따라 다른 나라 화폐로 바꿀 수 있었다.[1]

이러한 세계 무역시장 질서와 약속은 어떻게 생성될 수 있었을까? 국가가 자국 이익을 도모하기 위해 국가 간 무역 거래를 하는 가운데 자연스럽게 형성된 질서일까? 하버드 대학교 대니 로드릭Dani Rodrik 교수는 그것이 "각국 정치와 신념 체계, 그리고 제3의 강제집행자라는 세 가지 요소의 결합" 때문에 가능했다고 주장한다.[2] 그의 설명은 이렇다.

금본위체제의 안정은 중앙은행이 금에 묶은 통화의 동일한 가치를 얼마나 철저히 지키느냐에 따라 결정된다. 각국 중앙은행들은 이에 대한 확실한 믿음을 공유했다. 중앙은행들은 지금처럼 공공기관 역할을 하게 된 것이 20세기부터였기 때문에 그전에 그들은 자국 정치의 압력을 받지 않고 사교적 바탕 위에서 독자적으로 신념 체계를 구축할 수 있었다.

하지만 중요한 문제가 남는다. 국제사회는 국가 간 채무와 채권 관계를 강제할 수단이 없는데, 금본위제에 입각한 무역 거래를 어떻게 유지할 수 있겠는가? 이때 강대국은 강제집행자로서 훌륭하게 역할을 수행한다. 강대국은 군함과 제국주의 통치를 동원해 채무 계약을 강제로 집행했다. 이를테면 인도 철도사업에 투자한 영국 자본가는 영국이 인도를 통치한 덕에 자신의 돈을 지켰다. 군사력은 전 세계의 금융거래를 뒷받침해주었다. 금본위제에 근거한 금융세계화와 군사력은 밀접하게 관련된다.

그런데 영국이 왜 금본위제를 주도했을까? 영국이 도대체 어떤 나라인가? 세계적 무역 지배로 런던은 국제금융 분야에서 핵심적 지위를 획득했다. 19세기 말 런던은 주도적인 국제금융시장으로 기능했을 뿐 아니라 영국계 은행은 세계금융 활동을 확장하고 발전시켰다. 1860년경 영국계 은행들은 100개가 넘는 해외 지점을 보유했고, 1890년에는 700개로 늘었으며, 1914년에는 거의 1,400개에 달했다.[3]

물론 다른 국가들이 처음부터 영국이 주도하는 금본위제에 동의한 것은 아니었다. 영국에서 많은 흑자를 기록한 중국은 은본위제를 채택했다.[4] 그러나 영국이 세계 무역의 중심이 되면서 영국과 거래하려는 많은 국가들은 영국의 금본위제를 따라야 했다. 영국의 경제적 패권은 국제통화 업무를 공식적으로 제도화했다.[5] 금본위제는 파리국제금융회의(1867년)의 예비 논의를 거쳐 1878년 공식적으로 확립되었다.

영국이 세계경제의 패권적 지위를 누리고 파운드가 주도적인 국제통화였으므로 영란은행(영국중앙은행)은 금본위제를 관리하는 데 중심적인 역할을 수행했다. 따라서 금본위제는 자체적으로 작동하는 지구적 조절체제라기보다는 런던이 조정하는 운영체제가 되었다. 당시 세계금융 조절체제는 시장 자동기제가 아니라 국가들이 관리했다고 보는 것이 적절하다.

금본위제는 각국이 자국 내 통화 공급을 해당 국가의 금 보유량에 따라 결정한다는 약속이었으므로, 각국 중앙은행은 금 보유량의 제한을 받으며 통화를 발행하거나 회수해야 했다. 가계경제도 마찬가지지만 한 국가의 경제를 운영하려면 돈 쓸 일이 참으로 많다. 하지만 국가들은 자국 경제 운용의 필요에 따라 통화량을 늘리고 싶어도 금 보유량에 묶여 화폐 발권을 마음대로 할 수 없었다. 사람들은 도대체 '금이 뭐기에'라는 의문을 품게 되었다. "인간을 금으로 만든 십자가에 못 박지 말라"6는 항의도 있었지만, 각국 중앙은행은 이런 항의를 못 들은 척했다.

그러나 제1차 세계대전이 발발하면서 각국은 전비 조달을 위해 자국이 보유한 금의 양보다 많은 돈을 발행했다. 이러한 통화 증발로 금본위제가 흔들리기 시작했다. 이때부터 영국은 금과 자본이 넘쳐나는 국가에서 부족한 국가로 돌아섰다. 전간기(제1차 세계대전과 제2차 세계대전 사이)에 금본위제 부활 문제가 대두되었지만, 제1차 세계대전 이전에 영국 주도 아래 유지되어왔던 고전적 금본위제를 부활시키는 것은 근본적으로 어려웠다. 이런 와중에 대공황이라는 대사건이 발생했다. 대공황을 극복하려는 각국 정부는 자국의 금 보유량에 한정해 통화 공급을 제한할 수 없었다.

마침내 1931년 9월 영국이 스스로 금본위제를 버렸다. 통화가치의 기준이 되던 금이 힘을 잃자 다른 국가에서도 금본위제를 더는 유지할 이유가 없었다. 미국 대통령 루스벨트는 통화를 확대하기 위해 1933년 금본위제를 폐지했다. 프랑스와 이른바 '금 블록 국가'라 불리던 스위스, 벨기에, 네덜란드도 1936년 같은 조치를 취했다.

전후 국제경제 질서의 형성

대공황 시기에 나타난 자본 투기와 은행 파산 등과 같은 분위기는 자본 통제에 대한 요구를 결집하는 계기가 되었다. 1920년대 금융정치를 지배하면서도 국가의 통제 밖에 있었던 민간·중앙 은행가들의 견해는 많은 사람들에게 신뢰를 잃었다. 이들을 대신해 산업가, 노동운동 지도자, 농민, 케인스주의적 사고를 지닌 국가 관료로 구성된 새로운 동맹이 등장했다. 새로운 동맹은 점차 금융과 관련된 정책을 지배하기 시작했다. 은행가들이 자유주의를 옹호했던 반면, 새로운 동맹은 국내·국제 금융을 광범한 정치적·경제적 목적하에 묶어두는 개입주의 방식을 더 선호했다.

1932년 프랭클린 루스벨트는 새로운 동맹의 지지를 받으며 당선되었다. 그는 뉴욕 금융계, 특히 JP모건 금융제국에 대해 공격적이었다. 국제금융 정책에 대한 통제권이 런던과 뉴욕 월스트리트에서 뉴딜의 중심 역할을 한 미국 재무부로 이전되었다.

미국과 영국은 전후 새로운 국제경제 질서를 구축하기 위한 논의를 하기 시작했다. 영국 대표 케인스와 미국 대표 화이트Harry White는 각기 작성한 초안에서 투기자본의 국제 이동 문제를 다뤘다. 그들은 투기적 환차익을 노리는 자본을 통제하고 자본의 도피 행위를 억제하는 데 뜻을 모았다. 그들은 자본의 흐름 자체를 막을 생각은 없었다. 생산적 목적으로 쓰이는 균형적인 자본 흐름은 오히려 격려되었다. 다만 자본이 무역을 촉진하는 적절한 보조자 역할을 하지 못하는 것에 대해서는 비판적이었다. 자본의 투기적 행태가 국제무역을 질식시키는 점에 대해 통제할 필요가 있었다. 케인스와 화이트는 국가가 자본 이동을 통제할 수 있는 권한을 가져야 한다고 생각했다. 이를 위해 국제적인 금융관리기구가 마련되어야 한다고 입을 모았다.

전후 경제 질서 논의 과정이 알려지면서 케인스와 화이트의 구상은 뉴욕 금융계의 강력한 반발에 부딪혔다. 구상안이 확정되면 유럽에서 도피한 자본을 유치하는 1930년대 뉴욕 은행들의 고수익 사업은 사라질 수도 있었다. 은행가들은 공적인 국제금융기구의 창설에도 반대했다. 금융자본가들은 국가기관처럼 행동하는 국제기구보다는 비공식적인 협력 채널을 좀 더 편하게 느꼈다.

금융자본가들의 반발로 최종적인 합의안에는 국가의 '의무'로서 자본을 통제하게 하는 강력한 제안을 넣을 수 없었다. 전후 경제 질서를 논한 최종 협정문에는 "각국 정부가 자본 이동을 통제하기 위해 '협력'하는 것을 허용한다"라는 규정만을 남기게 되었다. 협상문은 약한 표현으로 종결되었다. 하지만 국가 간 협력적인 자본 통제가 일정한 초국적 토대를 갖춘 것은 다행스러운 일이었다.

국가 간 합의로 이루어진 자본 통제 과정은 복잡하고 역동적이다. 자유시장경제 질서를 저해해서는 안 된다는 주장은 사실 금융자본가들의 자기 이해와 결부된 사안이다. 그래서 정부 간 완벽한 합의로 자본을 규제하는 것 역시 쉽지 않았다. 전후 세계경제 질서는 국가, 금융·산업 자본가, 국내 정치세력 등 다양한 행위자의 주장과 이해가 결부되어 형성되었다. 자유시장경제주의자의 주장이 관철되려면 그 시대를 살아가는 여러 정치·경제 세력의 반대 주장과 대면해 공적 논의 공간에서 견뎌내야 했다. 하지만 그러기에는 자유시장주의자의 주장은 정책 결정자들에게 충분한 공감을 주지 못했다. 비록 국가 의무 조항으로 자본을 규제하지는 못했지만, 국가 간 협력으로 금융 규제를 시도하게 된 것은 의미 있는 진전이었다.

브레턴우즈에서의 약속

　　1944년 7월 미국 뉴햄프셔 주에 있는 브레턴우즈Bretton Woods라는 작은 마을에서 세계경제 질서를 대대적으로 재구성할 중요한 만남이 성사되었다. 이른바 연합국 통화금융회의에서 브레턴우즈협정이 체결된 것이다. 각국에서 파견된 대표들은 이 회의에서, IMF[7]와 IBRD국제부흥개발은행, 세계은행(World Bank)의 설립을 결정했다. 나중에 사람들은 이 두 기구와, 1948년 발족한 GATT를 통틀어 '브레턴우즈 기구'라고 부르게 된다. 그리고 이 기구들이 주도한 세계경제체제를 '브레턴우즈 체제'라고 부른다.

　　브레턴우즈 체제는 '금본위적'인 고정환율제도를 정착시키려고 했다. 대공황을 겪으면서 외환의 안정이 필요했다. 영국 대표인 케인스는 환율 안정을 위해서, 금과 달러를 연계하지 말고 제3의 국제화폐를 창설하자고 제안했다. 하지만 케인스의 제안은 새로운 패권을 획득한 미국의 거부로 결국 받아들여지지 않았다. 현실에서 채택된 것은 금·달러본위제였다.

　　금·달러본위제는 기존의 금본위에 달러가 개입하는 방식이라고 생각하면 이해하기 쉽다. 금·달러본위제의 원칙은 다음과 같다. 먼저 회원국은 자국 통화가치를 달러에 고정시킨다. 동시에 달러 공급국인 미국은 금 1온스당 35달러의 고정 비율로 외환을 교환해주기로 약속한다. 이제 각국은 무역거래의 결제를 위해 달러를 보유해야 한다. 미국 달러는 국제준비통화로서 역할을 하게 된다. 미국이 우위에 있는 미국 중심의 국제금융 질서 방식이 성립된 것이다.

　　금·달러본위제가 제대로 운영되려면 미국이 충분한 금과 달러를 보유해야만 했다. 실제로 미국은 세계 금 잔고의 60%를 확보했다. 미국이 충분한 금을 확보할 수 있었던 이유는 대공황기에 금태환(금과 화폐의 교환)을 금지하고 민간의 금 보유를 억제했기 때문이다.

하지만 더 중요한 이유는 미국이 세계대전을 겪으면서 얻은 이점에서 찾을 수 있다. 미국은 마치 거대한 섬처럼 유럽 대륙에서 떨어진 위치에 있다. 세계대전 당시 미국은 이러한 지정학적 이점을 누렸다. 미국은 두 세계대전의 수혜자였다. 직접적인 전쟁의 격전장에서 비교적 자유로웠던 미국은 전쟁 특수를 효과적으로 이용했다. 미국은 군사물자와 생활필수품을 계속해서 유럽에 제공하는 일을 맡을 수 있었다. 미국은 유럽 국가에 무기를 팔면서 이미 가치가 떨어진 유럽 국가의 화폐 대신 금을 받았다.

제2차 세계대전 당시 유럽 국가들은 전쟁에 필요한 물자를 생산하기 위해 자국 화폐를 대량으로 찍어냄으로써 화폐가치가 휴지조각이 되었다. 전쟁을 치르면서 유럽 국가의 화폐 가치는 달러화에 대한 신뢰성을 능가할 수 없었다. 유럽 국가의 화폐를 기준으로 한다면 세계 자본주의 체제는 안정적인 운영과 재생산을 이룰 수 없었다.

미국은 많은 금을 관리했다. 미국은 켄터키 주 북부에 있는 포트녹스Fort Knox에 금 보관창을 건설해 금을 보관했다. 미국이 금을 충분히 보유했고 당시 미국 금융이 세계의 중심이었기 때문에 각국도 미국이 달러와 금을 교환해주겠다는 약속을 믿었다. 세계는 기꺼이 달러를 보유해 외환 관리에 나섰다.

미국은 세계 예비통화를 '인쇄'할 권리를 가졌다. 미국의 금 보유를 근거로 달러는 국제통화로서의 독점적인 지위를 유지했다. 세계에 대한 미국의 경제적·정치적 우위는 '금본위적 화폐제도'를 중심축으로 하는 제도적 장치, 브레턴우즈 체제로 더욱 확고히 다질 수 있었다.

언뜻 보면 세계경제의 안정을 위해서 미국이 상당히 바람직한 일을 한 것 같다. 하지만 IMF는 본질적으로 달러 주도, 미국 주도의 세계경제 운용을 전제로 한 것이었고, 미국 이외의 나라들은 자국 사정에 맞춰 경제정책을 추진할 수 있는 권리, 즉 경제주권을 미국에 반납한 것이나 다름없었다. 기축통화로서 달러는 세계경제의 권력으로 군림했다.

위기의 브레턴우즈 체제

미국이 금 보유량에 따라 달러를 발행하고 보유하는 것이 국제경제 질서의 안정에 꼭 필요했다. 미국 경제력에 전적으로 의존하는 브레턴우즈 체제는 미국 경제가 위기에 빠지고 달러의 가치가 불안정해지면 무너질 수 있다. 전 세계 국가가 동시에 자국이 보유한 달러를 모두 팔고 금으로 바꿔 달라고 한다고 생각해보자. 그러면 미국 내에 있는 금은 부족해지며 부족한 금의 양에 비해 달러는 지나치게 많이 공급된 상태가 된다. 즉, '금 1온스 =35달러'의 고정환율이 지켜지기 어려워진다. 브레턴우즈 체제는 달러가 유일하게 신뢰할 수 있는 통화로 인정될 때에는 문제가 없었으나, 그 신뢰가 무너지면 붕괴할 수밖에 없는 체제였다. 실제 달러 가치가 하락하면서 우려는 현실이 되었다.

제2차 세계대전 이후 달러 권력을 기반으로 정치적·경제적 힘을 행사할 수 있게 된 미국은 세계 정치적·경제적 변화에 따라 유럽 재건 계획에도 전략적으로 참여하게 된다. 전후 냉전체제는 자본주의국가의 사회주의국가화를 막고자 미국이 유럽의 경제성장을 돕게 되는 환경을 제공했다. 미국은 유럽 경제 재건이 이 지역의 정치적 안정, 즉 민주적 자본주의 질서의 안정적인 확립에 필수적이라고 보았다. 이것이 바로 전후 유럽 재건 계획인 마셜플랜이 나온 이유였다. 이런 의미에서 마셜플랜은 공산주의에 대한 대결정책의 일환이었다.

한편 대량생산체제의 발달로 생산한 제품은 넘쳤으나 판매할 시장이 부족했던 미국으로서는 자국 경제에 활력을 불어넣기 위해서라도 유럽 재건이 필요했다. 유럽과 아시아가 재정적으로 파산하면 미국은 해외시장 접근이 어려워져 '다자적 경제통합'도 어려워진다. 미국은 이 나라들을 수출시장으로 보았으나, 일본과 서유럽에는 미국이 생산한 재화를 구매할 달러가 부족했다.[8] 마셜플랜은 유럽을 하나의 시장으로 만들어내고, 미국과 같은 메커니즘으로 움직이는 더욱 큰 하나의 경제 질서 속에 통합하려는 시도였다. 따라서 마셜플랜은 공산권의 도전에 대한 방어적 대응이라는 전략적 의미 못지않게 자본주의권 경제통합이라는 더욱 거시적인 세계경제 질서 재편의 성격을 띠었다.[9] 마셜플랜을 등에 업고 미국 내 민간자본은 유럽 시장으로 대거 진출했다.

그 밖에 나토, 베트남전쟁에 대한 미국의 군사 지원은 막대한 달러 지출을 허용해야 했다. 미국의 군사 지원은 유럽 국가들이 전후 복구를 완수할 수 있도록 바람막이로서 도움을 주었고, 이는 유럽 통화의 교환성 회복으로까지 이어졌다. 그러나 미국은 여러 가지 국내외 사정(군사 지원, 유럽 경기 활성화, 민간자본 유출) 때문에 금 보유고 이상으로 많은 달러를 공급했다.

미국 경제는 점차 어려워졌다. 앞서 경제적·군사적 지원 때문에 재정 적자가 심해졌을 뿐 아니라, 1960년대 회복된 후발 국가의 무역 증대와 추격으로 미국의 경제력은 급속히 약화되었다. 특히 일본의 경제성장과 무역 흑자는 달러가 일본으로 유입되게 했고, 반대로 미국은 무역 적자에 시달렸다. 미국은 1960년대 말부터 무역 적자와 재정 적자라는 쌍둥이 적자 문제에 직면했다.

이러한 종합적인 현상은 달러 위기를 초래했다. 달러 과잉으로 미국 달러의 발권이 인플레이션을 유발하자 국제시장에 널려 있는 달러의 실제 가치에 대해 회의가 생기게 되었다. 각국은 흔해 빠진 달러를 팔고 믿음직스러운 금을 소유하고자 했다. 미국의 절대적인 금 보유량 우위를 바탕으로 한 브레턴우즈 체제는 위기를 맞았다.

金태환 창구 폐쇄와 달러-월스트리트 체제

한 대형마트에서는 일정한 양의 제품을 구매하면 특별 상품이나 상품권과 교환할 수 있는 스티커를 주었다. 이 약속을 믿고 한 소비자는 많은 상품을 구매해 스티커를 모았다. 어느 날 그 소비자는 고객서비스센터에 가서 그동안 모은 스티커를 내밀며 교환을 요구했다. 그런데 교환을 요구하는 소비자가 너무 많았다. 게다가 마트 사장은 계속되는 적자로 폐업까지 고려해야 하는 상황이다. 당신이 마트 사장이라면 어떻게 하겠는가?

마트 사장과 소비자의 관계를 규정하는 제도에 따라 마트 사장의 대처 방법이 달라질 수도 있을 것이다. 소비자가 법적 보호를 받는다면 소비자의 요구를 들어줘야 할 것이다. 반면에 특별한 소비자 구제 조치가 없다면 사정상 교환이 어렵다고 윽박지를 수도 있다. 그래도 항의가 이어진다면 고객서비스센터를 없애는 방법으로 일단 상황을 모면할 수도 있다. 이러한 가정은 일반적으로 일어날 수 있는 상황은 아니다. 그런데 비슷한 상황이 국제사회에서 벌어진다고 생각해보자. 황당한 일이 아니겠는가?

미국 정부는 각국이 보유한 달러를 금으로 교환해달라는 빗발치는 요구에 어떻게 대응했을까? 앞선 가정에서 후자를 선택한다. 금태환 요구에 대한 대응으로 닉슨 행정부는 고객서비스센터를 없애듯이 1971년 8월 '금태환 창구 폐쇄'를 결정했다. 서유럽과 일본의 반발에도 미국은 달러를 금으로 바꿔주지 않기로 했다. 이 결정은 금에 대한 달러의 고정적 가치를 유지하기 위해 미국이 노력해야 한다는 약속을 더는 지키지 않겠다는 뜻이었다. 미국 정부는 금본위제의 종말을 선언하고 금 보유량에 얽매여 달러 공급 시스템을 운영하던 상황에서 해방되었다. 미국은 이후 필요에 따라 달러를 찍어냈다.

투기자본가들은 미국의 금태환 창구 폐쇄 결정을 환영했다. 과거의 브레턴우즈 체제는 금·달러본위체제를 취하면서 국제 투기자본에 대한 감시의 역할도 했었다. 그러나 이마저도 시장에 내던졌다. 고도 금융에 대한 통제 조치인 자본 이동에 대한 정부 통제가 중단되었다. 브레턴우즈 체제에서 유지되던 고정환율제는 투기자본에 더 많은 수익을 안겨줄 수 없었기 때문에 투기자본가들은 적극적으로 고정환율제를 흔들었다. 환율에 대한 투기 세력도 강해진 탓에 연방준비은행과 월스트리트의 금융자본은 오랫동안 세계 경제를 주무르며 자신의 배를 채울 수 있었다. 이로써 브레턴우즈 체제는 붕괴했고 변동환율제로 넘어갈 수밖에 없었다. 이른바 '달러-월스트리트 체제Dollar-Wall Street Regime: DWSR'가 출범한 것이다.[10]

그러나 브레턴우즈 체제 붕괴를 미국의 힘이 약화된 것으로 볼 수만은 없다. 브레턴우즈 체제의 해체는 당시 제품시장에서 자본주의 경쟁국들의 도전을 받고 있던 미국이 국제통화제도를 달러본위체제로 전환해 미국 자본의 지배권을 되살리겠다는 전략의 일환이었다.[11] 결국 달러는 미국 재무부의 뜻대로 오르내릴 수 있어 그때마다 다른 국가의 경제는 휘청거렸다.

미국은 정치적·군사적으로 우위에 있었기 때문에 금에서 분리된 달러본위제를 지탱할 수 있었다. 미국 입장에서 달러본위체제는 국체적인 금융체제로서뿐 아니라 경제 운용 수단 및 강압 외교의 잠재적 수단으로도 이용되었다. 미국 국제금융기관의 유력한 싱크탱크 구실을 하는 워싱턴의 국제경제연구소Institute for International Economics의 랜덜 헤닝C. Randall Henning은 미국 정부가 서유럽과 협상을 벌일 때 달러 시세를 좌지우지할 수 있는 힘을 외교 무기로 활용한 경우가 많았다고 지적했다.12 미국 정부의 달러 정책에 세계가 휘둘렸다.

∴ 이 야 깃 거 리
1 지구화 시대 화폐 발행 결정권은 실질적으로 누가 지니고 있다고 생각하는가? 그 이유는 무엇인가?
2 전후 경제 질서 논의 과정에서 투기자본을 제어하려던 시도가 완전하지 않았던 이유는 무엇인가?
3 금융의 지구화는 인류 복지를 향상시키는가, 아니면 위협하는가?

∴ 읽 을 거 리
에릭 헬라이너, 『누가 금융 세계화를 만들었나: 국가와 세계 금융의 정치경제』, 정재환 옮김(후마니타스, 2010).
대니 로드릭, 『자본주의 새판짜기』, 고빛샘·구세희 옮김(21세기북스, 2011).

제11장

신자유주의적 지구화 체제

전후 복지국가 체제의 동요

　　전후 안정적으로 성장하던 세계경제체제는 1970년대에 위기를 맞았다. 경제의 불황은 자본주의의 장기적 호황 국면이 끝나면서 나타나는 현상이다. 그런데 1970년대 위기는 국가 간 갈등으로 촉진된 결과이기도 했다. 문제를 일으킨 것은 국가였으며, 그 해결을 위한 주체도 국가일 수밖에 없었다.

　1973년 중동전쟁(아랍·이스라엘 분쟁)이 석유전쟁으로 비화했다. 석유수출국기구(이하 OPEC)는 원유 생산량을 줄여 가격을 올리는 방법으로 미국과 이스라엘을 압박했다. OPEC은 1973년 10월 16일 원유 고시 가격을 17% 인상했다. 또한 이스라엘이 아랍 점령 지역에서 철수하고 팔레스타인의 권리가 회복될 때까지 매월 원유 생산을 전월에 비해 5%씩 감산한다고 발표했다. OPEC은 다시 1974년 1월 1일을 기해 배럴당 5.2달러에서 11.7

달러로 2배 넘게 인상했다. 아랍 국가들은 중동전쟁에서 석유를 정치적 무기로 사용했다. 이로써 서방세계는 '에너지 위기'를 맞았다.

서방 경제는 석유 부족에 따른 생산 감축과 가격 상승으로 불황과 인플레이션 사태를 경험했다. 유가 급등으로 1974년 이후 서방 국가의 물가지수는 가파른 상승곡선을 탔고, 산업생산, 특히 자동차 관련 산업이 위축되어 실업률이 앙등했다. 석유파동은 세계경제를 강타해 물가와 실업률이 동시에 증가하는 이른바 스태그플레이션stagflation이라는 신조어를 만들어냈다. 그 결과 선진국, 후진국을 막론하고 경제성장이 둔화되었다.

1970년대 무역 성장도 크게 둔화되었다. 세계 무역 연평균 성장률은 1973년을 기점으로 2분의 1 수준으로 떨어졌다.[1] 무역을 통한 지구화의 진행이 난항을 겪게 된 것이다. 석유파동은 정부와 기업은 물론이고 개인 생활에까지 큰 영향을 끼쳤다. 석유파동이 일어난 이듬해, 국가경제가 제로 성장으로 곤두박질치면서 세계경제 전체는 깊은 암흑 속에 잠긴 듯했다.

이러한 경제위기는 국가가 나설 것을 촉구하게 했다. 하지만 경제 관료와 경제학자에게 스태그플레이션은 고약한 난치병과 같았다. 완치에 이르는 처방전이 없는 것은 물론이고, 증상을 누그러뜨리는 데에도 쩔쩔매야 했다. 실업과 인플레이션의 동시 상승이라는 상충의 덫에 빠진 탓이었다. 백약이 무효했다.

지구적 금융화를 촉진한 석유파동

석유파동이 누군가에게는 절망이었지만, 다른 누군가에게는 기회였다. 석유파동은 석유 의존도가 높았던 서유럽과 일본 경제에 타격을 주었다. 반면에 석유수출국기구 회원국은 이때 많은 달러를 벌어들였다. 산유국에 세계의 부가 집중되었다. 유가 인상으로 아랍 산유국은 일거에 국제금융계의 큰 손으로 데뷔했다.

산유국들은 부를 어떻게 관리할 것인지를 놓고 행복한 고민에 빠졌다. 산유국들은 수익금 일부를 생산과 투자 활동에 지출하고 나머지 운용은 서방 은행에 예금 형태로 그대로 남겨두었다. 따라서 서방 은행은 산유국의 막대한 예금을 재원으로 국제적인 자금 대출을 활발하게 추진했다. 물론 여기서 국제 거래는 달러로 결제되었다.

미국은 1973년 석유파동을 전환의 계기로 삼아 달러본위체제에 대한 여러 국가의 반대를 봉합했다. 닉슨의 금태환 중지 선언 이후 달러화는 폭락하지 않고 국제통용화폐로서 지위를 고스란히 유지했다. 그 원인은 이미 국제통용화폐로서 미국 달러화에 길들여진 세계 각국의 경제·무역 시스템 때문이었다. 하지만 여기에는 OPEC에서 석유 수출 대금을 미국 달러화로만 받겠다고 선언한 것이 좀 더 직접적인 원인이었다. 달러는 서유럽과 일본의 달러본위체제에 대한 반발을 억제할 만큼 이미 강한 권력이었다.

산유국의 자금은 미국 은행을 중심으로 환류했다. 시티은행은 오일 달러 환류의 리더였다. 1970년대 말 시티은행은 이윤의 80%를 해외에서 달성했다. 거대한 금융자본의 집중은 금융자본의 영향력을 증대시켰다. 거대한 금융자본은 자본 규제에 강하게 반대하며 자본의 자유화를 촉구했다. 그리고 많은 산업국가에 대한 투자를 공격적으로 늘렸다. 달러-월스트리트 체제에 반대한 국가를 포함해 산업화 과정에 있는 나라들에 달러가 대출되면서 차관을 도입한 국가들은 점차 대출국 정부와 은행, 그리고 IMF·세계은행의 권력과 지배에 더욱더 종속되었다.[2]

미국 은행의 국제대출 증가는 1970년대 해외 투자 증가와 더불어 산업구조가 제조업에서 기업 관련 서비스로 바뀌는 전환점이 되었다.[3] 1975년에서 1989년 사이 경상 수출액이 3.5배 늘어난 반면, 같은 기간에 해외직접투자 유출액은 7배 증가했다.[4] 은행업, 금융업, 기업 관련 서비스, 수송, 통신 같은 서비스 부문이 미국을 모국으로 삼는 초국적 기업의 주요 사업 영역이 되었다. 이제는 해외직접투자와 은행 국제대출 같은 국경을 넘어선 자본 이동이 잇따라 세계경제 통합의 주요 기제가 되어 무역 흐름을 보완했다.

산유국의 자금은 유럽의 금융시장에도 엄청나게 유입되었다. 유럽의 달러 시장이 팽창하기 시작하면서 전 지구적인 금융화가 추진되었다. 금융의 유동성이 더욱 커지기 시작했다. 지구화된 금융자본의 힘으로 금융적 통제의 벽은 점점 허물어졌다. 이렇게 금융이 지구화되는 모든 과정에는 많은 국가가 연관되었다. 자유주의자는 금융의 지구화 과정을 자연의 진화 과정처럼 자연스러운 현상으로 볼지 모르지만, 실제로는 거기에 많은 산유국과 선진 자본국이 개입했다.

신자유주의자의 새로운 동맹

세계는 새로운 자유주의 시대가 되었다. 신고전주의 경제학자들이 설파한 자유주의는 19세기 고전적 자유주의와 구별해 '신자유주의'라고 일컬어진다. 자유주의가 절대주의국가를 그 대립물로 상정하면서 지배질서에

도전했다면, 신자유주의는 복지국가를 그 대립물로 설정했다. 신자유주의자는 1970년대 경제 불황과 그에 따른 기업 이윤 감소 원인이 전후 합의 정치에 따른 복지국가 지향의 정부 개입 때문이라고 봤다. 신자유주의는 케인스 경제학, 완전고용, 복지국가라는 기존의 정치적 합의를 근본적으로 뒤엎었다.

또한 고전적 자유주의 달리 1980년대 신자유주의는 전통과 관습을 중시하고 가족의 가치와 국가안보를 강력하게 주장한 대처Margaret Thatcher와 레이건Ronald Reagan의 정책에 투영되면서 신보수주의와 혼용해서 불리기도 했다. 대처는 보수주의자였다. 그녀의 보수주의 성향은 정치적 행보에서도 확인할 수 있다. 그녀는 남아프리카공화국의 인종차별주의적 아파르트헤이트 정책을 지지하고 칠레의 독재자 피노체트 장군을 오랜 친구로 삼았다.

유럽에서는 1940년대 말부터 하이에크를 중심으로 몽페를랭Mont Pelerin 협회가 결성되었다. 유럽의 자유주의자들은 조직적으로 움직여 경제적 신자유주의 사상을 설파했다. 하이에크의 이론은 케인스주의의 한계가 나타나기 시작했던 1970년대 중반부터 주목받기 시작했다. 1974년 하이에크와 더불어 1976년에는 프리드먼이 노벨경제학상을 수상하면서 이들의 영향력이 증대되었다. 그러나 이들의 주장이 새로운 것은 아니었다. 다만 1970년대 초반 브레턴우즈 체제가 와해된 시점부터 세계는 이들의 주장에 귀 기울이기 시작했고, 1970년대 중반 비로소 사람들의 시선을 끌었다. 이는 곧 특정 세력의 이해와 요구에 따른 정책적 전환을 위해 특정 이론을 의도적으로 끌어다 쓰고 있음을 말해준다. 다시 말해서 신자유주의는 그 자체로 '진리'라기보다는 정치적·이데올로기적 도구다.

19세기에 유폐된 자유주의가 어떻게 되살아났는가? 진리의 승리였을까? 자유주의를 불러낸 사람들은 자기 이해관계와 사상을 조합했을 뿐이다. 물론 자유주의 경제사상은 기본적으로 독자적인 학문적 계보를 갖는다. 하지만 사회세력 간의 관계와 무관한 것은 아니다. "정책의 반전을 야기하는 사상은 새로운 이익집단의 압력에서 출발하며, 이것은 곧 그들의 목적을 충족시키기 위한 변화를 수반한다." 좀 더 자세히 "사상이 정책으로 변화하는 과정을 살펴보면 정책의 역사는 곧 여론을 주도하는 주요 논문들의 역사임을 알게 된다. 사상의 기원이 어디인가 하는 문제를 탐구하다 보면, 사상과 이익을 구별하는 것이 매우 어렵다는 것을 알게 된다. (신자유주의) 정책의 붐이란 사상과 이익의 성공적인 결합이며 한 이익집단이 다른 이익집단에 대해 자신의 권력을 효과적으로 행사한 결과다.5 어느 날 갑자기 하나의 사상이 진리가 되는 '진리의 신화'는 없다.

한편 전후 경제성장이 1970년대에도 여전히 만족스러웠다면, 정부의 정책이 성장을 방해한다는 신자유주의자의 주장이 세력을 확장할 여지는 거의 없었을 것이다. 더욱이 제2차 세계대전 이후 한 세대 동안의 성장은 사상 유례가 없는 비상한 것이었다. 당시에도 정부 간섭이 심하고 세금은 과다한 데 비해 성장 유인은 너무 부족하다고 주장한 자유주의자들이 있었지만, 아무도 그들의 주장에 진지하게 귀 기울이지 않았다. 그런 자유주의자들의 주장이 어느 날 갑자기 때를 만나게 된 셈인데, 그것은 1973년 이후 무엇인가 잘못되고 있음이 점차 인식되고 있었기 때문이다.6

지배 권력자들은 자신들의 정책 결정 행위를 정당화할 수 있는 사상을 찾아 나서기 마련이다. 1970년대의 불황은 좋은 계기였다. 신자유주의가 갖고 있는 강력한 실제 속뜻을 상기하면 지배 권력자들의 정책과 신자유주의의 닮은꼴을 좀 더 정확히 이해할 수 있다.

신자유주의의 실제 속뜻 가운데 대표적인 것이 "정부의 시장 개입과 강력한 노동조합은 효율적인 시장 질서를 파괴함으로써 경제를 왜곡한다"라고 보는 관점이다. 신자유주의자에 따르면, 안정적이고 효율적인 시장 질서를 위해서는 정부와 노동조합의 힘을 극도로 제한해야 한다. 이 점에 관한 한 신자유주의 경제학자들은 기업, 보수적인 정치인과 우파 동맹을 형성한다. 따라서 신자유주의 경제학자와 선진 자본주의국가의 정책 결정자, 그리고 초국적 기업 및 금융자본가들은 뜻을 공유한 하나의 지배블록이 된다. 이러한 동맹은 정책과 사상을 교환하며 서로를 지원해주는 관계다. 정책에 대한 사상적 지원은 다양한 연구소에서 생산한다.

자유주의를 지원하고자 국제전략연구소Center for Strategic and International Studies: CSIS를 비롯한 다양한 연구소의 구성원들은 정책기획가들로서 신자유주의 사상과 정책의 상호작용에 핵심적인 역할을 해왔다. 신자유주의적 싱크탱크들은 세계적인 기업가, 정치가, 전문가, 저널리스트 등 쟁쟁한 이데올로그들이 대거 참여하는 3자위원회Trilateral commission[7]와 '워싱턴 콘센서스Washington Consensus'를 이끌어냈으며, 각국 정책을 신자유주의 정책으로 전환하는 데 개입했다.[8] 이들은 영국의 대처 정부 및 미국의 레이건 정부의 집권에도 기여하게 되면서 신자유주의는 사상적으로뿐 아니라 정책적으로도 통일되어 나타났다.

신자유주의 사상이 정책으로 실현되려면 정치권력을 획득하는 것이 중요했다. 이를 위해 미국의 보수주의자들이 실천한 열정은 대단했다.[9] 1932년 프랭클린 루

> ### ✔ 3자위원회와 워싱턴 콘센서스
> 3자위원회는 데이비드 록펠러가 기반을 놓았으며, 초기에는 은행, 비즈니스, 미디어, 학계뿐 아니라 정부와 보수적 노조 대표자 등 약 2000여 명이 모였다. 그 목표는 현대 자본주의 체제의 안정성을 도모하려고 미국, 서유럽, 일본에서 지배적 집단들 사이에 밀접한 관리상의 관계를 세우기 위한 것이었다.
> 워싱턴 콘센서스는 1989년 경제학자 존 윌리엄슨(John Williamson)이 만들어낸 표현으로 IMF를 포함한 국제기구가 위기 상황을 겪는 국가에 부과하는 자유적 조치를 지칭한다. 구체적으로 탈규제, 노동시장의 유연화, 자유화 및 개방화, 공기업의 민영화 등의 정책은 흔히 IMF, 세계은행, 미국 정부 등의 견해를 반영한다고 해서 워싱턴 콘센서스(합의)라고 부른다.

스벨트 대통령이 '국민 복지를 책임지는 큰 정부'를 주창하며 집권한 뒤 20년간 민주당 시대가 계속되었다. 1960년대 거센 진보의 흐름 속에서 피폐했던 보수주의 운동은 1960년대 말, 독특한 미국적 방식인 '다이렉트 메일(다량발송 편지)'로 밑바닥을 파고들며 풀뿌리 운동의 기초를 놓기 시작했다. 미국 보수주의의 대부 중 한 사람인 리처드 비거리Richard Viguerie는 지난 40년 동안 보수 이념을 전파하는 편지를 20억 통 이상 유권자에게 보냈다고 한다. 보수주의 매체를 접할 길이 없던 유권자 수백만 명이 다이렉트 메일로 보수주의 메시지를 받아볼 수 있었다. 또 메일을 받고 10달러, 25달러씩 기금을 내면서 보수주의 운동이 확산되었다

그러나 보수주의 운동이 이런 풀뿌리 운동만으로 발전한 것은 아니다. 진보적 평론가인 에릭 올터먼Eric Alterman 뉴욕 대학교 교수는 "보수주의 운동 확산의 밑거름이 된 것은 '돈'이다"라고 잘라 말한다. 1970년대 들어 보수주의 운동단체와 싱크탱크가 우후죽순처럼 생겨나는 데 기반을 제공한 것은 바로 수억 달러의 자산을 가진 보수 성향의 재단이었다. 존 올린 재단, 스케이프 재단, 브래들리 재단, 스미스-리처드슨 재단 등은 매년 보수적 싱크탱크와 운동단체, 미디어에 수백만 달러에서 많게는 수천만 달러까지 지원했다. 돈과 밑바닥 조직이 1980년에서 1990년대 초까지 레이건과 조지 부시로 이어지는 공화당의 시대이자 신자유주의의 기반을 닦은 보수 진영의 힘이었다.

대처리즘과 레이거노믹스

1970년대 불황 이후 계속된 경제위기를 극복하라는 대중적 요구에

힘입어 1979년 영국에서는 대처가 집권했다. 그녀의 통치를 이른바 '대처리즘'이라 부른다. 대처의 집권은 1970년대 석유파동 이후 나타난 경제위기를 배경으로 이루어졌다. 경제위기 속에서도 복지국가를 유지하기 위해 세금을 많이 거두어야 했으므로 부유층과 중산층의 불만이 컸다. 경기침체로 기업은 위축되고 실업이 증가했다. 1978년 겨울, 임금 인상을 5%로 제한하려는 조치에 맞서는 노동조합의 총파업은 당시 정부를 사실상 통치 불능 상태로 빠뜨렸다. 이에 대처는 노동자를 희생양으로 삼아 부유층과 중산층의 지지를 결집하면서 정권 교체에 성공했다.

대처는 집권 초기부터 노동에 대해 총공세를 펼쳤다. 대처 정부는 그 일환으로 1984년, "1년 내로 20개 이상의 탄광을 폐쇄하고 2만 명을 정리해고 한다"는 내용의 '석탄산업 합리화 계획'을 발표했고, 이에 코튼우드 노동자들은 파업에 돌입했다. 영국 경찰이 파업 중인 탄광노조를 대대적으로 진압하는 과정에서 노동자 수십 명이 중상을 입기도 했다. 이후 탄광노조의 위축은 대량 해고, 임금 삭감, 노조 탄압, 공기업 민영화, 사회복지제도 축소 등 총체적인 정책 전환으로 이어졌다.

대처는 영국 경제를 몰락하게 만든 장본인이 노동조합과 국가라고 주장했다. 대처는 국영기업을 전면적으로 민영화했다. 통신 부문을 필두로, 다음에는 가스, 그리고 전력과 수력이 차례로 민영화되었다. 대처 정부는 사적 소유가 독점의 조건하에서도 그 생산력의 마법을 발휘할 것이라고 확신한 듯했다.[10] 긴축재정을 시행하고, 교육과 의료 등 공공 분야의 예산을 대폭 삭감했다. 기업에 대한 규제를 완화하고, 노동조합 활동과 파업을 제한했다. 실업자에게는 사회보장을 줄였다. 미혼모에게도 책임을 물어 사회보장을 축소하겠다고 공언했다.

대처의 사회·경제 정책은 케인스식 총수요 관리 정책의 포기와 공공지출

삭감, 조세 감축, 통화량 조절, 사유화, 탈규제, 투자 유인 확보, 관료와 노조 권한의 감축 등 요컨대 경제와 사회(복지)에서 국가의 전면적 후퇴를 그 주요 내용으로 한다. 완전고용은 더 이상 영국 정부의 공식적인 정책 목표가 아니었다. 기업의 공공 소유는 말할 것도 없고 가격이나 임금에 대한 정부의 법적 개입도 시장 질서를 왜곡하는 것으로 간주되었다.

한편 1980년 미국에서는 레이건이 대통령에 당선되었다. 레이건의 정치 권력 역시 노동 세력을 공격 대상으로 삼으면서 기반을 다졌다. 1981년 항공관제사 장기 파업이 있었다. 레이건은 노조의 임금 인상 요구를 수용하지 않고 끝까지 밀어붙였다. 파업에 참여한 1만여 명의 관제사를 해고했고, 그들은 단 한 명도 직장에 복귀하지 못했다. 이후 미국 노동계는 조직적으로 회복하기 어려운 타격을 입었다. 이 사건을 계기로 노동조합과 노동권을 존중하는 사회규범이 깨지기 시작했다.

미국의 레이건도 대처와 같은 맥락의 정책을 취했다. 레이건은 취임하면서 인플레이션과 생산성 정체 그리고 국제경쟁력 상실이라는 미국 경제의 상황을 타개할 방책으로 규제 완화, 감세, 노동시장 유연화 등으로 표현되는 경제정책을 수용했다. 레이건 행정부는 인플레이션을 낮추기 위한 긴축정책을 추진했고, 기업가의 투자 의욕을 높인다는 의미에서 세금을 감면해줬으며, 각종 규제를 완화했다.[11]

감세와 저인플레, 정부 지출 축소, 규제 완화 등 이른바 '레이거노믹스'로 표현되는 일련의

신자유주의 정책을 공유한 덕에 미국 레이건 대통령과 영국 대처 수상의 정상회담은 항상 화기애애한 분위기 속에서 이루어졌다.

자료: Ronald Reagan Presidential Library.

정책에 대한 아이디어는 시카고 대학교의 밀턴 프리드먼이 제공했다. 당시 프리드먼은 대통령 경제정책자문위원으로 활약했다. 그는 1970년대 중반 민선 정부를 쿠데타로 무너뜨린 칠레의 피노체트 군부독재정권에 경제 자문을 해준 인물이었다.

프리드먼이 주장한 통화주의[12]는 재정정책을 중시하는 케인스주의에 반대하고 통화의 공급을 중심으로 경기 조절을 하면서 인플레이션을 잡는 것을 목표로 삼았다. '강한 달러'와 '강한 미국'을 주창한 미국 레이건 행정부 시절에 국가의 정책 목표는 고용안정이나 삶의 보호가 아니었다. 인플레이션을 잡아 하락하는 미국 달러에 대한 신뢰성을 근본적으로 회복해야 한다는 점이 강조되었다. 인플레이션을 잡고 이자율을 높이면 금융자본에 유리했다. 반면 임금노동으로 소득을 유지해야 하는 노동자는 임금 인상이 억제되어 더욱 힘겹게 살아야 했다.

여기에 레이건 행정부의 경제자문위원이었던 아더 래퍼Arthur Raffer가 강조한 감세 조치까지 접합되었다. 래퍼는 세율이 지나치게 높으면 모든 사람이 근로 의욕을 상실하기 때문에 세수는 오히려 줄어든다고 주장했다. 감세 조치가 국가의 재정을 더 강화한다는 논리였다. 이로써 금융자산 소유자나 부유층 이익이 충실히 보장되었다. 그러나 실제 감세로 생긴 여유 자금은 오히려 배당률 인상이나 머니게임에 충당되어 금융자산 소유자의 부만 늘리고 재정 적자 문제를 해소하는 데에는 효과를 발휘하지 못했다.

신자유주의 정책이 취해지게 된 데에는 언론의 역할도 무시할 수 없다. 통화주의 경제학을 내세운 경제 논객들은 ≪월스트리트저널≫을 비롯해 세계에서 가장 영향력 있는 언론의 편집 방향을 좌지우지하면서 미국의 경제정책을 압박했다. 그들은 대학보다는 언론계, 의회, 컨설팅 회사, 브루킹스 연구소 등과 같은 보수 진영의 싱크탱크 출신이 대다수였다. 이들은 준대중적 잡지와 신문을 이용해 영향력을 넓혀갔다. 이들은 간단명료한 논리로 여론을 움직이면서 하나의 이데올로기 집단을 형성했다. 다시 말해, 신자유주의의 정치적 표현이 1980년대 대처리즘과 레이거노믹스다.

그런데 1970년대 불황을 해결하기 위한 여러 선택지 가운데 신자유주의 정책을 선택했다면, 그에 따라 필연적으로 변화에 저항하는 사람들이 발생하기 마련이다. 왜냐하면 효율성을 추구하려는 정책은 국내의 형평성 문제와 충돌하기 때문이다. 이러한 충돌은 합리적인 경제정책만으로는 해결되지 않으며, '정치적 선택'을 고려해야 한다. 따라서 저항을 억지하기 위해 "사회적·종교적·정치적 장벽을 넘어서는 국가의 집행력power of the state to implement"을 필요로 한다.[13]

무엇보다도 신자유주의가 헤게모니 싸움에서 성공한 것은 경제적 위기의 근원을 설명하고 그 처방을 제시하는 부분에서뿐 아니라, 평등을 주장하는 사람들의 요구를 제어할 수 있을 만큼 집행력에서도 승리했기 때문이다. 그 형평성 문제의 극복과 집행력의 승리는 적절한 보상과 타협이 아니라 노동자에 대한 공격을 기반으로 했다. 자본축적 위기에 직면하게 된 지배 세력은 위기를 극복하고자 노동운동 세력을 와해하고자 했다. 신자유주의적 국가는 시장경제에 불만을 품는 정치적·사회적 갈등의 요인에 예방적으로 개입하고 그것을 차단한다. 신자유주의는 정치 활동에 내재적인 갈등적 요소를 급진적으로 제거했다.

신자유주의 정책은 다름 아닌 자본의 논리에 충실하고 '배제와 불균형의 논리'가 주축을 이루는 전략적 선택 행위다. 이러한 측면에서 지구화는 초국적 자본의 정치적 전략(프로젝트)이며, 이 전략으로 국가의 구조와 기능도 완전히 탈바꿈하게 된다. 신자유주의는 이러한 정치적 프로젝트를 이데올로기적으로 정당화한다.[14] 따라서 신자유주의는 시민의 정치 참여를 최소화하고 정치적 반대나 저항을 억압한다는 의미에서 민주주의에 반한다.

신자유주의는 인간에게 더 많은 자유를 주었는가

대처와 레이건은 신자유주의 이념 아래 자유, 선택, 경쟁, 효율성을 강조하면서 자유시장을 향한 경제정책을 적극 추진했다. 그러나 경제적 효율성이 과연 사람들에게 얼마의 자유를 더 주었을까?

영국은 자유무역항을 설립하고 투자를 적극적으로 유치했다. 기업과 금융은 자유화의 결실을 누렸다. 그러나 영국의 대처는 장기간 집권하고도 자신의 정책으로 경제지표를 뚜렷이 개선하지는 못했다. 통화 긴축으로 인플레이션은 억제되었지만, 경기는 침체되었고 실업률은 엄청나게 증가했다. 실업이 증가하면 임금이 낮아져 기업 부담은 줄어든다. 그리고 경기가 회복되면 다시 고용이 증가할 것으로 예상한다. 하지만 기업은 초기에 생산 재고를 처분하다가 노동시간을 늘리고 노동조건을 악화시키면서 대응해가는 법이다. 당시 영국에서도 실제 고용은 쉽게 증가하지 않았다. 기업은 노동에 대해 더 많은 양보를 요구할 뿐이었다.

1984년 《뉴욕타임스》에는 "더 가난해지고 더 늘어난 빈곤층"이라는 제목의 사설이 실렸다. 이 사설에서 소개한 '레이건 기록'이라는 보고서에 따르면, 레이건이 지지하는 특별세 삭감이 중산층과 빈곤층에게 불리하게 작동했다. 물론 1980년대 중반 이후에는 경제성장률, 인플레이션, 실업률 등에서 변화가 나타나며 경기회복 조짐이 보였다. 그러나 큰 폭의 감세 조치의 영향으로 재정 적자는 더욱 심각한 수준으로 고착화되었다. 심각해진 재정 적자에서 사회적 약자를 위한 조치를 기대하기란 갈수록 어려워진다.

레이건은 재정 적자를 만회하고자 중산층과 빈곤층에게 상당한 희생을 감내하도록 요구했다. 극빈층을 위한 사회적 안전망과 관련된 예산 감축으로 이들의 삶은 악화되었다. 고수익 가정으로 흘러들어 가는 이자, 임대료, 배당수입이 증가했고, 상류층 이외의 가정을 더 가난하게 하는 실업률도 증가했다.

자유주의 이념은 곧 기업 혹은 자본의 자유만을 지칭했다. 위기는 지나갔지만 경제적 이득을 모든 국민이 공유하는 시대는 다시 돌아오지 않았다. 2000년 물가를 기준으로 환산해보면, 연방정부의 시간당 최저임금은 1960년대 말에는 7달러까지 올랐다가 노조 세력이 크게 약화된 레이건 집권기에 4달러대로 떨어졌다. 이후 법 개정이 이뤄진 2008년까지 약 30년간 4~5달러 사이에 묶여 있었다.

금융자산 소유자에게 이점이 많았던 미국의 정책은 세계 금융자본을 흡수했다. 세계 유휴자본이 미국으로 집중되었지만, 이것은 새로운 생산에 투자되지 않고 금융 부문에 투자되었기 때문에 금융화의 확대만을 진전시켰다. 한편 위험 부담이 큰 제3세계에 차관을 공여하려는 금융기관은 대폭 줄어들었다. 남미와 아프리카, 동유럽 국가는 외채위기를 맞아 IMF 구조조정을 받아들여야 했다. 국가 간 위계는 신자유주의 정책으로 더욱 분명해졌다. 신자유주의의 '자유'라는 성과는 선진국이나 혹은 기업, 계층별로는 상류층만이 누렸다.

신자유주의는 어떻게 지구화되었는가

시민노동 세력에게는 환영받지 못했을 신자유주의가 어떻게 일국적 차원에 머무르지 않고 '지구화'라는 이름으로 세계의 자본주의 체제에 덧칠될 수 있었는가? 어떤 사람은 이를 자연적인 변화로 간주한다. 그러나 그것을 반박할 수 있는 근거는 확실히 있다.

IMF와 세계은행은 신자유주의를 세계로 확산하는 데 중요한 역할을 했다. IMF는 각국의 경제지표에 관해 상당한 양의 지식을 축적했다. 또한 각국 중앙은행 및 재무부와 접촉하기 위한 네트워크를 발전시켰다. 이를 바탕으로 1990년대에 IMF 르네상스 시대가 열렸다. 미국은 IMF와 세계은행에서 차지하는 지위를 수단으로, 경제적으로 가장 취약한 국가에 대해 우선 구조조정 정책을, 다음에는 자유화와 규제 완화를 강요했다. 이때 IMF가 각국 정부에 요구한 정책이 신자유주의 정책이었다. 미국은 자신에게 적합한 게임 규칙을 다른 선진국에도 강요했다. 항공 운송 산업과 원거리 통신 규제 완화의 예는, 세계적 과점에 속하는 기업을 소유한 국가에 대해서도 미국이 자신에게 유리하도록 규칙을 강제할 수 있는 능력을 잘 보여준다.[15]

한편 레이건은 세계은행 총재에 아메리카은행 총재를 앉혔고 수석경제연구원도 교체했다. 주요 요직은 자유무역 예찬론자들이었고 공기업 민영화를 적극적으로 강조하는 인물들이었다. 1987년 세계은행의 개편에 따라 매우 교조적인 거시경제학자들 약 800명이 세계은행에 영입되었다. 세계은행은 과도한 외채를 짊어진 국가들이 민간 부채 가운데 일부를 세계은행의 장기 차관으로 전환하도록 유도했다. 이로써 세계은행은 월스트리트 금융가들에게 꼭 필요한 존재가 되었다.[16] 월스트리트 금융자본가들은 해외로 투기를 감행하기 위해 세계은행에 전략적으로 접촉했다.

IMF와 세계은행은 월스트리트의 이익을 고려해 외채위기 관리를 지원했다. IMF와 세계은행은 구제금융을 받는 국가가 신자유주의 이데올로기와 모든 면에서 일치하는 구조개혁(금융거래의 자유화, 민영화, 국가개혁 등)을 채택하도록 도왔다. IMF와 세계은행은 브레턴우즈 체제의 붕괴로 몰락한 것이 아니라 새로운 역할을 부여받았다. 동시에 경제적 국제기구는 투기적 금융계와 혼연일체를 이루었다.

신자유주의 정책을 수입한 국가의 주요 세력은 신자유주의 정책을 어떻게 자기 신념으로 맹신하게 되었을까? 신자유주의 정책이 새롭거나 선진적이었기 때문은 아니다. 여기에 주목해서 봐야 할 것이 '특정' 경제학이 가지고 있는 전문성의 수출이다. 미국이 주도한 신고전주의 경제학을 중심으로 전 지구적인 동질성을 증가시키면서 좀 더 깊이 있는 내면적 동의를 유도했다. 미국은 지배적 학문을 주변부 국가에 수출하고, 주변부 국가의 지식 엘리트는 중심부 국가의 학문을 수입해 권력경쟁에 활용한다.

프리드먼은 일찍이 시카고 대학교 경제학과가 시장근본주의를 지향하도록 이끌었다. 그가 시카고 대학교에서 연구하던 시절 형성한 시카고학파의 '시카고 보이'들Chicago Boys[17]은 자유시장에 입각한 신자유주의 경제학을 세계에 수출했다. 시카고 보이들은 각국의 경제기획국, 중앙은행과 국제적인 관계를 맺고 있었다. 이 경제학자들은 일찍이 재계와 군부, 보수 정당과의 관계를 발전시켰다. 공통된 경제 이데올로기, 국가기관, 해외 유학 경험과 공동 유대로 구성된 관계에 의존하고 있는 좀 더 능력주의적인 진입자들이 과거 법률 질서를 대체했다. 이러한 네트워크를 형성하기 위해 핵심적인 보수적 경제 저널을 활용했다. 이 저널들은 경제자유화의 주도적인 촉진자였다.

시카고 보이들의 활약상이 두드러졌던 칠레에서는 군부독재정권이 물러난 뒤에도 시카고 보이들이 동반 퇴장하지 않았다. 오히려 민주화 이후에는 국가의 미래를 국민의 동의에 따라 시장에 맡기게 하는 강력한 유산을 남겼다. 이미 국내의 경제가 국제시장에 통합됨으로써 민주화 이후 세계경제 통합은 더욱 가속화되었다. 이를 저지하려는 정치적 움직임은 다시 수없이 많이 잉태된 신자유주의 신봉자들의 도전을 받아야만 했다.

중심국 미국에서 가져온 전문 지식을 중개하고, 그 과정에서 얻은 이득으로 자본을 불리며, 다시 그 자본으로 권력을 확보하는 메커니즘은 한국이라고 예외가 아니다. 특히 한미 FTA자유무역협정 협상에서 통상 관료들이 경제학적 지식으로 우월한 지위에 올라선 뒤 가난한 국민의 삶과는 상관없이 협상을 쥐락펴락하는 현실은 심각한 수준을 넘어섰다. 시카고의 처방에 따라 움직인 신자유주의의 지구적 확산은 정치적으로 규정할 수밖에 없는 시장 '혁명'이었다.

WTO 체제의 성립

브레턴우즈협정 체결 당시부터 세계 자유무역 체제의 운용을 관리하기 위한 국제무역기구ITO 설립 논의가 있었다. 하지만 이는 많은 보호무역주의자들이 국가라는 단위에 묶여 있기를 원했기 때문에 무산되었다. 그 결과 사실상 가맹국 사이의 무역협정에 지나지 않는 GATT의 설립에 만족해야 했다. 브레턴우즈 체제의 핵심을 이루던 GATT의 목적은 관세장벽을 철폐해 자유무역을 추진하는 데 있었다. GATT는 몇 가지 예외를 인정하며 자유무역의 준거 틀을 제공했다.

그러나 GATT 체제는 각국의 비준 절차를 생략한 채 발효되었기 때문에 법적 효력의 한계가 뚜렷했다. 또한 국가 간 무역 분쟁이 발생할 때 효과적으로 이를 처리할 제도가 없었다. 무엇보다 강제력이 없어 각국 정부가 반드시 협정을 지킬 의무가 없었다. 또한 자유무역 대상을 공산품에 한정했다. 여러 자유주의자들이 국제적 상품으로 거래되는 데에 걸림돌이 되었던 제약을 해체하여 전 분야의 상품화를 추진할 필요성을 제기하기 시작했다. 자유무역을 추진하기 위한 협상들을 꾸준히 진행해온 과정에서 GATT 체제를 대체할 새로운 체제의 구축이 필요해졌다.

GATT 체제 성립 이후 7회에 걸쳐 회의가 진행되었다. 그중 가장 많은 국가가 참여한 원탁회의round가 우루과이라운드였다. 우루과이라운드 협상은 자유무역 대상을 넓히고 분쟁 해결 방식을 강화함으로써 다자간 무역정책에서 새로운 시대를 열었다.

1994년 4월 각국은 공산품 관세 인하, 농산물 시장 개방 확대, 서비스 및 금융시장 개방 등을 내용으로 하는 협정문에 서명했다. 1995년 WTO가 출범했다. WTO 체제의 등장은 자유무역주의와 다자간 협상에 기초해 관세 및 상품교역뿐만 아니라 자본 투자 및 각국의 정치적 개입 전략까지 강제력을 가지고 규율하려는 새로운 국제 질서 형성을 의미한다.

WTO 협정은 상품 무역(비관세, 농업, 섬유, 무역 관련 투자 조치 등), 서비스 무역, 지적재산권에 관한 협정 등 크게 세 가지 내용으로 구성되었다. 특히 이러한 내용에서 초국적 기업의 국제법 지배 현상이 나타난다는 점에 주목할 필요가 있다. 미국 조지워싱턴 대학교의 셀Susan K. Sell 교수는 『초국적 기업에 의한 법의 지배Private Power, Public Law』에서 이를 실증적으로 밝혔다. 이 책은 초국적 기업과 WTO 체제의 관계를 이해하는 데 중요한 시사점을 제공하여 참조할 가치가 높다.

농산물 시장 개방

미국은 농업 생산력이 비약적으로 발달해 잉여 농산물의 처리가 심각한 문제로 대두했다. 그런데 GATT는 농산물의 자유무역 거래를 막는 폭넓은 예외 조항이 있었다. 미국을 비롯한 농산물 수출 선진국은 GATT 체제를 개편하고 싶어 했다. 우루과이라운드에서는 농산물에 대해서 관세를 낮추고 농업에 대한 정부보조금을 철폐할 것을 논의했다. 결국 WTO에서는 농산품에 5% 이하의 낮은 관세를 적용하게 했다. 참고로 한국은 대부분의 농산품 관세가 100%를 넘었기 때문에 이러한 조치로 농가는 치명적인 피해를 당했다.

우루과이라운드 협상에서 농업 부문에 대한 미국 측의 제안은 거의 곡물 기업 카길Cargill사가 초안을 만들었다. 카길의 정치적 전략에 따라 진행된 WTO 농업 협정의 목표는 남반구 시장을 개방하는 데 있었다. 실상 탈규제라는 것은 초국적 기업과 선진국의 이윤을 보장하기 위한 법적 제재 조치의 완화를 의미한다.

카길의 최고경영자 워런 스탤리Warren Staley는 2003년 2월 미국의 대통령 직속 수출자문위원회 위원이 되었다. 우루과이라운드에서 미국을 대표해 협상을 주도했던, 카길의 부회장 대니얼 암스투츠Daniel G. Amstutz는 이라크 전쟁 직후 이라크 농업재건국장이 되었다. 카길은 농산물뿐 아니라 생명공학, 철강, 무역, 심지어 금융회사까지도 장악함으로써 '규모의 경제'를 바탕으로 이득을 보고 있으며, 철저히 미국 정부와 대외 경제정책을 공조하면서 성장해왔다. 카길은 세계 60개국에 1,000개가 넘는 공장을 두고, 100여 개국과 거래하며, 세계 각국 노동자 10만 명을 부린다. 2004년 카길의 총자산은 400억 달러로 웬만한 개발도상국의 1년 수출액과 맞먹는다.

곡물 메이저의 정치적 실천과 자본의 이익을 보장하려는 농산물 수출국 정부의 정책적 옹호로 세계 곡물 시장은 독과점 구조가 되었다. 세계 곡물 교역량의 80%는 미국의 카길과 아처 대니얼스 미들랜드Archer Daniels Midland: ADM, 프랑스의 루이드레퓌스Louis Dreyfus & Cie, 아르헨티나의 벙기 Bunge Ltd., 스위스의 앙드레Andre 등 5개 곡물 메이저가 차지했다.[18]

서비스 무역 자유화

우루과이라운드는 교육, 통신, 건설, 우편, 유통, 환경, 금융, 의료, 문화, 관광, 운송 분야를 포함한 서비스 무역에 관한 일반 협정을 추진했다. 미국을 중심으로 한 경제 선진국은 자신들이 비교우위를 점하고 있는 서비스 분야에서 GATT 체제에 만족하지 못했다. 서비스 무역이 크게 늘고 거대 시장의 경쟁이 격화하면서 각국의 규제정책에 대해 불만이 점차 커졌다. 서비스 무역은 연평균 성장률이 상품 무역보다 빨라 세계경제에서 가장 역동적인 분야 중 하나다. 미국의 사적 부문 행위자들은 해외 서비스 시장의 장벽을 없애고 자유화를 이루는 것을 목표로 삼았다.

셸 교수가 밝혔듯이, 미국의 서비스 업계는 1970년대를 기점으로 보험사를 비롯한 금융 서비스 부문의 시장 접근 장벽을 제거하려고 로비를 벌였다. 서비스 부문의 기업들은 미국 정부를 설득해 미국 「통상법」의 개정 내용에 서비스를 집어넣게 했다. 미국은 서비스 무역의 장벽이 있을 때 보복관세를 부과할 수 있는 「통상법」 제301조를 유럽과 일본에 적용했다. 범산업계 단체는 금융 이외 다른 서비스 부문에서도 미국 정부의 지원을 받아냈고, 서비스산업연맹을 결성해 GATT 논의에서 자신의 요구를 관철했다.

1996년 세계경제포럼 이후 미국과 영국, 유럽의 금융 서비스 산업계 대표들이 금융지도자그룹을 결성하며 새롭게 영향력을 확대했다. 시티코프 Citicorp, 골드만삭스Goldman Sachs, 메릴린치Merril Lynch와 보험 산업계 등 미국의 사적 부문 대표들은 WTO 근처에 지휘부를 만들고 마지막 협상 라운드 내내 미국 협상 대표들과 협의했다. 특히 1997년 아시아의 통화위기는 아시아의 금융시장을 개방하는 데 돌파구가 되었다. 금융 서비스에 관한 최종 협정은 1997년 12월 13일 제네바에서 서명되었다. 금융 서비스의 자유화는 경제 선진국의 도움으로 달성되었다.

지적재산권 보호

지적재산권 논의는 셸 교수의 『초국적 기업에 의한 법의 지배』에서 핵심적인 내용으로 다루어졌다. 지적재산권은 WTO 체제에서 나타난 새로운 주제이며 가장 중요한 논쟁 중 하나였다. 여기에도 기업의 전략적인 실천들이 체계적으로 전개되었다.

미국에서 제약과 엔터테인먼트, 소프트웨어 산업을 대표하는 최고경영자급 위원 12명은 지적재산권을 확보하기 위해 지적재산권위원회를 구성했다. 1986년 당시 지적재산권위원회 위원은 브리스톨 마이어스Bristol-Myers, 시비에스CBS, 듀폰Du Pont, 제너럴일렉트릭General Electric, 제너럴모터스General Motors, 휴렛패커드Hewlett-Packard, 아이비엠IBM, 존슨앤드존슨Johnson & Johnson, 머크Merck, 몬산토Monsanto와 화이자Pfizer 출신이었다.

지적재산권위원회는 영국산업연맹, 독일경제인총연합회, 유럽경영자연합, 일본경제단체연합회 등과 접촉해 함께 행동했다. 미국, 유럽, 일본의 기업공동체의 단결된 행동은 국제 기업공동체가 무역협상에 개입하는 양상을 보여주는 중요한 사례였다. 이러한 동맹 세력은 그들만의 합의 문서를 자국 정부와 GATT 사무국에 제출했다. 지적재산권위원회는 미국 정부의 지원과 강제적 조치가 없다면 적절한 지적재산권 보호는 성과를 거두기 어렵다고 호소했다. WTO의 강제적 조치와 수단은 미국 정부가 세계 무역의 자유화를 강제하던 역할이 이어진 것으로 볼 수 있다.

민간 기업들은 무엇이 무역과 관련된 문제인지를 정하고, 그 문제를 어떻게 규정할 것이며 어떻게 해결할 것인지를 고안했다. 그리고 그 해결책을 구체적인 제안으로 만들어 정부에 제시했다. 이 기업들은 그들의 특정 이익과 관련한 관념을 무역 문제의 해결책이라고 홍보하며 정책 결정자들의 마음을 사로잡았고, 그들의 사적 이해관계를 미국의 국익으로 만들었다. 미국 기업들은 자신의 강력한 수출산업을 지원하는 것이야말로 미국을 경제 쇠락에서 구원할 수 있는 방편이라고 주장했다. 기업들은 애국심을 자신의 이익을 위해 편의에 따라 동원하곤 했다. 미국의 무역 적자에 대한 걱정이 커지면서 정책 결정에서 지적재산권은 점차 더 중요하게 취급되었다. 지적재산권은 무형 재산으로 존재하지 않는 자원을 상품화함으로써 미국이 무역 경쟁의 우위를 확보할 수 있는 중요한 요소로 부각되었다.

기업과 정부의 관계는 매우 구체적으로 긴밀하게 결합되었다. 통상정책에 대해 민간의 의견을 듣겠다며 구성한 무역협상자문위원회의 의장은 제약사인 화이자의 대표 에드먼드 프래트Edmund Pratt가 맡았다. 1988년 프래트는 우루과이라운드 통상협상에서 사적 부문의 대표로 선정되었으며, 무역협상자문위원회 의장 자격으로 미국 공식 협상단의 자문역을 맡았다. 아이비엠의 대표도 무역협상자문위원회의 자문역을 맡았다.

기업들이 지적재산권과 무역을 자본가적 방식으로 연계한 것이 오늘날 우리가 보고 있는 전 지구적 지적재산권 무역 규칙이 등장한 근본적인 요인이었다. 여기에 미국 정부와 선진국 정부 그리고 우루과이라운드, 법률들은 서로를 역동적으로 구성하며 전 지구적 규칙이 만들어졌다. 지적재산권 시장의 룰은 수요와 공급의 원리에 따라 형성된 것이 결코 아니다.

지적재산권이 독점적 특권을 부여하는 한 자유주의와는 본질적으로 긴장 관계에 놓인다. 서구 선진국은 자신의 주요 기업들이 독점적으로 영향력을 행사하고 후발국의 기업들이 쉽게 따라올 수 없도록 새로운 반자유주의적 규칙을 만든 것이다. 하이에크는 일찍이 신자유주의 사상을 설파하면서 인간 이성의 불완전성을 지적하며 설계적 합리주의에 대해 비판적 태도를 보였다. 하지만 실제 신자유주의를 주창하는 행위자들의 권리 보호는 개발도상국이나 주변부의 기업 및 시민을 배제한 채 '설계'되었다. 오늘날 보편화된 '자유시장주의'야말로 의식적이고 인위적인 계획의 산물이었다. 이러한 맥락에서 규제 완화와 자유로운 시장 질서는 자연스러운 현상이 아니다. 오히려 재규제화reregulation와 선진국 정부의 세계시장 개입이 진실에 가깝다. 특권 계층이 원하는 규제의 개념이 지구화되었다.

그러나 통상협상에서 지적재산권 문제가 순탄하게 해결된 것은 아니다. 인도와 브라질의 주도 아래 아르헨티나, 쿠바, 이집트, 니카라과, 나이지리아, 페루, 탄자니아, 유고슬라비아 등 10개의 개발도상국들은 지적재산권을 GATT에 포함시키는 것에 격렬히 반대했다. 이에 미국은 자국의 「통상법」을 공격적으로 활용해 개발도상국의 항복을 받아냈다. 브라질이 자국의 지적재산권 관련 법을 바꾸지 않겠다고 하자, 1989년 미국은 브라질의 의약품, 제지품, 가전제품에 대한 100% 보복 관세를 부과했다. 결국 이 협정은 국가 간 정치 관계 속에서 구축되었다.

WTO 체제의 전망

WTO 체제가 성립되었다고 해서 이후 세계 자유무역 질서가 최종적으로 정립된 것은 아니다. GATT 체제에서 수많은 라운드가 있었듯이 WTO

체제 이후에도 세계경제 질서를 논의하는 협의가 계속되었다. 하지만 WTO 체제가 이후 지속적인 협상 과정에서 완전한 자유무역 틀을 형성할 수 있을지를 놓고는 논란이 일고 있다.

WTO 체제는 지구상의 거의 모든 국가가 참여하는 다자간 협상 틀을 갖고 있다. 따라서 여러 이해관계가 충돌한다. 다자간 틀에서는 남반구 국가들의 지속적인 반대로 최종 결론이 쉽게 내려지지 못했다. 경제 선진국 블록 내에서도 균열된 모습을 보였다. 유럽 국가들은 자국의 정치적·사회적 반대 세력과의 첨예한 대립 때문에 합의가 어려웠다. 또한 미국 정부가 국가안보 차원에서 자유무역 대상을 각기 다르게 적용하면서 일관성도 없었다. 미국은 쿠바와 이란, 리비아 등의 국가에 대한 투자를 금지해 세계의 자유무역에 역행했다.

결국 2001년 11월 14일 카타르 도하에서 열린 제4차 WTO 각료회의에서 새로 출범한 다자간 무역협상인 도하개발어젠다Doha Development Agenda: DDA는 국가 간 최종적 합의에 이르지 못한 채 결렬되었다. 원래 각국은 2002년부터 3년간 뉴라운드New Round 협상을 진행해 2005년 1월 1일까지 종료하기로 합의했다. 그러나 WTO 체제 출범 이후 다자간 무역협상은 지금까지 뚜렷한 성과를 내지 못하고 있다.

WTO 체제의 성립 이후 협상 과정은 다자간 협상이 각국의 이해관계 때문에 새로운 경제통합 규칙을 획일적으로 신속하게 결정하기 어렵다는 것을 보여준다. 이러한 맥락에서 세계시장의 규범은 자연 질서가 아니며, 시장 스스로 세워지는 게 아니라는 것은 명백해졌다. 세계경제의 규범과 질서는 굉장한 파열음을 내고 있다.

다자간 협상 결렬 후 자유주의자들은 양자간 협상으로 자유무역의 방향을 찾고 있다. 2000년대 이후 자유무역을 규율하는 협의는 다자간 협상보다는 양자간 협상이 주를 이루며 복잡하게 전개되고 있다. 한국도 한·칠레 FTA를 시작으로 미국, EU, 중국 등 여러 국가와의 FTA를 완료했거나 시도하고 있다. 당분간 세계 자유무역협상에서 각국은 다자간 무역협상 일변도에서 탈피해 무역 권역별로 협상하거나 양자간 협상에 주력하게 될 것으로 전망된다. 다자간 자유무역협상은 장기간 표류할 가능성이 매우 커졌다. 금융위기를 겪으면서 자유무역 대신 보호무역이 확산될 것이라는 견해도 있지만, 그다지 설득력이 높지는 않다. 금융위기에도 각국은 자유무역을 매번 강조하고 확인하고 있기 때문이다. 다만 WTO 체제의 핵심 규범 중 하나인 지적재산권의 보호는 보호주의를 지향하는 탓에 보호주의와 자유주의가 충돌할 가능성은 잠재되어 있다.

양자간 협상과 다자간 협상 간의 유불리 논쟁은 끝이 없다. 어떤 사람은 약소국에는 다자간 협상이 더 유리할 수 있다는 전망을 내기도 한다. 양자간 협상에서는 개별 협상 능력이 떨어지는 개발도상국에 불리할 수 있다는 이야기다. 양자간 협상은 규범의 룰이 협정 국가마다 다르게 적용되어 국제무역 규범의 일관성을 잃고 혼란을 일으킨다는 비판도 있다. 반면에 어떤 자유주의자들은 다자간 협상이 여러 국가 간 합의를 이루어야 하기 때문에 협상의 진전을 더디게 한다고 불평한다. 다자간 무역협상의 성공을 무작정 기다릴 수 없다는 조급함이 자유주의자에게서 나오고 있다. 어떤 사람은 오히려 양자간 협상을 더 진전시키는 것이 바람직하다고 주장한다.

다자간 협상은 모든 국가가 최소한으로 합의할 수 있는 공통분모를 찾는다. 비록 협상이 더디게 진행되겠지만 이것이 세계경제 통합을 향한 브레이크 없는 질주보다는 낫다. 오히려 더디게 흐르는 시간은 세계시민의 편이 될 수 있다. 한 걸음 한 걸음을 조심스럽게 내딛을 수 있기 때문에 세계경제 통합에서 나타날 수 있는 여러 가지 문제점을 신중히 고려하고 판단할 수 있다. 세계경제 통합 과정에서 야기되는 각종 불평등과 파괴의 문제를 고려해 끊임없이 재수정하며 협상을 진행할 수 있다면 세계경제 통합 자체를 반대할 이유는 없을 것이다.

세계경제 통합은 그 목적이 어디에 있는지를 분명하게 밝혀야 한다. 우리가 중요하게 여겨야 할 가치는 사회보호다. 세계시민의 삶을 보호하지 않는 방식의 세계경제 통합은 맹목적일 수 있다. 세계경제 통합을 지상의 과제로 설정해 속도전을 벌이기보다는 세계시민의 삶에 눈길을 보내야 한다. 세계경제 통합을 위한 더 나은 방식이 무엇인지, 그리고 그것을 추구하는 과정에서 지켜야 할 원칙이 무엇인지, 나아가 우리가 지향해야 할 삶의 가치가 무엇인지를 생각하는 것이야말로 무엇보다 시급하다. 우리가 당장 결정해야 할 일은 협상 속도가 아니라 세계시민의 삶을 보호하는 것이다.

이야깃거리

1 자유무역은 경제적 번영과 평등을 보장하는가?

2 신자유주의가 강조하는 자유는 무엇인가? 자유는 민주주의 이념의 기초인데, 왜 이 자유는 논란이 되는 것일까?

3 신자유주의와 복지국가를 지지하는 사람들을 분류해 열거해보자. 이론과 사회집단 간의 이해관계가 접목되는 지점을 파악해 궁극적으로 어떠한 가치가 관련되는지 토론해보자. 여러분은 어떤 가치를 중시할 것인가?

4 WTO 체제는 국가 간 이해관계의 차이를 감당할 수 있는가? 경제적 이익에 기초한 범지구체제의 형성은 지구적 협조를 완성할 수 있는가? 그렇게 할 수 있다면 이것은 하나의 세계체제가 끝나고 새로운 세계체제가 시작되었다고 볼 수 있는가?

읽을거리

수전 조지, 『수전 조지의 Another World: 폭압적 신자유주의 세계화에 대한 실천적 제안서』, 정성훈 옮김(산지니, 2008).

수전 K. 셀, 『초국적 기업에 의한 법의 지배』, 남희섭 옮김(후마니타스, 2009).

장하준, 『나쁜 사마리아인들』, 이순희 옮김(부키, 2007).

토머스 L. 프리드먼, 『렉서스와 올리브 나무』, 장경덕 옮김(21세기북스, 2009).

제3부
세계문제

세계 자본주의가 가난과 빈곤을 창출했다면, 이에 맞선 행동은 이윤 창출 동기에서 벗어나 자유로운 연대에 입각해 아래로부터의 변화를 추구한다. 국제적 감각을 지니고 인간적 공학을 연구해 실천하는 것은 지금도 진행형이다. 자신과 부유한 10%를 위해 일하는 90%의 공학설계자가 있다면, 우리에게는 아직도 가난한 전 지구의 인구를 위해 일하는 소수가 있다. 바로 이들의 행동이 멈추지 않도록 연결해줄 때다. 새로운 사회운동이 결합한 지구적 연대정치는 다시 우리의 희망이다.

제12장

정의로운 전쟁 논쟁

전쟁 정치에서 정당성 찾기

1979년 소련이 아프가니스탄을 침공했다. 사우디아라비아와 미국은 공조하여 소련을 막을 알카에다를 지원했다. 그런데 1991년 걸프전이 발발했다. 미군이 이라크 공격을 위해 사우디아라비아에 주둔하면서 알카에다와 미국 사이에 금이 갔다. 오사마 빈라덴이 미군의 주둔을 비판한 것이 화근이었다. 빈라덴이 반미 여론을 이끌면서 그는 미국의 적이 되었다. 미국이 빈라덴을 추격하자 그는 탈레반 정부의 아프가니스탄으로 숨어들었다. 그는 그곳에서 이슬람 네트워크를 구축해갔다. 빈라덴과 미국 간 균열은 2001년 9·11 테러라는 극단적인 반미 테러로 폭발했다. 그 후 10년간 미국과 알카에다의 대결이 지속되었다. 결국 2011년 미군이 알카에다의 최고 지도자 빈라덴을 사살하면서 '테러와의 전쟁'의 상징적 아이콘이 사라졌다. 그러나 빈라덴의 죽음 이후 국제사회의 불안정한 상황이 모두 종식된 것으로 믿는 사람은 아무도 없다.

알카에다의 핵심 지도자는 사라졌어도 테러는 계속된다. 알카에다는 반미, 반이스라엘의 상징적 테러집단이었다. 그것은 상징적인 의미를 지닐 뿐이다. 미국이 알카에다를 겨냥한 테러와의 전쟁을 선포한 이후 하마스·헤즈볼라·무슬림형제단 등 다양한 테러집단은 더욱 정치적으로 진화했다. 미국이 경계해야 할 대상은 오히려 더 많아졌다. 미국이 아프가니스탄 전쟁과 이라크 전쟁을 개시한 이후 세계는 더 불안해졌다.

테러에 대한 찬반 논란도 뒤죽박죽 전개되고 있다. 우리 주변에 테러리즘을 찬성하는 사람은 찾아보기 어렵다. 알카에다는 극단적 분파로 이슬람권에서도 공공의 적으로 여기는 사람이 많다. 일반적으로 사람들은 테러리즘이 불특정 다수의 인명 피해를 유발하므로 이들에 대한 억제는 정당하다고 말한다. 하지만 어떤 사람은 독립을 위한 무장단체를 테러리즘으로 몰아세우는 것이 부당하다고 생각한다. 나아가 알카에다 같은 테러집단도 자신들의 종교적·문화적 보호를 위한 무장단체로 보기도 한다. 테러리즘에 대해 명확하게 합의된 규정이 없기 때문에 무엇이 정의로운지 우리는 혼란스럽게 느껴진다.

테러리즘의 규정 자체가 본래 정치적이다. 지구적인 테러집단으로 알려진 알카에다도 처음부터 미국에 적대적이지는 않았다. 이러한 정치적 관계 때문에 부시가 알카에다를 겨냥해 테러와의 전쟁을 처음 선포했을 때 많은 사람이 부시의 선언을 의아해했다.

클라우제비츠Carl von Clausewitz가 『전쟁론Vom Kriege』에서 간파했듯이 모든 전쟁은 정치의 연장이다. 테러와 전쟁이 끊이지 않는 것은 대결과 대립의 정치가 지속되기 때문이다. 아마도 테러가 멈춘다면 그날은 모든 폭력 정치가 종식되는 날일 것이다. 테러 현상을 이해하려면 정치적 관계를 알아야 한다. 우리가 세계 정의를 찾고자 할 때에는 결국 전쟁의 정치적 정당성을 물어야 한다.

이슬람의 테러와 그에 맞서는 부시의 전쟁은 정당한가? 테러리즘을 공공의 적이라고 규정한다면 전쟁의 명분이 되는가? 어떻게 봐야 정의의 전쟁이 성립할 수 있는가? 전쟁의 정당성을 판단하려면 어떠한 기준이 필요할까? 복잡한 이 질문들의 해법을 찾기 위해 전쟁의 목적과 수단이 어떠해야 하는지부터 생각해보자.

정의의 전쟁은 무력행사를 정당화하기 위한 논리였다. 이러한 논리는 일찍이 성 아우구스티누스가 주장한 기독교 국가의 전쟁 정당화 논리에서부터 시작되었다. 국제법의 아버지 그로티우스는 전쟁 시 인도주의적 행동 기준을 따를 것을 주장했다. 그는 적의 명백한 무력 침공 행위가 피해를 야기하면 이를 응징하기 위해 자기방어적으로 치러지는 싸움만이 정의의 전쟁이라고 본다. 또한 전쟁이 도덕적이려면 반드시 무고한 민간인을 해치지 않는 정당한 수단만으로 전투가 치러져야 한다. 전쟁 목적의 정당성은 지도자가 전쟁을 수행하는 기준이 된다. 전쟁 수단의 정당성은 정의의 전쟁을 수행하는 데 사용할 수 있는 전술적 범위를 구체적으로 제한한다. 이에 따르면 전쟁 목적의 정당성과 전쟁 수단의 정당성을 모두 갖췄을 때에만 정의의 전쟁이라고 부를 수 있다.

정의의 전쟁을 전쟁의 목적과 수단을 기준으로 판단하는 것은 정의를 둘러싼 의견 차이를 봉합하는 비결처럼 보일 수도 있다. 하지만 국가들은 저마다 다른 정의를 내세운다. 정의의 규정 자체가 정치적이다. 그렇다 보니 정의의 명분을 내세우는 서로 각기 다른 정치 논리가 생겨났다. 정의의 전쟁을 적절하게 규명하는 것은 논란의 여지가 많은 까다로운 문제다.

위선적 명분만 남은 전쟁과 테러

2003년 3월 미국의 이라크 침공 이전에 미국의 부시 대통령은 이라크의 사담 후세인이 "지금까지 개발된 가장 치명적인 무기"를 보유 및 은닉한 확실한 증거가 있다고 주장했다. 더 나아가 부시 행정부는 후세인이 미국에 대한 9·11 테러를 지휘한 알카에다 테러 네트워크와 밀접하게 관련되었다고 주장했다. 이러한 우려와 주장은 거짓으로 드러났다. 9·11 테러를 전후로 한 기간에 주요 테러를 빈라덴이 후세인과 연계해 직접 지시하거나 명령한 증거는 없었다.

하지만 미국의 주장이 사실이었다면 어떻겠는가? 대량살상무기를 보유한 국가를 상상해보자. 그 무기를 제거하기 위해 전쟁을 벌인다면 이것은 정당화될 수 있는가? 그런데 우리가 잘 알고 있듯이 핵무기만큼 무서운 대량살상무기도 없다. 부시 정부의 논리대로라면 미국을 포함한 핵 보유 국가는 모두 전복해야 할 대상이 된다.

이라크에서 대량살상무기가 발견되지 않으면서 부시의 전쟁 수행 목적은 논리적으로 궁핍해졌다. 2005년 부시는 이라크 전쟁의 목적을 수정했다. 그는 이제부터 미국은 "이 세상에서 독재를 종식하는 궁극적 목표와 더불어 모든 나라와 문화권에서 민주주의 운동과 제도를 증진하는 것을 지원할 것을 촉구"한다고 선언했다.

이러한 선언은 힘의 억지력을 믿는 미국 내 현실주의자들에게조차 환영받지 못했다. 아버지 부시 정부에서 국가안보보좌관이었던 브렌트 스코크로프트Brent Scowcroft는 미국 현실주의 외교의 수장으로 알려져 있는데, 그조차 미국의 이라크 침공을 비판했다. 현실주의자들의 논리에 따르면, 진정한 현실주의자는 이타적인 인도주의적 활동을 위해 군사력을 사용하지 않기 때문이다. 미국의 현실주의자들은 이라크 침공이 미국을 더욱 안전하게 만드는 것이 아니라 더 취약하게 만들지 않을까 걱정한다.

반면에 자유주의자는 부시 행정부가 실제적 위협이 되지 않는 적에 대한 불법적 예방전쟁을 정당화하려고 '자유민주 평화이론'을 부적절하게 사용했다고 주장한다.[1] 중동에서 독재자를 쓰러뜨리고 무력으로 민주 정권을 수립하는 것은 "전통적인 인도주의적 개입에 대한 이해를 왜곡한 논리"라는 주장이다.[2]

성전을 주장하는 이슬람 테러집단의 논리도 들여다보자. 빈라덴은 육성이 담긴 비디오에서 다음과 같이 말했다. "우리는 자유인들이기 때문에 미국과 싸웠으며, 침략은 용납하지 않는다. 당신들이 우리의 안전을 망친 것처럼 우리도 당신들에게 똑같이 할 것이다. 우리는 결코 그 고층 빌딩들을 파괴할 의도를 갖지 않았다. 그러나 미국인과 이스라엘인으로 구성된 연합군이 팔레스타인과 레바논에 있는 우리 민족을 공격하는 것을 목격한 이후 나는 그 고층 빌딩들을 공격해야겠다는 생각에 이르게 되었다."

빈라덴에게 테러는 이슬람 문화의 보호와 자유를 위한 성전이다. 하지만 전통문화를 지키기 위한 방어적 테러는 정당화될 수 있는가? 이슬람 문화를 잘 알지도 못했고 그래서 반감을 품을 수도 없었던 사람이 어느 날 회사에 출근했다가 테러 공격으로 사망했다. 과연 빈라덴의 말처럼 9·11 테러는 이슬람 문화를 지키기 위한 정당한 테러였다고 할 수 있는가? 9·11 테러는 이슬람의 자유를 위한 것이라고 정당화할 수 있는가?

부시와 빈라덴은 서로 정당성을 내세운다. 집단 혹은 국가는 테러 행위 혹은 전쟁을 벌이는 목적을 결정하고 수행한다. 그런데 방어전이라는 명분은 허약한 면이 있다. 전쟁을 하고 있는 국민의 눈에는 모든 전쟁이 방어전 또는 적어도 예방적인 전쟁으로 보이기 때문이다. 전쟁 개시를 명령하는 사람들은 방어전이라는 명분에 그치기보다는 좀 더 보편적인 가치를 내세워 정당성을 보완하려고 한다. 전쟁을 수행하는 사람들은 그 목적이 '항상 추구할 만하고 누구나 인정하는 보편적 가치인가'라는 질문에 당당해지기 위해 공감을 얻으려 한다. 부시와 빈라덴은 자신들이 내세운 무력행사의 목적이 보편적 가치로서 존중받기를 원했다. 그들은 자신의 행위를 성스럽거나 정의롭다고 주장한다.

하지만 부시 정부가 전쟁 수행의 목적으로 제시한 민주주의 수호는 수사에 그친다. 이라크 전쟁은 잘못된 정보에 기초해 벌인 엉뚱한 전쟁이거나 9·11 테러에 대한 국내 불만을 잠재우기 위한 국면 전환용, 그것도 아니면 석유를 위한 전쟁이다. 빈라덴이 죄 없는 사람들을 대상으로 '피의 복수'를 한 것 역시 성전으로 추앙할 수 없다. 신이 무고한 시민을 사살하라는 명령을 내렸다면 우리는 더 이상 신을 숭배할 이유가 없어진다. 정의의 전쟁을 논하려면 무엇보다 먼저 미사여구를 정의의 전쟁을 판단하는 기준에서 제거할 줄 알아야 한다.

독재국가의 민주화를 위해 전쟁을 해도 될까

가식적인 수사가 아니라 전쟁 목적에 최소한의 진정성이 있다면 그것은 정의의 전쟁일 수 있는가? 2011년 미국을 중심으로 한 나토군의 리비아 침공을 떠올려보자. 아랍권 민주화의 연속선상에서 리비아 시위가 주목받았다. 물론 리비아는 민주화 시민혁명의 성격이 짙었던 튀니지, 이집트 등과 다르다. 리비아의 정치 지형은 '민주 대 반민주'의 대결 구도가 아니었다. '카다피와 반카다피'의 대결이었다. 초기부터 내전이었다. 반카다피 진영의 국가 전복 성격이 짙다. 하지만 민주주의에 대한 순수한 열망만이 있었다고 가정해보자. 튀니지와 이집트의 사례를 대입해보는 것도 좋다. 독재 국가에 맞서는 민주화 시위를 지원하기 위해 전쟁을 수단으로 삼는 것은 정의의 전쟁이라고 볼 수 있는가?

그로티우스는 목적과 수단의 정당성이 정의의 전쟁을 판단하는 일차 요건이라고 밝혔다. 민주화 지원이라는 목적을 가지고 과도한 무력 개입을 자제하면서 전쟁을 수행한다면 정의의 전쟁이 될 수 있는가? 먼저 민주화 지원이라는 목적이 전쟁 수행에서 타당한지를 따져봐야 한다. 민주주의가 거부할 수 없는 시대의 논리가 된 것은 맞다. 하지만 민주주의를 정의하고 구체적인 제도의 문제까지 파고들어 간다면, 민주주의는 한마디로 정의하기 어려운 가치다. 이를테면 최소한의 선거 절차를 확립하기 위한 전쟁인지, 아니면 인민민주주의를 확립하기 위한 전쟁인지 등을 놓고 논란이 생긴다.

전쟁 수단의 측면에서 과도한 무력 개입은 아닌지 하는 문제도 고려해야 한다. 유엔은 리비아 정부가 대규모 민간인 학살을 자행하지 못하도록 비행금지구역 설정을 결의했다. 그런데 전투기 폭격을 포함한 무력 공세로 리비아 내전에 개입했다. 이것이 적절한 수단인지를 놓고 논란이 발생한다.

정의의 전쟁에 관한 본질적인 논의를 하기 위해 다시 전쟁의 목적과 수단에 문제가 없는 경우로 단순하게 설정해보자. 민주화는 인류의 보편적 가치로까지 승화될 수 없을지 몰라도 정당성을 갖는 중요한 가치라고 인정할 수 있다. 그리고 전쟁 수단도 리비아 정부군에 대한 선택적 폭격이었다고 생각해보자. 그러면 정의의 전쟁은 성립하는가?

여전히 대답하기 곤란하다. 왜냐하면 정의의 전쟁을 규정짓는 자가 누구냐에 따라 다를 수 있기 때문이다. 정의의 전쟁을 규정하는 내용은 추상적이지만, 어떤 전쟁을 정의의 전쟁으로 적용할 것인지는 매우 현실적인 문제다. 현실적으로 전쟁의 목적과 수단을 어떻게 규정하고 적용할지 다시 생각해야 한다.

기존 논의는 사실 전쟁을 수행하는 국가의 입장에서만 말한다. 전쟁을 개시하는 국가가 특정한 가치를 보편적 가치로 규정했고, 그것을 목적으로 삼았으며, 그 수단으로 전투기 폭격을 사용했다. 폭격을 받은 국가나 국민은 전쟁의 대상, 즉 악으로 규정될 뿐 그 입장이 특별히 고려되지 않았다. 전쟁 수행국의 입장에서만 전쟁의 목적과 수단이 정당한지를 판별한다면 제국주의 전쟁에서 나타난 주장과 유사해지는 함정에 빠진다.

국민 보호 책임은 정의로운 전쟁의 명분이 될 수 있는가

인구 700만 명에 불과한 르완다는 한반도 면적의 10분의 1에 해당하는 작은 나라로 다수의 후투족(85%)과 소수의 투치족(15%)이 뒤섞여 있었다. 후투족과 투치족은 얼굴 생김새부터 생활문화에 이르기까지 서로 달라 반목과 대결의 역사를 반복해왔다. 1994년 4월 6일, 아프리카 중동부에 있는 르완다 상공에서 이 나라 대통령이 탄 항공기가 미사일에 격추되었다. 후투족 대통령의 피살은 종족 갈등으로 번지면서 투치족에 대한 피의 보복으로 이어졌다. 불과 100여 일 만에 후투족이 투치족 80여 만 명을 학살하는 '르완다 사태'가 벌어졌다.

1998년 동유럽에서는 분리 독립을 요구하는 알바니아계 코소보 주민과 세르비아 정부군 사이에 유혈 충돌이 발생했다. 슬로보단 밀로셰비치 신유고연방 대통령은 알바니아계 주민을 상대로 '인종청소'를 벌였다. 약 10만 명의 목숨을 앗아갔고, 약 30만 명은 난민이 되었다. '코소보 사태'는 탈냉전 시기의 가장 큰 비극으로 기억된다.

르완다와 코소보 사태는 국제사회에 큰 충격을 주었다. 두 사건은 가장 잔혹한 반인륜 범죄 중 하나로 기록되었다. 지구촌에서 끔찍한 일이 벌어지는 동안 국제사회는 무엇을 했는가라는 자성이 일어났다. 그 결과물 중 하나가 2005년 9월 유엔세계정상회의에서 채택된 '국민 보호 책임Responsibility to Protect: R2P 또는 RtoP' 개념이다. "국제사회는 전쟁범죄, 대량학살, 반인륜적 범죄, 인종청소에 위협받는 개별 국가의 국민을 위해 평화적 수단이 통하지 않을 경우 집단적 무력 사용collective use of force을 포함한 강력한 조치를 취해야 한다"라고 선언했다.3

유엔은 리비아 사태에 대한 국제사회 개입의 이유로 '보호 책임'을 제시했다. 반기문 유엔사무총장은 "시민을 상대로 중화기를 사용하지 못하게 필요한 조치를 취하도록 명령했다"라면서 "국제사회가 보호 책임 개념을 적용해서 나선 첫 사례"라고 밝혔다. 국가가 국민을 보호하지 못하면 국제사회가 나서겠다는 것이다. 이것은 즉각적으로 주권 침해 논란을 불러일으켰다.

주권 침해가 아니라고 주장하는 측에서는 보호 책임이 리비아 정부에 있지만, 정부가 못 한다면 국제사회가 불가피하게 개입할 수 있다고 강조한다. 주권은 권리가 아니라 의무라는 것이다. 반면에 한쪽에서는 국제사회의 주권 침해를 우려한다. "리비아의 미래와 카다피 정권을 포함한 정치적 선택은 리비아 국민의 문제이지 우리가 결정할 사안이 아니다"라는 방관적 입장을 보이기도 한다.

민주화나 국민 보호 책임을 근거로 전쟁을 벌이는 것은 정의의 전쟁일 수 있는가? 한 국가 내에서뿐만 아니라 국가 사이에서도 정치적 입장의 차이를 고려한다면 정의의 전쟁 논쟁은 훨씬 복잡해진다. 특히 전쟁 당사국의 국민 입장에서 전쟁의 정당성을 묻지 않는다면 정의의 전쟁에 대한 규정 그 자체에 근본적인 회의가 든다. 이 점은 그로티우스도 미처 고려하지 못한 부분이다. 따라서 정의의 전쟁 논쟁도 국가와 국민의 입장, 즉 세계정치의 중심 문제인 주권 문제를 명확하게 짚고 넘어가지 않고서는 정리되기 곤란하다.

인민주권으로 정의의 전쟁 판단하기

무엇이 주권 침해인가 하는 문제는 주권 개념을 명확하게 정의하지 않고서는 규명될 수 없다. 모든 권력은 인민에게서 나온다. 민주주의 체제에서 주권은 인민주권을 의미한다. 인민주권이 다수의 의사로 권력의 원천이기 때문에 주권은 대내 최고성을 지닌다. 또한 주권은 대외 독립성을 지닌다. 다른 국가의 무력 개입에 반대하는 불간섭주의의 근거는 특별히 대외 독립성 개념에 의존한다.

주권의 근원은 인민주권이다. 인민이 스스로 선언한 주권을 존중해야 한다. 모든 정치권력은 인민으로부터 나오며 대외 독립성(불간섭주의) 원리도 인민의 의사로부터 비롯된다. 인민주권을 부정하거나 왜곡하는 정치지도자가 대외 독립 주권을 강조하는 것은 어불성설이다. 불간섭주의는 단지 주권 국가의 지도자가 외부의 간섭에서 벗어나 자국 국민을 억압하는 데 적용할 수 있는 근거가 아니다. 만일 국가의 인권 탄압조차 자국의 문제이므로 신경을 끄라고 한다면 불간섭원칙에 대한 왜곡이다. 현대 국제법은 어떤 경우에도 한 국가의 영토 안에서 벌어지는 모든 일이 '국내 문제'라는 이유로 보호받아야 한다고 하지 않는다. 자국의 민간인을 학살하는 국가의 행위는

'합법적' 행위로 간주될 수 없다. 한 국가의 권력은 엄연히 인권 주권에 기초해 성립하며, 국제법 역시 인간의 존엄성을 존중하기 때문이다.

무력 개입 여부에서 주권 침해가 문제가 된다면 그것은 다른 국가지도자나 국제기구가 판단할 문제가 아니라 그 나라의 인민에게 물어볼 문제다. 주권을 거론한다면 이제 해당 국가의 정치적 지도자의 발언이 아니라 그 구성원의 입장에서 정의의 전쟁을 논해야 한다. 유엔의 무력 개입은 개별 국가 인민의 동의가 필요한 문제다. 국가 위의 권력체가 실질적으로 전쟁에 개입할 수 있는 힘은 국가로부터 위임받아야 한다. 그 위임은 국가 구성원의 공공적 동의에 기초해야 한다. 그러기 위해서는 국가의 이성을 높일 수 있는 전략이 절실하다. 전쟁의 선택은 '동원된' 인민의 의사가 아니라 '자발적'인 의사에 기초해야 하며, 또한 이성적이고 교육받은 의사에 기반을 두어야 한다. 민주주의의 심화가 요구되는 것은 이 때문이다.

독재체제에서 억압을 받던 인민의 의사를 파악할 때에는 더욱 신중해야 한다. 단순하게 생각해서 억압된 인민의 의사를 다른 국가지도자나 국제기구가 대변하면 인식과 판단의 오류가 빚어진다. 이를테면 이라크 전쟁 당시 미국은 이라크 국민이 오랜 독재로 자유가 억압되었다고 생각해 미군의 공격이 이라크 국민에게 대대적으로 환영받을 것이라 기대했다. 하지만 연합군임시통치기구Coalition Provisional Authority: CPA에서 시행한 여론조사에 따르면, 약 80%의 이라크 주민은 미군을 해방군이 아니라 침략군으로 인식했다. 따라서 자유를 억압받던 인민이라 하더라도 다수 인민의 의사를 자의적으로 해석하고 감행한 이라크 전쟁은 정의의 전쟁일 수 없다.

전쟁의 명분에 동의할 수 있고, 그 수단 역시 적절하다고 판단되더라도 해당 국가의 고통받는 인민이 동의하지 않는다면 전쟁을 벌여서는 안 된다. 해당 인민의 동의 없는 무력 개입은 오직 전쟁을 시작한 자 혹은 그 국가만의 정의에 지나지 않는다. 인민의 동의에 의거하지 않으면 정의의 전쟁은 수행될 수 없으며, 그것은 침략전쟁일 뿐이다.

동의에 의한 전쟁?

제국주의 시대에 티모르 섬은 포르투갈, 스페인, 영국, 네덜란드, 일본 등으로부터 번갈아 지배를 받았다. 1978년 내전을 거쳐 독립 '동티모르 민주공화국'의 건국을 선포했지만, 정부를 수립한 지 불과 9일 만에 수하르토 정권하의 인도네시아에 무력으로 강점되었다. 무력 침공 2개월 만에 동티모르 전체 인구의 10%에 이르는 6만여 명을 학살한 인도네시아군은 저항운동을 파괴하는 과정에서 납치, 고문, 강간, 즉결처분 등 반인륜 행위도 서슴지 않았다.

동티모르 피식민지 인민은 자신들을 인도네시아군의 학살로부터 지켜달라고 국제사회에 열렬히 호소했다. 2002년 동티모르는 국제적으로 완전히 독립한 국가가 되었지만, 유엔의 인도주의적 개입이 무력 분쟁으로까지 이어졌다면 이때는 정의의 전쟁이라 부를 수 있을 것이다. 그러나 그럴 때에도 그것을 정의의 전쟁으로 규정하는 데 의심할 여지가 없는 것은 아니다. 전쟁 개시에 대한 동의를 지나 전쟁을 하는 동안에도 그 전쟁이 정의롭다는 찬사를 언제까지 보낼 수 있을까? 다시 정의의 전쟁에 대해 의심하게 된다.

전쟁의 실제 모습은 항상 전쟁의 목적을 의심하게 만든다. 전쟁 포로에 대한 학대나 전사자 시신에 대한 희롱 및 훼손 등 전투 현장에서 벌어지는 각종 비윤리적 행위는 정의의 전쟁에 대해 근본적인 회의감이 들게 한다. 전쟁이 벌어지는 장소는 인간의 존엄성이라는 가치가 얼마나 형식적으로 취급되는지 확인할 수 있는 끔찍한 현장일 뿐이다.

어떤 사람은 무력 개입에서 주권과 인권을 조화시키고자 한 것이 보호 책임 논리라고 주장한다. 그러나 여기에도 유엔평화유지군이 파병 지역 주민의 인권을 침해할 때는 어떻게 할 것인가 하는 딜레마가 있다. 어느 나라의 군대인지는 중요한 쟁점이 아니다. 어느 군대이든 전쟁이 수행되는 과정에서 나타나는 인권의 파괴는 일상적이다.

전쟁의 목적은 도덕과 윤리에 기반을 둔다. 그러나 전쟁의 수행에는 강력한 전투력이 동원된다. 전쟁을 개시할 때의 목적은 전쟁이 수행되는 즉시 치명적인 무력행사로 최초의 취지에서 멀어지고 만다. 전쟁을 수행할 때 수단은 항상 비윤리적이기 때문이다. "전쟁은 그것을 결정하고 끌고 가는 사람들이 하는 것이지, 전쟁이 짧고 즐거우리라는 환상을 품으면서 그것을 요청한 사람들이 하는 것이 아니다."[4]

전쟁의 목적과 수단을 분리해 정의의 전쟁을 논하기는 어렵다. 해당국 인민이 원한 인도주의적 개입이라는 정당성에 동의하더라도 전쟁 수행 도중에 개별 국가 국민의 희생이 나타나지 않는가? 비록 전쟁 당사국 국민이 외부의 무력 개입을 요청했다고 하더라도 의도하지 않은 피해를 보는 당사자 개개인의 처지에서는 더욱 거북스러운 것이 전쟁이다.

전쟁은 현실이다. 전쟁의 현실을 보도한 신문 기사를 보자. 나토군 전폭기가 투하한 것으로 추정되는 폭탄에 리비아 반군 13명이 숨진 사건이 발생했다. 이 사건으로 오른쪽 다리를 잃고 얼굴에 화상을 입은 19세의 반군 전사 이브라힘 알 샤하이비는 벵가지의 자라아 병원에서 "그것은 숙명이었다"라며 "그들은 우리를 카다피 부대원으로 생각했을 것"이라고 AP통신에 말했다. 반군의 대표 기구인 국가위원회 측은 "매우 유감스러운 일"이라면서도 더 큰 대의를 위해서는 다소간의 희생은 어쩔 수 없다며 카다피 부대에 대한 공습을 계속해달라고 나토에 요청했다. 국가위원회의 무스타파 게리아니 대변인은 "이것이 전쟁이고, 전선은 앞뒤로 오가며 유동적으로 형성되기 때문에 실수가 생기는 것은 당연하다"라며 "우리는 더 큰 그림을 봐야 한다"라고 말했다.5

하지만 다른 언론 보도에서는 민간인 희생의 문제점을 부각해 오폭 문제를 놓고 논란이 일었다. 민주화를 위한 전쟁이라는 정당성에도 금이 갔다. 의도하지 않은 전쟁 피해는 정치적인 재발 방지 약속으로 귀결되는 데 그친다. 죽은 자식의 주검을 끌어안은 부모가 리비아 반군 측의 입장처럼 '이것이 전쟁이다'라는 식으로 민주화를 위한 어쩔 수 없는 죽음이라고 스스로를 위로할 수 있겠는가?

군사작전은 항상 예측 불가능한 측면을 내포하며 무력 사용에는 무고한 희생자가 발생한다. 어떤 명분이 있더라도 살상무기를 사용하는 것은 인권 차원에서 보면 항상 실패하는 선택이다. 특정 민간인을 구하기 위해 다른 민간인을 위험에 빠뜨리겠다는 논리이기 때문이다. 물론 유엔이 중오도 실책도 없는 완벽한 무력 개입 계획을 세울 수는 있다. 하지만 그 계획을 구체적으로 실행할 임무를 부여받은 군대와 군인은 다양한 성향과 방법, 욕구에 따라 실행한다. 이것이야말로 전쟁이다.

요컨대 인민 동의와 요청으로 이루어진 파괴 행위는 정의의 전쟁에 관한 생각을 시험하는 최종적인 시험대다. 인민의 동의라는 최종적 요건을 갖췄다면 정의의 전쟁을 치른 국가 혹은 집단이 어떠한 수단을 쓰더라도 이를 비판하기 어려울 것이다. 하지만 인민의 동의는 전쟁의 시작점에서나 의미가 있다. 전쟁 수행 과정에서 나타나는 전쟁의 피해에 대해 인민의 동의가 어느 정도 이루어졌는지에 대해서는 아무도 말하지 않는다. 무력 개입이 엄격한 전략 속에 최후의 수단으로 사용되면 그나마 다행일 뿐이다.

정의의 전쟁은 없다

어떠한 이유로 벌어진 전쟁이든 참극을 초래하는 그것을 우아하게 표현할 수는 없는 법이다. 결론적으로 정의의 전쟁은 없거나 극히 예외적으로 존재할 뿐이다. 물론 정의의 개념을 지나치게 접근하기 어려운 개념으로 제한하면 정의를 추구하는 다양한 시도를 봉쇄할 수 있다. 하지만 전쟁 이전에 다른 수단이 있다면 그것을 강구하는 것을 최우선으로 고려해야 한다는 점에는 의심의 여지가 없다.

유엔헌장은 무력 사용을 고려하기 전에 전쟁이 확산되는 것을 막기 위해 '분쟁의 평화적 해결' 방법을 찾아야 한다는 원칙을 내세운다. 중재임무 수행, 사절단 파견, 국제사법재판소 제소 등은 적절한 수단이다. 국제 평화를 동요하게 하는 국가를 격리해 경제적 불이익을 주고, 이러한 격리가 효과를 볼 수 있도록 견제와 감시를 하는 것도 좋다. 이 원칙에는 과거나 현재나 그리고 국가, 기업 등 누구에게나 예외가 없어야 한다.

독재정권을 상대로 이루어지는 무기나 석유를 포함한 모든 거래를 중단하기 위한 명확한 조치가 필요하다. 움베르토 에코Umberto Eco가 말했듯이, "사담 후세인에게 압정 하나라도 판매하는 서방 기업을 모두 종신형에 처하게 한다면, 1년 이내에 그의 공격 및 방어 기술은 대부분 쓸모없어질 것이다."[6] 독재정권을 지원한 어느 누구도 예외 없이 처벌하는 '처벌의 확실성'이 적용되어야 한다.

오바마는 아랍계가 민주화 요구를 받아들인다면 경제적 인센티브를 주겠다고 제안했다. 이것 역시 고려해볼 만한 여러 방안 중 하나다. 가장 호전적인 국가에 폭압적인 족쇄를 채우지 말고 최선을 다해 평화를 향해 달리게 하라. 단 그 길에서 벗어나면 불편을 넘어 빈곤해질 것이고, 국가지도자들은 전범으로 체포되어 권력의 유지 자체가 위태로울 수 있다는 것을 명심하게 하는 것은 좋은 방법이다.

무력 수단은 다른 모든 수단이 평화 유지에 실패했을 때 마지막으로 어쩔 수 없이 고려할 수 있으나, 그럼에도 여전히 '나쁜' 선택이다. 잔인한 선택지만 남겨두고 처음부터 군사적 개입만이 전부인 것처럼 사고하는 데서 비극은 시작된다. 군사적 개입이 마술을 부려 모든 국가 간 정치 문제를 해결해줄 수 있으리라는 근거 없는 믿음이 우리가 경계해야 할 가장 무서운 적이다.

∴ 이 야 깃 거 리

1 테러와 전쟁은 본질적으로 차이가 있을까?
2 테러의 완전한 제거는 가능할까?
3 테러와의 전쟁은 평화적으로 종결될 수 있는가?
4 폭정과 인권 유린은 인도주의적 군사 개입을 정당화하는가?
5 전쟁이 목표한 도덕적 이상이 전투에 따른 피해를 충분히 보상할 수 있을까?

∴ 읽 을 거 리

메리 와인 애슈포드·기 도운시, 『평화 만들기 101』, 추미란 옮김(동녘, 2011).
노암 촘스키 외, 당대비평·평화네트워크 공동기획, 『전쟁과 평화』(삼인, 2002).
참여연대 국제연대위원회, 『세계분쟁과 평화운동』(아르케, 2004).

제13장

세계 금융위기와 구제금융 논쟁

2008년 미국의 가을

2008년, 세계를 주름잡던 미국이 금융위기로 휘청거렸다. 월스트리트의 은행을 비롯한 여러 금융기관은 그동안 주택담보대출(서브프라임 모기지)을 바탕으로 수십억 달러를 투자해왔다. 이전의 여러 해 동안 가상의 금융시장이 확장되면서 주가와 부동산 가격이 가파르게 올랐다. 그러다 집값 거품이 꺼지면서 미국 경제가 곤두박질쳤다. 은행 융자를 안고 집을 산 수백만의 미국 가계가 빚을 갚지 못하게 되자, 한때 기세등등했던 월스트리트 기업들이 벼랑 끝에 내몰렸다.

2008년 9월 15일, 미 역사상 최대 규모의 파산 사태가 발생했다. 거대 투자은행인 리먼브러더스가 서브프라임 모기지 사태의 후유증으로 쓰러졌다. 자산 규모만 무려 6,390억 달러(당시 환율로 한화 약 830조 원)에 이르는 초대형 기업의 도산이었다.

리먼브러더스의 부도 사태 직후 3조 6,000억 달러에 이르는 미국의 기업 어음CP 시장뿐 아니라 세계 금융시장이 완전히 마비되었다. 세계 증시에서는 일주일 만에 주가 폭락으로 2조 8,500억 달러가 순식간에 증발했다. 주식시장이 붕괴하면서 대규모 투자자뿐 아니라 일반인까지 금융자산이 거덜나고 퇴직금 계좌에 구멍이 뚫렸다. 2008년 미국 재정의 손실은 총 11조 달러에 이르렀다. 이는 독일·일본·영국의 연간 총생산액을 합친 것과 맞먹는 수치다.

2009년 모래 위의 성, 두바이

미국에서 시작된 금융위기는 연간 경제성장률이 10%를 넘었던 중동의 초고속 성장 국가도 무너뜨렸다. 그동안 두바이는 초고층화와 초대형화, 초호화 등 극단적 개발 방식을 차별화 전략으로 채택했다. 투자자들이 보기에 두바이는 최고였다. 두바이는 7성급 호텔을 건설했다. 이후 야자수 모양의 인공섬을 조성하고 그 위에 호화 주거 및 위락 시설을 갖출 종합관광 레저타운(팜 아일랜드), 세계 지도를 형상화한 300개의 인공섬(더 월드), 800미터 높이의 세계 최고층 빌딩(버즈 두바이), 미국 디즈니랜드의 8배 규모인 세계 최대 테마파크(두바이랜드) 등으로 상징되는 두바이의 야심찬 거대 프로젝트는 무한한 성장 가능성을 예시해주는 브랜드였다.

세계 최대라는 수식어는 금융자본의 구미를 당겼다. 두바이는 금융자본의 투자를 불러들이고자 더 많은 것을 시장에 내놓았다. 경기도 면적의 절반도 안 되는 땅에 10곳 가까이 들어선 경제자유구역free zone 을 비롯해 202개국 출신의 사람들, 24시간 운영하는 공항, 영어 공용, 세금 면제free tax,

노조 활동 금지 등은 해외 자본을 불러들이는 데 적절한 유인책이 되었다. 주변 중동 국가와 유럽, 미국 등에서 투자자의 발길이 끊이지 않으면서 두바이의 자산 가격은 천정부지로 치솟았다. 일부에서는 투기 현상도 나타났다. 돈을 끌어다 투자에 나선 사람도 많았다. "두바이에서는 부동산 투기가 국민 스포츠였다."[1]

그러나 해외 투자 유치가 항상 어둠 속에 빛을 가져다주는 것은 아니다. 부동산 거품이 꺼지면서 두바이에도 위기가 찾아왔다. 2009년 11월 15일, 두바이 자치정부가 최대 국영기업인 두바이월드의 채무에 대해 모라토리엄(채무 지급 유예)을 선언했다. 두바이월드의 부채 규모는 590억 달러로 두바이 전체 부채 800억 달러(약 94조 원)의 약 75%에 이른다. 모라토리엄 선언 이후 부동산 값은 절반 이상 하락했다. 주요 건축 사업은 연기 또는 취소되었다. 모라토리엄 선언과 함께 GDP 성장률도 크게 둔화되었다.

두바이 위기는 전 지구적 경제위기로 나아갈 위험성을 안고 있었다. 두바이의 부도 사태는 유럽 증시를 큰 폭으로 내려앉히며 유럽계 은행을 위기로 내몰았다. 유럽계 은행이 두바이에 약 400억 달러를 빌려준 탓이다.

2010년 그리스 신전이 무너지다

미국에서 시작된 금융위기는 세계 자본주의국가의 약한 고리를 찾아 배회했다. 위기는 두바이를 거쳐 그리스까지 확산되었다. 그리스는 재정적으로 매우 허약한 국가였다. 그리스에서는 탈세가 만연했고, 공공 서비스 부문 예산이 비효율적이고 과도하게 컸다. 2009년 그리스의 재정 적자는 GDP의 15.4%에 달했다. 공공부채도 GDP의 126.8%에 달했다. 엎친 데 덮친 격으로 금융위기가 그리스를 강타했다. 세계 금융위기가 한 국가를 통째로 날려버릴지 모른다는 위기감이 확산되었다.

그리스 정부는 EU와 IMF에 도움을 요청했다. 미국 연방준비은행의 지원까지 등에 업고 IMF와 EU는 1,100억 유로(1,400억 달러)를 그리스에 지원했다. 하지만 이런 금융지원은 공짜가 아니다. 그리스는 2012년까지 재정적자 비율을 2년 이내 3% 미만으로 끌어내리도록 강요받았다. 공공 부문의 각 부처는 예산을 줄이고 고용을 줄이거나 임금을 삭감했다. 이것만으로도 그리스 국민의 허리가 휘었지만, 이러한 조치로는 충분하지 않았다.

다급해진 그리스는 국가 영토를 시장에 내놓았다. 영국 일간지인 《가디언》은 2010년 6월 24일 자 기사에서, 그리스가 세계적인 관광지인 미코노스 섬의 약 3분의 1을 차지하는 국유지를 내놓고 고급 관광단지를 조성할 매수자를 찾는다고 전했다. 그리스는 재정위기로 에게 해 섬 상당수를 매각하거나 장기 임대하기로 했다. 그리스 정부는 국민 자산을 해외 자본가들의 휴양지로 팔아야 했다. 그리스 정부가 이렇게 해서 얼마나 버틸 수 있을지 아무도 모른다.

규제 완화가 초래한 금융위기와 삶의 파괴

세계 금융위기는 인간이 통제할 수 없는 요소 때문에 발생한 것처럼 보였다. 파산으로 문을 닫은 회사의 최고경영자들은 자기들도 통제 불능의 '금융 쓰나미'의 희생자라고 주장했다. 회사가 쓰러진 까닭은 거대한 경제적 힘 때문이지 금융자본가 자신의 결정 때문이 아니라는 것이다. 미국의 금융위기가 두바이, 그리스 등으로 이어지면서 '금융 쓰나미'는 더욱 적절한 비유가 되었다.

하지만 세계 금융위기는 기본적으로 국가가 금융의 자유화를 허용해 국제 금융체제가 무질서해진 탓에 발생했다. 일찍이 외환시장이 변동환율제로 전환하면서 더 많은 참여자들이 머니게임에 뛰어들게 되었고, 그만큼 시장의 불안정성도 증대되었다. 금융자본은 국제 금융체제를 쥐락펴락했고, 국가는 뒤로 물러나 앉았다. 은행들은 고삐 풀린 망아지처럼 새로운 상품 투자에 물불 가리지 않고 뛰어들었다. 규제를 받지 않는 자본은 자기 자본을 잠식하며 채권 총액을 늘렸다. 2007년 말 미국 은행의 채권 총액이 자기 자본의 30배에 달했던 사실도 결코 정부의 허술한 규제와 무관하지 않다.

이처럼 국가의 규제를 받지 않고 자유롭게 국경을 넘나드는 금융자본은 여러 국가의 안정적인 경제성장을 훼손할 가능성이 크다. 미국에서 시작된 금융위기가 전 세계의 경제위기로 확산되면서 두바이에 투자되었던 외국자본이 급속히 빠져나가며 두바이의 기적도 더는 지속될 수 없게 되었다. 외국자본에 의존한 발전은 공통적으로 세계적 유동성 위기에 취약하다. 성장가도를 달렸던 아이슬란드, 아일랜드 같은 나라들도 애초에 글로벌 금융자본주의가 부흥을 누리는 동안에만 한시적으로 부흥할 운명이었다.

세계 금융위기가 확대되면 세계시민의 삶은 필연적으로 파괴되기 마련이다. 국가가 적극적으로 나서서 투기적 금융자본을 규제하는 정책을 서둘러야 할 까닭이 여기에 있다. 서민들이 접근해본 적도 없는 금융 세계의 일들이 서민 삶에 직접적으로 타격을 준다. 금융의 지구화라는 세계적 현안이 세계 반대편 지역 공동체의 운명을 결정하게 되었다. 서구의 금융체제는 거대한 카지노를 닮았다. 수전 스트레인지Susan Strange가 지적했듯이 현재의 금융체제는 '카지노 자본주의' 체제다.2

환율의 변화는 농부가 재배하고 있는 곡물 가격을 절반으로 떨어뜨리거나 수출업자를 망하게 할 수도 있고, 이자율의 상승은 가게 주인들이 대출받아 창고를 운영하는 비용을 치명적으로 올린다. 또 금융상의 이유로 생겨나는 기업 인수 때문에 공장의 노동자들이 일자리를 잃게 된다. 이처럼 이제 막 학교 교육을 마친 사람들부터 은퇴 후 연금으로 살아가는 이들에 이르기까지 우리 모두의 일상적 삶은 거대한 금융 중심가들의 사무실에 존재하는 카지노에서 벌어지는 일들로 갑작스럽고 예측 불가능하며 불가피한 영향을 받게 된다. 금융 세계를 지배하고 있는 불확실성은 국가와 정부의 운명, 나아가 국가 간의 관계에 영향을 미칠 뿐 아니라 개인의 삶에도 절대적인 영향을 미친다.

금융위기를 맞아 그동안 기업들은 대응책을 내놓기는 했으나 오히려 가난한 사람들은 고용 악화의 직격탄을 고스란히 맞아 삶은 송두리째 파괴되었다. 금융위기로 경영이 어려워진 기업들은 그 대응책으로 긴축경영을 하게 된다. 이때 손쉽게 비용을 줄이는 방법으로 정리해고를 선택해왔다. 금융위기는 임금노동자를 궁지로 몰아넣는다. 경제위기 때마다 대량 해고의 물결은 이제 일상이 되어버렸다. 수천수만 명을 저임금에, 또 다른 수천수만 명을 낮은 퇴직 소득에 묶어버렸다. 노동자의 사회적 권리는 뿌리째 뽑혔다. 기업의 위급 상황을 들어 이전에는 생각조차 못 할 일로 여겨졌던 것이 공공연하게 눈앞에서 벌어지고 있다.

국가가 직접 서민의 삶을 구제하지 않고서는 기업의 일시적 대응은 한낱 허울에 지나지 않는다는 것이 입증되었다. 국가는 국제 금융위기를 그대로 방치한 채 그것이 자연 치유되도록 기다릴 수만은 없다. 특히 금융위기가 서민 경제의 붕괴 조짐으로 나타나기 때문에 국가는 넋 놓고 있어서는 안 된다.

자유주의국가에서 구제금융의 전개

2008년 10월, 부시 대통령은 은행을 비롯한 금융기관을 구제하기 위해 의회에 7,000억 달러 구제금융 지원 승인을 요청했다. 금융시장의 시장 원리에 따라 작동될 것을 주창하고 정책으로 추진하던 자들이 정부에 의한 시장 개입을 주도한 것은 모순이다. 하지만 미국 정부는 무엇이든 해야했다. 은행을 비롯한 금융기관이 워낙 거대하게 성장했고 모든 경제 부문과 복잡하게 얽힌 탓에, 이들이 무너지면 금융체계 전체가 무너질 판이었다. 이들은 무너지라고 그냥 두기에는 너무 비대했다. 미국 정부가 지키고자 한 것은 금융체계였으며 금융시장이었다. 최후까지 정부가 시장을 지켰다. 하지만 미국처럼 자유주의를 신봉하고 이를 세계에 확산시킨 나라에서 정부의 강력한 개입 조치가 나오기까지는 우여곡절이 많았다.

자유시장경제를 찬양하는 사람들은 구제금융을 맹렬하게 공격했다. 신자유주의자들이나 보수적인 공화당원들은 "월스트리트의 고통을 가져다가 납세자들 사이에 퍼트리는 거대 구제금융은 해결책이 아니며, 금융사회주의이자 비미국적"이라고 비판했다.

자유주의자들은 기업 활동을 억제하는 정부의 개입과 경제위기 극복을 위한 정부 개입을 구별하지 않고 동일하게 본다. 그들은 모든 위기의 원인을 아직 자유시장에 도달하지 못한 탓으로 돌린다. 여전히 국가 개입이 많다는 지적이다. 자유주의자들은 시장의 원리를 더욱 급진적으로 적용할 것을 주문한다.

이런 흐름에 자유주의자들의 조직적인 조세저항운동인 '티파티Tea Party' 시위대가 가세했다. 그들은 잘못을 저지른 은행을 납세자의 희생을 바탕으로 지원하는 것이 '도덕적 해이'를 불러올 뿐이라며 반대했다.

위험한 투자 결정으로 이득을 볼
수 있지만 실패하면 자연 도태되는
것이 자본의 원리라고 믿는 것이 경
제위기 상황에도 여전히 유효하다면
오늘날 금융위기에서 정부는 아무것
도 하지 말아야 한다. 그러나 자유화
된 국제 금융체제에서 엄청난 수익
을 창출한 사람들이야말로 금융체제
의 붕괴를 넋 놓고 볼 수 없었다.

구제금융을 주도한 사람은 사회주
의자가 결코 아니었다. 벤 버냉키Ben
Bernanke 연방준비제도이사회 의장이
나 금융자본주의를 대표하는 꽃인

> ✔ **티파티와 커피파티**
>
> 티파티는 1773년 미국 독립전쟁 당시 보
> 스턴 차 사건에서 비롯되었다. 영국의 '대
> 의(代議) 없는 과세'에 반대하여 일어난 조
> 세저항운동에서 출발한 것으로, 2009년부
> 터 미국에서 전개된 대중 항의 집회이다.
> 이 집회에 참여한 사람들은 구제금융 및
> 과세에 대해 조직적으로 반대하고, 세금을
> 늘려 복지를 강화하려는 오바마 행정부의
> 국정운영에 반대하며 더욱 결집하는 추세
> 를 보였다. 한편 이에 반대해 2011년 다큐
> 멘터리 제작자이자 사회운동가인 에너벨
> 박의 주도로 커피파티라는 운동이 시작되
> 었다. 이들은 커피를 마시며 편안하게 대
> 화를 나누듯 토론하며 미국 시민으로서 의
> 료보험을 비롯한 개혁에 적극적으로 협력
> 하자는 제안을 했다. 이 운동은 한 달 만에
> 20만 명 이상의 참여를 이끌어냈고, 전국
> 47개 주에서 커피파티 모임이 열린다.

골드만삭스의 최고경영자를 지냈고 미 행정부에서 재무부 장관을 맡고 있
었던 헨리 폴슨Henry Paulson이 구제금융을 주도했다. 국가의 개입주의를 망
상에 불과하다고 조롱하면서 국가의 시장 개입 자체에 책임을 돌려야 한다
고 단언했던 사람들이 똑같은 방식의 정부 개입에 의존하는 것을 보면 아이
러니가 느껴진다. 구제금융을 사회주의라고 한 비판을 자유주의자 스스로
뒤집었다.

다른 진보주의자 역시 월스트리트 금융인에게 자금을 대주기 위해 근면
한 보통 사람들에게 세금을 물리는 것에 대해 불만을 표출했다. 영화감독
마이클 무어Michael Moore도 구제금융안을 '세기의 강도짓'이라고 비난했다.
진보주의자나 자유주의자나 모두 세금 증발로 금융위기를 극복하는 것에
반대했다. 한 가지 분명한 차이라면 자유주의자가 자신에게 부과되는 모든

세금 인상에 반대했던 것과 달리, 진보주의자는 구제금융을 위해 증발되는 세금 부과에 특별히 반대한다는 점이다.

납세자의 돈으로 은행을 기사회생시키는 방법이 정당한 것인지에 대한 이의는 일리가 있다. 그런데 국가의 시장 개입을 옹호하면서 금융위기 때에는 개입하지 말라고 하는 것은 논리적으로 모순된다. 오히려 진보주의자들이 우려한 것은 시민의 삶이 파괴되는 문제였다. 진보주의자들의 주장은 구제금융의 목적이 시민의 삶의 안정화하는 데 얼마나 기여할 수 있을지 우려를 표명한 것으로 이해해야 한다. 하지만 월스트리트를 걷어차면 실제로 은행에 예금한 평범한 노동자에게도 분명히 타격이 갈 것이라는 점 때문에 진보주의자들은 구제금융에 동의하지 않을 수 없었다. 이미 비대해진 금융구조는 고약한 괴물이 되어 있었다.

미국 의회와 국민은 경제 파국만은 막자는 생각으로 자금 지원에 초당적으로 동의했다. 이러한 조건 위에서 정부는 긍정적 전망을 제시하며 구제금융을 합리화하기 시작했다. 정부는 월스트리트에 충분한 돈을 뿌리면 그 돈이 결국 실물경제를 활성화해서 평범한 노동자와 주택 보유자를 도울 것이라고 했다. 정부는 구제금융 조치로 금융이 되살아나고 부채가 상환되면 지금까지 발생한 손실을 메울 수 있을 뿐 아니라 심지어 납세자에게 이익을 되돌려줄 수 있을 것이라고 선전했다. 결국 좌파든 우파든, 그리고 정부의 말이 사실이든 거짓말이든 많은 사람이 일단 정부의 구제금융을 '울며 겨자 먹기'로 받아들였다. 그러나 구제금융은 과연 서민 경제를 구제했을까?

구제금융은 무엇을 구제했는가

　　지구적 자본주의는 금융위기를 딛고 다시 진화하고 있다. 어떻게 이 것이 가능했을까? 기업의 혁신 때문일 수도 있다. 하지만 미국 정부의 재정 적 힘이 위험스러운 사업의 결과로 야기된 '부자들의 재난'을 구제했다는 사실은 지금까지 잘 거론되지 않았다.

　　금융위기와 구제금융이 반복해 나타나면서 많은 사람은 정부의 구제금 융이 지향하는 목적을 의심하기 시작했다. 납세자의 세금으로 지키고자 한 것은 과연 무엇이었을까?

　　구제금융이 구제하고자 한 것이 금융시장이었다면 다시 금융거래를 하 는 누군가를 위한 것이다. 구제금융은 금융자본가를 위한 조치였음이 명백 하게 드러나고 있다. 구제금융은 은행의 수익 보존에 그쳤다. 금융기관 경 영진들은 국가의 재정적 지원으로 보너스를 나눠 가졌다. 그들은 금융위기 에도 끄떡없이 오히려 소득을 늘렸다. 구제금융은 시장을 난장판으로 만든 이들에게 시장을 청소해서 다시 돌려주는 것으로 귀결되었다. 반면에 구제 금융에도 불구하고 시민의 삶은 개선되지 않았다. 은행에 돈을 맡긴 일반인 이나 은행에서 일하는 노동자 그리고 은행 위기로 이차적 피해를 입게 된 자영업자나 중소기업의 처지는 구제금융에서 충분히 고려되지 않았다.

　　구제금융은 재정 적자를 수반하므로 정부로서도 매우 부담스러운 선택 이다. 스탠더드 앤드 푸어스Standard & Poor's는 미국이 금융위기 당시의 재 정지출로 감당해야 할 비용이 국민총생산의 10%에 달할 것이라고 추정했 다. 문제의 심각성은 구제금융이 장기적인 재정위기로 확산된다는 데 있다.

　　위태로운 일련의 상황은 금융위기, 구제금융, 소버린 리스크sovereign risk: 국가의 채무상환 불능 위험라는 지독한 악순환의 고리로 작동되어 더 큰 문제를 야기할지 모른다. 금융 패닉을 구한 것이 정부의 구제금융이다. 정부가 유동성이나 자본 투입, 지급 보증, 자산 구매 등 다양한 방식으로 '최종 시장 조성자'가 된 것이다. 정부가 구제금융으로 부채를 지탱해주었다. 하지만 민간 부문의 리스크가 공공 부문으로 이전되면서 각국 정부의 재정 적자나 채무 급증은 더욱 심각해졌다. 민간 기업과 은행의 부실을 정부가 떠안으면서 결국 국가재정 자체의 부실이 우려되는 것이다.

재정 적자는 결국 국민에게 돌아갈 사회복지 몫을 축소한다. 기업의 긴축경영이 노동자의 소득을 악화시키듯이 긴축재정은 사회복지를 압박한다. 구제금융에 쏟아부은 자금이 엄청나게 많은 탓에 정부는 사회복지에 세금을 투여할 여력이 없어진다. 세금은 금융기관을 구제했을 뿐 시민의 품으로 되돌아오지 않았다. 구제금융은 국가재정을 축내면서 긴축재정을 촉구하도록 이끌었고, 이로써 서민의 고통은 오히려 가중되었다. 다른 나라나 IMF로부터 자금을 긴급하게 수혈받은 국가의 국민은 더 힘들었다. 채권국의 긴축재정과 구조조정 압력에 굴복할 수밖에 없었던 탓이다.

금융위기의 희생양이 된 많은 사람은 분노했다. 그리스에서는 200만 명 이상이 참여한 파업으로 공항, 철도, 은행, 행정기관, 법원, 병원, 국영기업 등 나라 전체 기능이 거의 마비 상태에 이르기도 했다. 미국에서는 월가 점령시위가 상당 기간 지속되었다. 저항하는 이들의 목소리에 귀 기울이면 이해할 수 있는 부분도 많다. 그런데 이들의 저항에 대해 '금융체계 자체의 붕괴를 원하는 것인가' 혹은 '국가의 종말을 원하는 것인가'를 되물으며 몰아세우는 사람들이 있다. 어떤 사람들은 무모한 거리의 저항이 사태를 더욱 악화시킬 뿐이라며 저항 정치를 묻으려 한다. 책임을 져야 할 사람들의 발언은 더욱 드세졌고, 죄 없는 자의 침묵을 강요하는 사회가 되었다.

구제금융으로 금융권의 위기가 회복되었을지 몰라도 삶의 위기는 좀처럼 빨리 회복되지 않는다. 금융위기 극복의 지난한 과정에서 고통을 받는 시민 노동자들은 연봉이나 보너스를 받지 못한 은행 간부들과는 차원이 다른 고통을 느낀다. 최고 소득층에게 특별세가 부과되면 그들의 소비 생활에 영향을 끼치기야 하겠지만, 세금을 한 푼도 낼 수 없는 노숙자 신세가 된 노동자가 겪는 고통만큼 클 수는 없을 것이다. 고통의 분담은 공정하지 않다.

구제금융은 금융위기로부터 시민의 삶을 보호하기보다는 오히려 악화시켰다는 것이 드러났다. 금융자본에 대한 정부의 근원적이고 합리적이며 지속적인 규제가 절실하다. 정부재정만 축내고 세계시민의 삶을 보호하는 데 실패했던 반복되는 구제금융을 이제 재검토해야 한다.

금융체계를 파괴하지 않으면서도 사회보호 원칙을 지키는 것은 지금 당장이라도 가능하다. 구체적으로 금융거래, 금융기관, 금융인에 대해 세금을 인상함으로써 그들이 초래한 금융위기의 책임을 묻고 그들에게서 정부 재정을 충당하는 방법을 고려할 수 있다.

국내외적으로 세제개혁은 금융계가 자신이 초래한 경제위기에 따른 모든 비용을 책임져야 한다는 원칙 속에서 이루어져야 한다. 주주도 자신의 몫을 내놓아야 한다. 은행 적자를 공적 자금으로 메워야 하는 기간에는 주주 배당금 지급을 중단해야 한다. 이들에게 제공된 연봉이나 보너스의 차단은 가장 기본적인 것이다. 은행이 무너지면 은행 최고경영자의 자산 역시 파산하거나 적어도 더 늘어나서는 안 된다. 금융기관에 덧붙여 은행의 고위 간부, 경영이사, 금융 중개인과 그에 상응하는 최고소득층은 수적으로 소수일지라도 그동안 국가 경제성장의 가장 큰 수혜자였다는 사실을 잊어서는 안 된다. 그동안 기업이 주주와 경영주에게 너무 많은 것을 내주던 관행이 더는 지속되어서는 안 된다. 하지만 금융위기를 초래한 자들에게 책임을 묻고 재정위기에서 벗어날 수 있는 방법을 부분적으로 철저히 한다고 해서 시민사회의 고통이 쉽게 끝나지는 않을 것이다.

반복되는 금융위기를 근원적으로 차단하려면 정부는 구제금융으로 뒷수습만 할 것이 아니라 자본 규제를 추진해야 한다. 자본 규제와 관련해 널리 알려진 것이 토빈세다. 토빈세는 노벨경제학상 수상자인 제임스 토빈James Tobin이 주창했다. 토빈세는 국제 투기자본을 규제하기 위해 세금을 부과하여 투기적 자본 이동을 줄이고, 이를 통해 확보된 자금을 빈국의 개발에 지원하자는 취지로 제안되었다. 토빈세는 자본 규제의 상징이 되었다.

토빈세가 처음 제기된 것은 1978년이다. 반면에 독일과 프랑스의 국가지도자가 EU만이라도 토빈세를 적용해야 한다고 공동 기자회견을 한 것은 2012년이다. 토빈세는 30년이 넘도록 정착되지 못했다. 이렇게 좋은 대안이 정책으로 자리 잡기 어려운 이유는 금융자본 세력과 각국 정부의 이해관계 그리고 이에 기초한 정치적 압력 때문이다. 하지만 미국에서 시작된 금융위기 이후 토빈세에 공감하는 국가는 늘고 있다.

지나친 자본의 유입과 급격한 자본의 누출은 경제적 불균형을 초래하거나 금융·외환시장의 안정성을 저해하고 금융위기를 확산시켰다. 영국, 미국, 스위스 등 자본시장이 개방된 나라일수록 금융위기에 가장 큰 타격을 받았다는 사실은 자본 규제의 필요성을 증명해준다. 국제적으로 자본 규제의 필요성에 대한 공감대는 형성되었지만, 세율 적용이나 실효성 등에 관한 논란으로 국제적 합의가 지연되고 있어 세계시민의 삶은 더욱 피폐해지고 있다. 자본 규제는 더할 나위 없이 지금 당장 각국 정부가 취해야 할 시급한 사안이다.

∴ 이 야 깃 거 리

1 구제금융으로 이익을 얻는 사람과 손해를 보는 사람을 분류해보자. 구제금융은 시민의 생활수준 향상과 어떠한 관련이 있는가?
2 정부가 금융계에 공적자금을 수여하는 개입은 용인될 수 있는가? 구제금융이 경제 질서에 끼친 결과는 무엇인가?

∴ 읽 을 거 리
구춘권,『지구화, 현실인가 또 하나의 신화인가』(책세상, 2000).
피터 고완,『세계없는 세계화』, 홍수원 옮김(시유시, 2001).

제14장

지구화 시대 문화 보호 논쟁

문화란 일반적으로 특정 사회의 구성원이나 집단의 생활양식을 가리킨다. 문화는 문학, 회화, 영화, 드라마, 음악, 춤 등 다양한 형식으로 표현된다. 자본주의사회에서 문화가 주로 경제적 가치를 창출하는 상품으로 다루어지면서 다양한 문화 표현 양식은 문화콘텐츠culture contents라는 이름을 얻고 있다. 따라서 지구화 시대 세계문제로서 문화는 세계시장에서의 무역 거래를 매개로 쟁점화되었다. 지구화 시대의 도래와 함께 제기된 주제 중 문화 보존 문제 역시 예외 없이 논쟁적이었다. 이 논쟁에서는 민족 혹은 국가의 문화 주권을 강조하는 주장과 자유시장경제 논리에 입각한 자유로운 문화 교역을 내세우는 주장이 팽팽히 맞선다. 한국은 스크린쿼터제를 중심으로 지구화 시대의 문화 보호 논쟁에 뛰어들었다.

스크린쿼터 논쟁

한국은 부유한 문화산업 수출국이 아니다. 비록 한류의 영향으로 음악, 드라마, 영화 등 일부 문화상품의 수출이 활기를 띠었지만, 할리우드와 같은 초국적 산업 형태로 지배적인 영향력을 행사한다고 말할 수는 없다. 한국은 여전히 문화산업 선진국과 초국적 기업의 영향을 많이 받는다.

한국의 영화인은 문화시장 개방으로 자국의 문화산업이 위축되거나 문화 자체가 훼손되는 것이 부당하다고 생각했다. 한국은 영화 수입을 일정하게 제한하는 스크린쿼터를 시행했다. 사실 이 제도 덕분에 한국의 영화산업이 보호받고 성장할 수 있었다. 한국은 스크린쿼터제를 활용해가며 자유무역 논리로부터 자국 문화산업을 보호했다. 무역협상에서는 시장 거래에서 문화상품을 제외시키는 '문화적 예외'를 내세웠다. 1987년 우루과이라운드가 시작되면서 문화적 예외를 주장하는 유럽 국가들의 동조도 나타났다.

그러나 사람들에게 문화적 예외 논리에 대한 자기 의견을 묻노라면 많은 사람은 머뭇거린다. 문화 보호의 가치를 알면서도 지구화 시대에 개방화 추세를 쉽게 역전시키지 못할 것이라고 생각하기 때문이다. 특히 문화를 상품으로 취급해 자유무역 대상에 포함시키려는 미국이 문화시장 개방을 강력히 요구하면서 문화 보호 논

✓ 스크린쿼터제

스크린쿼터제는 일정 기간 자국의 영화를 의무적으로 상영하게 하는 일종의 문화 개방에 대한 제한적 조치다. 1927년 영국에서 처음 시행되었고, 한국은 1967년부터 시행했다. 1995년에 영화수입업자와 공연장의 경영자는 "스크린쿼터제가 직업의 자유와 평등권을 침해하고 헌법의 경제 질서에 반하거나 공연장 경영자의 행복추구권을 침해한다"고 주장하며 헌법소원을 제기했다. 그러나 헌법재판소가 기각 결정을 내리면서 스크린쿼터제는 유지될 수 있었다. 그러나 2000년대에 들어와 할리우드 영화계와 영화수입업자는 국내 영화의 관객 점유율이 대폭 증가한 것을 근거로 스크린쿼터제를 완화 또는 폐지해야 한다며 압력을 강화했다. 결국 2006년 한국 정부는 미국과 FTA를 앞두고 스크린쿼터를 146일에서 그 절반인 73일로 줄였다.

리는 크게 위축되었다. 자국 상품의 보호만을 내세우는 것은 불공정한 것이며, 지구촌이라는 하나의 세계 구상에 어울리지 않는다는 비판도 거셌다.

자유화와 개방화의 압력이 점증하는 지구화 시대에 인류의 소중한 문화를 어떻게 보존할 것인가? 이 문제의 답을 찾기 위해, 스크린쿼터제를 옹호하는 사람들이 문화적 예외를 내세우는 논리를 살펴보자.

문화산업의 보호

전 지구적 시장 통합이 진행되는 지구화 시대에는 문화 보호 논리가 자국 문화산업 보호의 논리로 표현된다. 여기서 문화적 예외는 자유무역 대상에서 자국 문화상품을 제외해야 한다는 의미로 사용된다. 자국 문화산업 보호를 주장하는 사람들은 스크린쿼터제를 거대한 해외 문화산업과 기업에 맞서 국내 문화를 보호하기 위한 최소한의 장치로 파악한다. 사람들은 시장 질서에서 엄연하게 존재하는 경제적 힘의 관계를 우려하여 자국 문화산업을 보호해야 한다는 논리를 펼친다. 그런데 오늘날 지구화 시대에는 '문화산업'의 교역을 완전히 단절할 수 없다. 그것은 고립을 자초하는 길이기 때문이다. 이에 따라 어느 정도 선에서 교역의 교차점을 정할 것인지가 논란거리다. 구체적으로 영화 부문에서 스크린쿼터 비율의 적정성 여부가 핵심 쟁점이 된다.

스크린쿼터제를 둘러싸고 논쟁이 일던 당시에 스크린쿼터의 유지를 주장하는 쪽은 스크린쿼터 비율을 축소하면 몇 년 안에 한국 영화의 자생력은 현저히 약화될 것이며, 결국에는 이제 막 성장하고 있는 한류 시장마저 할리우드에 빼앗길 것이라고 주장했다. 그동안 한국 영화의 시장 점유율이 높아진 것은 사실이지만, 그렇다고 아직 초국적 미디어 기업과 경쟁할 수 있을 정도는 아니라는 설명이다.

그러나 자국 문화산업 보호 논리는 만만찮은 도전에 직면했다. 한국 영화도 경쟁력을 갖추었으며, 이 경쟁력은 외국 영화 직배 실시나 일본 영화 수입 개방 등 불리한 여건에 맞서 자생력을 키웠기 때문에 가능했다. 또 경쟁력 없는 영화가 보호 제도의 틀 안에서 제작되는 것은 오히려 불합리하며, 영화인들이 과도한 보호에 안주하려 한다는 비판도 제기된다. 스크린쿼터 축소는 경쟁을 강화함으로써 우리 영화가 자생력과 경쟁력을 더욱 높이는 계기가 된다. 그리고 스크린쿼터제는 세계 무역의 공정한 거래 질서에 걸맞지 않다. 자국 상품만을 지나치게 보호하려는 자세는 무역 마찰을 초래한다는 점도 지적된다.

문화산업의 보호 논쟁에 휘말리면 문화 보호 취지는 문화상품 보호 취지로 전락해 교역의 공정성만 문제 삼게 된다. 그러면 문화 보호의 본질적 가치는 왜곡된다. 문화 보호 논리가 자칫 국산품 보호 논리에 불과한 것으로 간주될 수 있는 탓이다. 21세기 지구화 시대에 19세기 물산장려운동이 적합한 것인가라는 비판을 들을지도 모른다. 문화산업 보호 논리가 세계 시민 사회의 저변에까지 지지를 얻기에는 빈틈이 너무 많다.

문화산업 보호 논쟁에는 시장경제논리의 지구화라는 어려운 문제가 개입되었다. 자국 문화산업 보호 논리가 개방 압력에 적절하게 대응할 수 있을까? 우리는 지구화 시대에 자국의 이익을 내세우는 논리로 얼마나 버틸 수 있을까? 좀 더 설득력 있는 대응을 준비하려면 지구화 시대에 문화 보호의 이유가 좀 더 단단한 논리로 뒷받침되어야 한다.

공공재로서의 문화

문화마저 상품 논리에 휘둘리면서 국가 역시 문화를 이윤 창출의 관점에서 다루려는 경향이 있다. 경제적 이윤 논리에만 집착하면, 경쟁력 있는 문화상품 수출을 모색하거나, 문화 부문을 내주더라도 자동차나 전자 등의 다른 산업 부문의 이윤 창출로 손실을 메울 수 있다고 생각하게 된다. 문화산업 보호 논리가 충분히 문화 보호 논리로 설득력을 얻지 못했던 이유는 지구화 시대에 자유시장 논리가 팽배해졌기 때문이다.

이에 문화를 공공재의 관점에서 바라봐야 한다는 대응이 일어났다. 문화적 예외를 주장하는 사람들은 문화가 다른 상품과는 다르다고 주장한다. 영화도 공공재의 하나로 간주될 수 있다. 영화가 특정 사회구성원의 생활양식을 표현하는 하나의 문화콘텐츠이기 때문이다. 따라서 자국 영화를 보호하는 정책은 사회를 지탱해주는 근간이 된다. 문화는 경제적 가치에 따라 인정받거나 폐기 처분되어서는 안 된다.

문화 자체는 특정인만이 소유할 수 없고 누구나 향유할 수 있는 공공재다. 국민의 충분하고도 동등한 문화 향유를 위해 국가는 자국의 문화를 보호하고 육성해야 한다. 여기서 국가의 역할이 중요한 쟁점으로 떠오른다.

국가가 공공재인 문화를 공급하는 방법에는 여러 가지가 있다. 정부가 자국문화의 창조에 대해 보조금을 지급할 수 있다. 보존된 문화는 다양하고 새로운 영화, 드라마, 음악 등 문화콘텐츠로 재탄생할 수 있다. 문화 보존의 사회적 혜택은 경제적 부의 창출로 이어질 수도 있다. 적극적인 보조금 조치는 아니더라도 최소한 외국문화의 범람으로 자국문화가 훼손되는 일은 없어야 한다. 외국문화에 대한 차별이나 외국 문화상품에 대한 높은 관세 부과 등도 하나의 방법이지만, 이러한 조치는 바람직하지 못하거나 사실상 실현되기 어렵다. 그렇다면 스크린쿼터제의 유지를 통해서라도 자국문화가 발전할 수 있는 기회를 확보해야 한다.

하지만 문화가 점점 상품화되면서 문화를 교역 대상으로 보는 입장이 세계를 뒤덮기 시작했다. 문화를 세계시장에서 교역 대상으로 삼는다면 많은 걱정이 앞선다. 경제 관계에서는 금전적 가치가 있는 것이 그렇지 못한 것을 압도하는 법이다. 문화상품이 거래되는 시장에서는 순수한 수요와 공급의 원리에 따르는 것이 아니라 권력관계가 반영되기 때문에 문제의 심각성은 더해진다. 거대한 정치적·경제적 자원을 가진 국가나 기업이 생산하는 문화상품이 세계 문화시장에 나오는 순간 다른 문화는 아예 그 존재가 사라질지도 모른다.

외국의 지배적 문화가 자국문화를 압살하면 자국 민족문화를 향유할 수 있는 기회는 더 이상 누리지 못하게 된다. 오늘날 사회구성원의 의식과 문화를 표현하는 영화, 드라마, 음악 등은 사회에 꼭 필요한 필수적 재화이지만 시장, 특히 자유로운 세계시장에 내맡기면 충분히 생산되지 않는다. 문화 보호를 주장하는 사람은 문화시장 개방으로 자국문화가 몰락하면 모든 국민이 문화 향유의 혜택을 누릴 수 없다고 주장한다.

비록 문화가 상품으로 유통되고 있다고 하더라도, 문화는 공적 재화이기 때문에 세계 자유시장에 내던져지면 충분히 보호받을 수 없다. 세계시장에서는 문화상품의 국내 유통과는 별개의 문제가 발생하는 것이다. 세계시장에서 문화상품의 거래는 약소한 문화집단에게 패배의 그림자를 드리운다. 문화적 예외를 주장하는 사람들은 문화적 패배와 상실의 전망을 걱정한다.

하지만 문화를 공공재로 보는 논의는 충분히 숙의되지 못했다. 문화는 돈으로 살 수도, 힘으로 강요할 수도 없는 것이기 때문에 공공재다. 그런데 문화 보호를 주장하는 많은 사람은 '문화를 강요할 수 없다'는 점만 부각할 뿐, '문화를 사고파는 상품으로 취급해서는 안 된다'는 입장을 충분히 부각하지 않았다. 문화 보호 논쟁에서 문화를 공공재로 봐야 한다는 시각은 단지 국가가 외국문화로부터 자국문화를 보호하기 위해 적극적으로 보호 정책을 추진해야 한다는 입장에 묻혔다. 문화가 공공재라면 경제적 조건에 구애받지 않고 누구나 향유할 수 있어야 한다. 경제적 비용을 생각하지 않고 영화나 드라마를 보고 음악을 들을 수 있어야 한다. 그러려면 외국문화로부터 자국문화를 보호하는 정책뿐 아니라 문화상품화에 대한 근본적인 문제 인식도 필요하다.

문화다양성협약

문화다양성 보호 논리는 종합적이고 포괄적이기 때문에 많은 동의를 이끌어내고 있다. 문화다양성 보호 논리를 내세우는 사람들은 문화를 교역의 대상으로 보는 것이 아니라 사회적 가치가 있는 목적으로 본다. 문화의 사회적 가치는 경제적 가치를 넘어선다. 문화의 교류는 사회적 가치를 더욱 증진한다.

문화 보호를 내세우는 사람들은 문화 분야가 '교역'이 아니라 '교류'의 대상이어야 한다고 주장한다. 문화 교류에는 나눔과 존중의 미학이 있다. 일반적으로 평화적 교류는 새로운 문화를 접해본 경험이 없는 사람에게는 새로운 세계관을 갖게 하는 의미가 있다. 또한 다른 문화를 접해봄으로써 상대를 이해할 수 있는 계기가 되고, 자기 문화의 가치를 보존하고 발전시키는 데에도 도움이 된다.

상대의 문화를 존중하려는 마음만큼 자기 문화도 존중받을 수 있다. 이러한 상호주의 원칙의 견지에서 보더라도 문화 교류는 좋은 의미로 생각된다. 그리고 평화적 문화 교류라면 비록 교류하려는 대상이 강대국이라 하더라도 문화제국주의의 폐해를 우려할 까닭이 없다. 강대국의 문화를 강요받지 않을 것이기 때문이다. 많은 행동가들이 문화 혹은 문화 교류의 사회적 가치를 적극적으로 이해했다. 그들은 문화다양성 보호를 국제사회에서 오랫동안 제기해왔고, 이들의 노력은 지구화의 진행이 빠른 속도로 확산되던 시기에 일정한 결실을 맺었다.

세계문화부장관회의INCP와 문화다양성을 위한 국제네트워크INCD는 2002년 10월 남아공에서 열린 INCD-INCP 총회에서 '국제문화협정' 초안을 마련했다. 3년에 걸친 논쟁을 거쳐 2005년 10월에 유네스코는 '문화다양성협약Convention on the Protection of the Diversity of Cultural Contents'을 채택했다. 협약 체결에 찬성한 국가는 한국을 비롯해 148개국이었고, 반대한 국가는 미국과 이스라엘뿐이었다. 미국 영화산업이 세계시장의 85%를 점유하고 있기 때문에 미국이나 실력자 그룹인 유대인이 협약을 반대하는 것은 당연해 보인다.

문화다양성협약에서는 문화를 상품이나 소비재로 취급해서는 안 된다는 것을 강조하며, 특히 개발 과정에 있는 사회가 문화적 표현의 다양성을 보호하고 증진하기 위한 역량을 키울 수 있도록 지구적 공동 협력으로 국제적 연대를 강화하는 것을 목적으로 삼는다. 문화다양성협약에 따르면, 국가는 유엔헌장과 국제법의 원칙에 따라 자국 영토 내에서 문화적 표현의 다양성을 보호하고 증진하기 위한 조치와 정책을 채택하는 주권을 지닌다. 국가는 문화 활동, 상품 및 서비스에 사용되는 언어에 대한 조치를 포함해, 당사국 영토 내의 모든 문화 활동, 서비스 및 상품 가운데 자국의 것이 창조, 생산, 보급, 배포 및 향유되도록 적절한 조치를 취할 수 있다.

문화다양성협약은 지구화 시대에 문화 보호 논쟁에서 중요한 의의를 지닌다. '무역협상에서의 문화적 예외'를 요구할 권리를 국제법적으로 인정받은 것이기 때문이다. 이 협약의 논의 과정에서 한국의 스크린쿼터 적용 사례가 큰 기여를 했다. 이 협약은 초강대국이나 초국적 미디어 기업이 세계 문화시장을 점령함으로써 각국의 고유문화가 쇠락해가는 현실에 대한 걱정 속에서 나왔다. 문화가 교역이 아니라 교류의 대상이라는 말은, 문화라는 것은 사적 재화가 아니라 공공재라는 것이다. 그리고 문화는 모든 국가가 경제적·문화적 상황에 맞춰 자국문화와 외래문화 간 균형을 유지할 수 있는 정책 수립의 대상이라는 의미다. 문화를 전적으로 시장경쟁력과 같은 자유시장 논리로만 접근하는 것은 적절하지 않다는 입장이 국제법적 보호를 받게 되었다.

내 나라 문화의 보호를 넘어

문화다양성 보호는 자국문화를 보호하려는 노력들을 격려함으로써 특정 국가가 자신들의 문화 혹은 문화상품 보호 논리를 넘어 지구적 차원에서 문화 보호에 힘써야 한다는 관점을 제공해준다. 눈에 잘 드러나지 않는 이 지점은 특별히 강조되어야 한다.

일반적으로 내 문화를 지키려는 노력은 문화의 보호 논리에 적합해 보이지만, 그것에 만족해버리면 너무 제한적인 문화 보호에 그치고 만다. 지구 상의 문화는 인간의 존엄성을 해치지 않는 이상 모두 소중하다.

모든 문화가 소중한 이유는 먼저 지구에 존재하는 다양한 문화 자체가 인류의 공동자산이기 때문이다. 다양한 문화가 섞여 있으면, 인류의 사고는 더욱 다양해지고 창의적일 수 있다. 다른 문화는 내가 살고 있는 지역에서도 소중한 자산이 된다.

소수의 문화를 지원해 보호한다면 배제 없는 지구적 문화공동체에도 크게 기여할 수 있다. 문화다양성 보호는 소수자 보호 논리와 잇닿아 있어 지구적 문화공동체를 좀 더 공공성을 띤 형태로 완성할 수 있다. 내 문화를 지키는 것이 중요한 것은 그것이 내 문화여서가 아니라, 넓게 보면 세계시민에게도 소중한 공공적 자산이기 때문이다.

문화다양성 보호는 지구사회의 공공선이라는 논리로 강화되어야 한다. 문화 보호를 위한 실천이 개방 압력에 직면해 자국 문화상품을 보호하는 데 그치는 것은 불합리하다. 약소국이 문화 혹은 문화상품을 지키는 것은 물론 중요하다. 하지만 초국적 자본의 문화 공세에서 벗어날 '문화지킴이' 전략이 없다면 새로운 문화공동체를 건설하려는 많은 시도는 의미가 없어진다. 설령 다른 국가에 해당하는 일일지라도 우리는 강대국이 자기보다 힘이 약한 국가나 민족 혹은 집단에게 자기 문화를 불필요하게 강요하는 것, 그리고 자본의 논리에 따라 소수문화가 소리 없이 사라지는 것을 잘못이라 여기고 그러한 상황을 바꾸려는 의지를 지녀야 한다. 소수문화의 정체성을 유지하는 것은 인류 공동의 자산을 보호하려는 지구적 세계시민으로서 누려야 할 권리다. 문화적 특수성은 세계시민의 문화적 토대를 이루기 때문이다.

국가나 민족을 내세운 문화 보호 논리의 정치적 귀결

문화다양성 보호를 주장하는 사람들 중에는 국가주권 논리를 앞세우는 경우가 있다. 주권을 침해할 수 없듯이 문화도 보호되어야 한다는 논리다. 민족주의자에게는 이러한 논리가 매혹적이다. 흔히 사람들은 국가 혹은 민족의 문화를 지켜야 한다고 말한다. 지구상의 많은 문화는 국가 혹은 민족적 실체를 가지고 있어 한국 문화, 영국 문화, 에스파냐 문화라는 표현을 부담 없이 쓴다.

지구화 시대 국가의 위기는 문화적 실체가 사라질 위기에 처했다는 것과 비슷한 의미로 받아들여진다. 비록 국가의 위상이 많이 추락했지만, 많은 사람이 여전히 "국가는 지구화로 말미암아 절대적 생존 위기에 처한 문화를 보호하는 최후의 방어막이 되어야 한다"라고 주장한다. 따라서 문화 보호 논리는 국경을 지키는 논리와 통한다.

하지만 자기 문화유산의 특수성을 강조하고 구분 짓는 것이 지구화 시대에 문화다양성을 보호하는 데 유용한 전략인가? 오히려 외래문화에 대해 원색적인 비난만이 난무하여 문화 간 충돌을 야기하지 않을까 걱정된다. 국가와 민족을 내세운 문화 보호 논리가 문화적 갈등으로 확산될 위험성에 대해서는 아직까지 우리의 성찰이 부족하다.

이를테면 새뮤얼 헌팅턴Samuel Huntington의 『문명의 충돌The Clash of Civilizations and the Remaking of World Order』처럼, 문화를 사실상 넓은 권력 개념에 의지한다면 국가주권 간 대립 관계는 불가피한 것으로 여겨질 수 있다. 많은 테러집단이 자기 문화 보호를 테러의 명분으로 삼았던 사실도 이와 무관하지 않다. 자기 문화를 혼종성과는 무관하게 순수 혈통주의에 따라 해석한다면 근본주의만이 살아남게 된다. 이것이 정치적으로 조직화한다면 소수 문화 보호의 취지는 단지 폭력적인 장치로 무장하게 될 뿐이다.

국가나 민족을 내세우는 문화 보호 논리는 다양한 문화적 정체성을 지닌 집단들이 세계공동체에서 평화롭게 살아가는 데 오히려 해악이 될 수 있다. 내 문화를 다른 문화와 구분하기만 하는 문화 주권의 강조는 평등한 두 주권 간 충돌로 불거질 수 있기 때문이다. 문화 방어 논리가 경직되면 부러지기 마련이다.

다행히 문화 보호를 지지하는 많은 사람이 모두 국가주의자나 대중민족주의자는 아니다. 오히려 많은 사람은 극단적인 문화 옹호주의를 경계한다. 문화를 상대방의 관점에서 이해하려는 태도는 이제 상식이 되었다. 다양한 문화를 서로 존중하고 함께 살아갈 길을 모색해온 수많은 노력이 정착되어 있는 경우도 많다. 다문화정책은 그러한 노력 중 하나다.

우리 사회에서 흔히 대안으로 제시되는 것이 다문화주의다. 다문화주의는 문화 갈등을 우려한 시민들이 정치적으로 타협한 결과로 나타났다. 다문화주의의 기본 정신은 다른 문화와 차이를 인정하고 차별하지 않으려는 데 있다. 하지만 다문화주의를 채택한 국가에서 발생하는 문화 간 충돌은 다문화주의를 대안으로 내세우는 사람들에게 많은 걱정거리를 안겨준다. 차이와 차별을 구분하여, 차이는 존중하고 차별은 배제해야 하지만, 차이가 이분법적 경계선을 굳힌다면 순식간에 차이는 차별로 옮겨 간다.

다문화주의는 문화 갈등을 털고 일어난 것처럼 보이나, 여전히 치유되지 못한 열병을 앓고 있다. 물론 다문화주의는 문화 갈등이 정치적으로 타협된 결과, 영토를 구분하듯이 상대 문화를 배척하려는 자세에서 벗어나는 데 도움이 되었다. 다문화주의는 하나의 영토 안에서 다양한 문화들이 함께 어울리게 하려는 시도였다. 하지만 나와 다른 생활양식에 대해 완전히 벽을 허물지는 못하고 있다. 한 나라 안에서도 많은 사람은 다양한 방식으로 다른 문화권을 나와 다른 '타자'로 구분한다. 그 결과 수많은 차별 문제를 야기했고, 지구 곳곳에서 일어나는 많은 폭동은 여전히 문화 간 차별 때문에 일어난다. 다문화정책에도 불구하고 여전히 발생하는 차별과 그로 인한 폭동을 보면서 문화의 의미를 되짚어 생각하게 된다.

문화는 사회적·정치적 관계와 무관하게 존재하는 것이 아니다. 하나의 문화 속에는 경제적·정치적 이해관계를 담고 있다. 이 사실에 대해 어물쩍 넘어간 것이 화근이었다. 문화적 갈등은 정치적·경제적 불평등에서 비롯된다. 경제적·정치적 자원의 불평등한 배분 문제는 문화 주도권을 지배적으로 행사하려는 패권적 야욕과 순수 혈통주의를 이어가려는 고집을 낳고 이로써 서로를 불신하게 만든다. 실질적으로 평등한 정치적·경제적 조건이 마련되지 않으면 다문화주의는 실패한다. 결국 문제는 정치적·경제적 자원의 배분을 둘러싼 민주주의 문제로 모아진다.

민주주의 체제에서 문화적 차이를 어떻게 다룰 것인가? 문화적 차이를 용광로 속에 녹여버리면 좋겠지만, 현실적으로 가능하지 않으며 바람직한 것도 아니다. 문화 갈등은 여전히 정치적 타협으로 재조정해야 할 문제다. 문화 정치는 그래서 특별하다. 정치가 특정 문화를 대변하는 정치여서는 안 된다. 정치는 모든 문화를 포함하는 광의의 공공 정치여야 한다. 특정 문화를 배제해서는 안 되며, 특정 문화를 지배적인 위치로 만들어서도 안 된다. 그동안 사람들은 문화적 경계를 이분법적으로 뚜렷이 구분해왔다. 문화에 대한 이분법적 사고를 허물어버리는 지구적 문화 개념은 정치적·경제적 평등에 기초해야 한다. 사회는 다양한 문화가 서로 갈등하는 공간이기 때문에 그 갈등의 근원을 찾아 해소할 수 있는 정치적 타협이 마련되어야 한다.

요컨대 문화를 보호해야 하는 진짜 이유는 문화 주권을 존중해서가 아니다. 그것은 세계시민이 선호하는 지구적 문화공동체라는 궁극적 지향에 부합하기 때문이다. 문화 지배와 저항이라는 문화 충돌은 정치적 사안이다. 그러므로 이에 대한 대응도 정치적으로 고려해야 한다. 따라서 인류 사회가 가야 할 지향을 잃지 않으면서 문화를 보호하기 위한 적절한 정치적 전략을 찾아야 한다.

혼종화 전략

지구적 문화공동체를 지향한다면, 기존 문화 보호 논리를 뒤집어 생각해보자. 소극적인 문화 보호 논리가 아니라 적극적인 문화 수용 논리로 질문해보자. 때로는 외국의 다양한 문화를 적극적으로 수용하면 어떨까? 외래문화의 거부가 아닌, 오히려 반대로 '외래문화를 거부하지 않겠다'는 전략으로 전환한다면 지구화 시대에 문화 충돌을 방지하고 모든 문화의 공존이 가능하지 않을까?

문화를 고립된 것이 아니라 상호 연계되어 의존적이며 또한 역동적인 것으로 이해한다면 어떤가? 사실 상호 의존적인 관계의 어느 하나라도 생략된다면 문화를 제대로 이해하기 어렵다. 이런 맥락에서 상호 의존성을 근거로 우리 문화와 외래문화의 관계를 파악하고 외래문화를 반대하지 않는 전략을 세워볼 수 있다.

이에 대해 칸클리니Néstor García Canclini는 『혼종문화: 근대성 넘나들기 전략Hybrid Cultures: Strategies For Entering And Leaving Modernity』에서 혼종문화를 새롭고 적극적인 전략으로 제시한다. 칸클리니는 원래 문화가 다양한 문화와 시간의 공존 및 교차의 결과로 존재한다고 생각한다. 순수 전통문화란 애초에 존재하지도 않았다는 주장이다. 지구화 시대에 문화 혼종은 더욱 빈번하게 나타난다. 오늘날에는 외세문화와 전통문화의 이분법적 구조가 점차 해체되었다. 지구화 시대에 문화가 단순히 동질화되는 것이 아니라 재조직화된다. 지구화 시대 문화적 정체성은 새롭게 재구성된다. 지금 우리가 전통문화라고 여기는 것도 이미 예전의 그것이 아니다. 지구화 시대에는 지구적 문화 교류로 복합적인 혼종 공간을 만들어내 새로운 문화를 창출한다. 칸클리니의 주장은 지구화 시대의 문화 갈등에 휩쓸리지 않기 위해 적극적으로 혼종화를 선택해야 한다는 결론에 이른다. 칸클리니의 견해는 지구화 시대의 새로운 문화적 자극 아래 진행되는 문화현상을 설명하는 데 가장 적절하다고 평가되기도 한다.

혼종화 전략은 전통문화를 순수문화로 고집하는 본질주의 입장을 비판하는 기능을 한다. 자기 문화를 지키려는 전략이 경직되게 방어되는 경우 자문화 중심주의라는 본질주의에 빠질 수 있다. 자문화 중심주의뿐 아니라 문화제국주의 역시 극단적인 문화 이해를 바탕으로 한다. 혼종화 전략은 이분법적 문화 접근 방식을 교정하는 데 유용하다.

혼종화 전략은 다문화주의에서 나타날 수 있는 문화 간 차이조차 한꺼번에 허물어버린다. 혼종문화 개념은 고유문화 자체를 부정한다. 처음부터 모든 문화는 문화 혼종 속에서 형성되었다. 칸클리니는 다른 문화와 섞이지 않은 순수한 문화란 존재하지 않는 것으로 보기 때문에 문화 간 차이는 현저히 의미를 잃는다. 서로 다른 문화에서 공통적으로 접합되는 요소가 나타나는 것도 문화 혼종의 결과다.

하지만 칸클리니의 견해는 혼종문화가 정치성을 띤다는 점을 놓치고 있다. 우리의 전통 혼례 문화에 몽골의 문화가 접합되어 있다고 하더라도 그것은 몽골의 지배라는 정치적 관계가 매개되어 있다. 일본 제국주의 문화의 공격은 지금까지도 우리 전통문화의 특성을 훼손하고 있다. 문화 혼종은 정치적 관계를 반영한다.

혼종화 전략의 재구성

칸클리니의 혼종화 전략을 지구화 시대 문화 보호 논리에 적용하려면 조금 조심스럽게 발을 내딛어야 한다. 먼저 본질주의에 대한 비판적 성격은 문화 충돌을 예방하기 위한 접근 방식으로 받아들여야 한다. 문화 간차이를 강조하고 그 벌어진 틈을 이용해 힘을 키우는 세력들을 억지하는 데혼종문화는 적절한 개념이다. 극단적인 민족주의에 빠질 수 있는 위험으로부터 구제하려면, 모든 문화가 교류를 통해 항상 새롭게 재구성된다는 혼종문화의 관점을 취해야 한다. 혼종문화의 관점은 서로 다른 문화 간의 연대고리를 찾을 수 있게 해준다. 그럼으로써 더 큰 문화 파괴 세력에 맞서 공조할 수 있는 길을 걸을 수 있게 될 것이다.

한편 칸클리니가 소홀히 취급했던, 정치성을 띤 문화 혼종을 적극적으로고려해야 한다. 지구화 시대 문화 혼종은 문화산업 선진국에 의한 혹은 초국적 기업에 의한 혼종이 될 수 있다. 이것은 문화적 차별을 해소하는 것이아니다. 경제 선진국의 정치력과 초국적 기업의 거대한 경제력을 지원받는문화는 다른 소수문화를 잠식하는 것이 일반적이다. 초국적 기업이 출신국의 문화를 패권적으로 파급하거나 모든 문화의 차이와 그 가치를 흔적도 없이 상품화해 전멸시키는 초국적 자본의 공세에 대한 대응은 좀 더 엄밀해질필요가 있다. 혼종화 전략을 조심스럽게 취하지 않는다면 경제 선진국이나초국적 기업에 의한 문화 혼종을 자연스럽게 받아들이는 문제가 발생할 수있다. 초국적 기업의 문화상품에 의해 다양한 세계 문화자산이 파괴되지 않게 하는 정치적 전략이 필요하다. 초국적 기업의 문화상품을 경계하지 않고서는 문화 보호는 요원한 일이다.

문화 개방 공세가 정치적이듯이 문화 보호 측면에서 볼 때에도 방어 전략 역시 정치성을 띨 수밖에 없다. 먼저 어떤 문화를 보호할 것인지를 설정하고 방어에 나서는 것이 순리다. 칸클리니는 고유문화를 부정함으로써 보호해야 할 문화가 무엇인지조차 흐릿하게 만든 경향이 있다. 하지만 문화의 형성이 끊임없는 혼종을 통해 나타난다고 하더라도 사람들이 문화적 실체조차 구분하지 못하는 것은 아니다. 다만 오늘날 문제가 되는 것은 보존해야 할 문화가 경제적 가치에 따라 왜곡된다는 점이다.

지구자본주의 시대에 시장경제 논리는 경제적 가치로만 문화 가치를 판단하기 때문에 문화 보존의 진정성이 쉽게 왜곡된다. 자본은 문화를 상업적 목적으로만 보존하고 생산하며 유포시킨다. 경제적 가치가 있는 문화에 대해서는 문화 보존의 주장이 주목받을 수 있지만, 그렇지 않은 문화는 전혀 조명받지 못할 수 있다. 보존해야 할 문화를 외부의 시각으로 판단하면 익숙한 시장의 논리에 따라 판단하는 결과를 낳을 수 있다. 따라서 보호해야 할 문화의 가치를 아는 사람들, 이를테면 토착민의 자기 문화 보호에 대한 주장이 힘의 논리나 경제적 논리에 얽매이지 않고 개진될 수 있는 마당이 마련되어야 한다. 문화 주체들에게 평등한 권리를 부여하는 것은 지구화 시대에도 여전히 중요하다. 국제사회가 국가 간 평등을 보장하여 문화를 보존하려는 소수의 정치적 발언이 매장되지 않을 때 문화의 다양성이 살아날 수 있다.

문화 연대의 정치적 전략

문화 보호는 다시 정치적으로 접근할 문제다. 문화 충돌뿐 아니라 시장에 의한 문화 왜곡을 이중적으로 막을 수 있는 문화 연대 전략이 필요하다. 문화 연대 전략은 문화 보호 주체가 국가나 기업이 아닌 공적 영역의 세계시민들이라는 점을 특별히 강조한다. 문화 연대는 문화적 다원성을 실체로 인정하면서도 서로 다른 사람들이 함께 공존해야 한다는 원칙에 기초한다. 문화 연대를 효과적으로 유도하고 유지할 수 있는 방법은 무엇인가?

먼저 문화정체성의 변화를 인정하지 않고 순수문화를 설정하는 국가주의 혹은 민족주의와는 떨어져서 생각해야 한다. 민족주의적 전통문화에 대한 배제적 성격으로는 자국문화의 혼종성을 이해하지 못할뿐더러 자기 문화 보존에 대해서도 잘못된 믿음을 가질 수 있다. 다른 문화권과 연대하는 것이 아니라 오히려 대립할 수 있다. 혼종의 특성을 지닌 상대 문화에 대한 존중이 전제되지 않은 연대는 사실상 이루기 어렵다.

문화 보호 전략도 국가를 넘어야 한다. 흔히 정치적 전략을 국가 정치의 전략으로 국한해서 이해하는 경향이 있다. 주권평등의 원칙은 국가 정치의 전략을 뒷받침하는 논리였다. 국가의 현실적이고 유력한 힘을 인정해야 한다. 하지만 그것만으로는 불충분하다. 혼종문화의 속성을 이해하여 본질주의로 흐를 위험성을 극복했다고 하더라도 국가가 과연 문화 보호에 적극적인가를 되묻지 않을 수 없다. 국가는 시민적 연대보다 더 강한 자본의 연대에 영향을 받기도 한다.

이를테면 한국에서 스크린쿼터제의 축소는 한국 정부가 국내외 반대 여론을 무릅쓰고 선도적으로 강행한 결과였다. 한국 정부는 초국적 문화 기업과 문화 수출국의 개방 압력에 굴복했을 뿐만 아니라, 한편으로는 그들을 적극적으로 받아들이기도 했다. 한국 정부는 오히려 문화다양성 보호를 주장하는 사람들을 억압했다. 문화를 지키는 일은 국가적 수준에서의 저항에 기초하는 것으로는 부족하다. 국가를 문화 보호의 적절한 방어막으로 삼기에는 뭔가 의심스럽다. 현실적인 이유로 국가의 문화 유지 역할을 고려해야겠지만 국가를 넘어서야 한다.

국경을 넘어선 정치적·사회적 세력의 연대정치는 주권평등의 원칙보다는 관계성의 원칙에 좀 더 무게를 둔다. 주권평등의 원칙에는 단절과 배제의 의미가 배어 있으나, 관계성의 원칙에서는 연계의 의미가 더욱 강조된다. 문화 주권의 평등은 물론 중요하다. 하지만 그것이 최종 목표는 아니다. 주목받지 못한 소수문화조차 배제하지 않으려는 연대성으로 발전하지 못하는 단순 평등 논리는 위험할 수 있다. 연계의 목적과 의의는 타문화와 공존하는 아래부터의 문화주체들을 보호하고 육성하는 데 있다. 이러한 논리는 현대 세계에서 시민 혹은 국가가 서로 의존한다는 사실에서 도출된다. 우리는 다른 문화권에 있는 문화 보호를 향한 시민적 의무나 감정적 애정을 갖기 위해서 세계시민으로서 문화 보호의 필요성에 대한 공감적 연대에 의존할 필요가 있다. 문화 연대 전략으로 문화 파괴에 동조하는 국가를 압박하고 국제기구를 견인해야 한다.

문화 연대 전략이 성공하려면 우리는 세계시민적 자질을 갖춰야 한다. 국민의 눈이 아닌 세계시민의 눈으로 문화를 보면 세계문화가 크고 넓게 보인다. 문화정체성을 국가정책 결정과 선택으로만 치환하기보다는 지구적 시민의 심의로 지켜내는 것도 가능하다는 상상력이 필요하다. 국가 안에서의 문화정체성을 말할 수 있다면 지구사회 안에서의 문화정체성도 제시될 수 있다. 특정 국가 내에서도 지방 토산문화가 사라지는 것에 대해 해당 지역 주민이 아니더라도 토산문화 보호를 위해 함께 연대하고, 붕괴되는 문화를 지켜내는 일을 많이 보았다. 국가 내에서 이러한 경험이 지구적 연대의 구상으로 확장될 수 있다.

다음으로 문화 소비를 강조하는 시장주의와 결별해야 한다. 자유화와 개방화를 강조하는 자유주의자는 외국의 문화에 대한 접근성을 국가가 막아서는 안 된다고 주장한다. 그들은 '문화소비자'로서의 권리를 내세운다. 하지만 세계 어느 도시든 할리우드 영화 광고로 도배를 하고 팝송만이 흘러나오는 지구를 생각해보자. 우리는 많은 사람이 낭만적으로 생각하는 세계 여행의 홍미조차 느끼지 못하게 될 것이다. 참으로 재미없는 세상이 아닌가?

　문화가 소멸되면 지구를 살아가는 모든 이들은 다양한 문화자산을 빼앗긴다. 개방으로 외국의 문화를 접하게 된다고 기뻐할 일이 아니라 우리는 상품화되고 획일적으로 틀이 짜인 문화를 강요받게 될 뿐이라는 것을 걱정해야 한다. 우리는 자본의 논리에 따라 형성된 문화 소비 공간을 축소하고 함께 다양한 문화를 누릴 수 있는 공동체적 공간을 확보해야 한다.

　많은 문화가 소멸되어가는 오늘날 우리는 '소비자의 권리'가 아니라 '세계 문화자산에 대한 권리' 차원에서 다르게 주장할 수 있다. 세계시민은 외국의 독특한 소수문화를 인류의 자산으로 다룸으로써 다양한 문화를 누릴 권리가 있다. 이 권리를 초국적 기업이 저해한다면 우리는 저항해야 한다. 지구의 거주자로서 소수문화 접근의 권리 주장은 독특한 소수문화들이 초국적 기업의 문화 공세로 사라지면서 더 의미 있게 들린다. 연대의 의미는 지구상의 문화 향유에 대한 권리 주장과도 잇닿아 있다. 문화는 '지구적 공공재'인 까닭이다. 연대의 끈을 끊으려는 모든 음모에 맞서 우리는 서로 다른 상대를 더욱 단단히 묶어야 한다.

　소수문화 소멸로 득을 볼 사람들은 지배적인 문화를 파급해서 이윤을 늘리는 할리우드 영화계와 같은 기업과 자본이다. 세계문화를 해치는 주범은 이제 초국적 기업이 되었다. 소수문화 보호를 위한 지구적 연대를 통해 지구적 문화공동체에 영향을 미치고 이를 제약하는 기업 권력을 축소하여 공공성의 혼종문화 공간을 개발하는 전략이 필요하다. 이때 혼종문화 공간은 상호 영향을 미치는 모든 소수문화가 살아 있지만 혈통문화로 둔갑되어 있지 않으며, 문화 교류를 하지만 그것이 존중의 차원이지 상품 거래의 차원에서 이루어지는 것이 아님을 분명히 해야 한다. 민주적 지구공동체에 어울리는 문화 혼종 공간은 경제적 능력이 없어도 누릴 수 있고, 누구도 배제하지 않는 세계 문화축제의 공간이다.

그러나 무엇보다 중요한 점은 혼종문화 공간이 막연히 추상적으로 그려질 수 있는 것이 아니라 치밀하게 계획된 정치적 전략으로만 만들어질 수 있다는 것이다. 문화 연대 전략은 성격상 정치적 전략이 될 수밖에 없다. 국가와 국제기구를 움직여 초국적으로 상품화된 문화 공세로부터 인류 문화를 지킬 수 있도록 정치적 실천이 뒤따라야 한다. 문화는 세계시민의 소중한 삶이다. 문화의 상품화가 지구적으로 확산되어 문화 속에 자본주의 이데올로기가 스며들고 그에 따라 보호해야 할 문화적 가치가 경제적 가치로만 뒤틀어진 탓에 이에 저항하는 정치적 실천은 더욱 필요하다. 그러하기에 문화 혼종 공간은 세계시민의 삶을 보호하려는 정치의 실천장이어야 한다.

⁘ 이 야 깃 거 리
1 제국주의 시대에 억압받던 민족은 민족주의를 자주독립의 고귀한 정신으로 삼았다. 민족주의는 지구화 시대에 여전히 유용한가, 아니면 부정적인가?
2 민족문화와 혼종문화는 상호 배타적인가?
3 한류 문화상품이 수출되면서 해외에서 갈등이 일어나는 일이 있다. 신인 아이돌 그룹이 한국보다 경제적으로 낙후된 국가에서 현지 국가와 국민을 폄훼하는 발언과 행동을 해 사회적 파장을 일으키기도 했다. 어떤 국가에서는 민족주의 감정을 동원해 한류가 자신의 문화를 훼손한다며 반한류 여론을 조성하기도 한다. 케이팝 열풍을 비롯한 한류를 우리는 어떻게 다루고 있는가? 이상적인 문화 공존의 현상인가, 국가의 글로벌 경쟁력의 결과물인가? 과연 우리에게 민족주의란 무엇인가? 민족주의는 한류에 어떻게 담겨 있는가? 이는 지구적 문화공동체 형성에 어떠한 영향을 끼칠 수 있는가?

⁘ 읽 을 거 리
네스토르 가르시아 칸클리니, 『혼종문화: 근대성 넘나들기 전략』, 이성훈 옮김(그린비, 2011).
레비 스트로스, 『슬픈 열대』, 박옥줄 옮김(한길사, 1998).

제15장

기후변화와 지구환경정치

　　지구의 미래에 대한 위협적인 보고들이 들려온다. 기후변화와 지구
온난화, 오존층 파괴, 삼림과 생물다양성의 문제 등 지구환경 변화에 대한
걱정은 이제 현실이 되었다. 지난 시기 동안 기후변화 중에서도 지구온난화
문제는 국제관계에서 가장 중요한 환경 이슈로 부상해 지구환경정치global
environmental politics를 지배하는 키워드가 되었다.

　　2005년 옥스퍼드 대학교에서 2,578개의 시뮬레이션을 바탕으로 발표한
연구 결과에 따르면, 금세기 중반까지 지구의 평균 기온이 섭씨 1.9~11.5도
상승할 것으로 전망했다. 보고서에서는 지구가 점점 '귀환 불능 지점'에 다
가서고 있다는 점을 가장 우려했다. 아무리 서둘러 강경 대책을 마련해도
기후 시스템의 관성 때문에 이상 기온이 몇 년간 지속될 것이고, 심지어 돌
이킬 수 없는 지경에 이를 수도 있다는 것이다.[1]

　　우리는 여러 경로를 통해 환경문제의 심각성에 관한 정보를 얻는다. 대
부분의 사람이 과학적인 데이터는 몰라도 지구환경문제가 심각하다는 것쯤

은 잘 안다. 유치원에 다니던 필자의 딸아이가 하루는 "주방세제를 너무 많이 쓰지 말라"며 엄마를 다그친 적이 있다. 지구가 아프다는 이유였다. 이렇게 지구환경문제의 심각성을 모르는 사람이 없는데 아직까지 뚜렷한 해결의 조짐이 보이지 않는 이유는 무엇일까? 이 장에서 환경문제의 심각성에 관해 더 깊이 다룰 생각은 없다. 지구온난화를 둘러싼 지구환경정치에 관해서 추적해볼 것이다.

기후변화협상

뚜렷한 대안을 찾지 못한 채 논쟁만 지루하게 반복하던 국제회의장으로 들어가 보자. 지구온난화 억제를 위한 유엔 주최의 국제협상이 1992년 리우회의를 시작으로 1997년 교토에서, 그리고 2009년 코펜하겐에서 잇달아 열렸다. 기후변화를 의제로 한 회의는 최근까지 계속되었지만, 아직까지 분명한 합의를 이끌어내지는 못했다.

1992년 리우회의에서는 유엔기후변화협약을 체결했으며 당시 166개국이 여기에 서명했다. 이 회의에서 '의제 21Agenda 21'을 설정하고, '환경적으로 안전하고 지속가능한 개발Environmentally Sound and Sustainable Development: ESSD'을 실천할 것을 선언했다. 모든 참가국은 자국의 온실가스 배출량을 산정해서 매년 보고서로 발간하는 데 동의했다. 또 기후변화를 완화하기 위해서 참가국들은 '공동의 차별화된 책임common but differentiated responsibility'을 진다는 데 합의했다. 모든 참가국이 어느 시점에 이르면 다 책임을 분담해야 하지만, 선진 개발국이 그 의무를 가장 먼저 이행해야 한다는 데 합의가 이루어진 것이다.

1997년 교토에서 각국은 기후변화협약의 구체적 이행을 위해 이른바 '교토의정서Kyoto Protocol'를 채택했다. 이 의정서는 온실가스 배출 기준 산정 시점을 1990년으로 정하고, 2012년까지 선진국들이 평균 5.2%의 온실가스를 감축하기로 목표를 제시했다. 그러나 온실가스 배출량이 가장 많은 미국이 반대했다. 미국 의회는 개발도상국에 온실가스 감축 의무를 부여하지 않는 그 어떤 협약도 거부한다는 입장을 만장일치로 의결했다. 미국 정부와 의회는 산업계의 강력한 로비의 영향을 받았다. 미국의 부시 대통령은 텍사스의 한 석유기업 CEO 출신이었다. 미국은 2001년 끝내 교토의정서 비준을 거부했다.

2009년에는 코펜하겐에서 193개국 대표자가 모인 가운데 기후변화총회가 열렸다. 미국이 교토의정서를 거부한 이후였기 때문에 과연 코펜하겐에서는 어떤 논의가 진전될 수 있을지 주목받았다. 많은 환경운동가는 교토의정서에 명시된 당사국들의 일차 의무 감축 기간이 끝나는 2012년 이후를 대체할 합의가 나오기를 희망했다.

선진국은 개발도상국에 기후변화 저감을 의무적으로 시행할 것을 요청하는 한편, 탄소거래시장에서 이산화탄소를 거래 대상으로 만들어 지구온난화 문제에 대응하고 싶어 했다. 반면에 개발도상국은 선진국에 더 많은 온실가스 감축을 요구했다. 아울러 개발도상국은 장기적으로 매년 선진국 GDP의 0.5~1%(2,000억~4,000억 달러)를 자신들의 온실가스 저감과 기후변화 적응 노력에 지원할 것을 요구했다.

코펜하겐에서 선진국은 개발도상국의 기대에 못 미치는 200억 달러의 재정 지원을 내놓겠다고 했지만, 이것도 어디까지나 조건이 있는 거래다. 선진국은 개발도상국이 의무 감축을 투명하게 이행했는지 감독하겠다고 했다. 중국이 법적으로 구속력이 있는 배출량 삭감 협약을 수용하지 않으면,

미국도 온실가스 감축 의무를 수용하지 않겠다고 했다. 이에 대해 중국은 내정 간섭을 우려하는 뜻을 밝히면서 선진국에 맞섰다. 중국은 배출량 삭감에 대한 국제적인 감독을 반대한다. 중국 외교부 부부장인 허야페이何亚非는 "중국은 참견을 받지 않고, 중국 주권을 침해받지 않는 한 대화와 협력을 하기 위한 준비가 되어 있다"라고 말했다. 이 국가들의 대립은 온실가스 배출이 국가의 산업 생산과 직결되기 때문에 나타난다.

한편 지구온난화로 바다 밑에 수장될 운명에 처한 투발루 같은 도서 국가들은 선진국과 개발도상국 모두에 지구온난화가스 삭감을 의무적으로 이행해야 한다고 목소리를 높였다. 이러한 국가에 온실가스 감축은 생존과 직결된 문제다. 아프리카 빈국과 NGO는 즉각 이러한 도서 국가의 요구를 지지하고 나섰다.[2]

기후변화와 책임 논쟁

우리는 기후변화협상에서 각국의 상충하는 이해관계를 목격하게 된다. 항상 핵심적인 논란거리는 지구환경 악화의 책임 문제였다. 선진국이 지구환경 악화에 주된 책임이 있다든지, 개발도상국의 국가관리 실패가 환경 파괴 심화의 원인이라든지 하는 논쟁이 심했다. 지구환경을 파괴한 책임을 묻는 입장과 현재 그리고 앞으로 발생하게 될 책임을 묻는 입장이 상충한다. 책임의 시공간적 경계를 설정하는 문제는 다소 어려운 질문이다.

먼저 선진국 책임론을 살펴보자. 개발도상국은 선진국이 온실가스 배출에 대한 역사적 책임을 고려해야 한다고 주장한다. 실제로 1850년에서 2002년까지 누적 온실가스 배출량을 살펴보면 선진국이 76%, 개발도상국이 24%의 온실가스를 배출한 것으로 추정된다. 누적 기준으로 전체 온실가스 배출량의 4분의 3을 배출한 선진국이 더 큰 감축 의무를 짊어져야 한다는 점에 다수 개발도상국이 동조했다.

선진국이 기후변화라는 위기를 초래했으니 이제 그들이 온실가스 감축의 책임을 다해야 한다고 개발도상국은 외친다. 선진국 책임론의 주요 근거는 현재 지구환경 악화의 원죄를 추적하고, 그 원인 제공자가 후대의 인류에게 미치는 지속적인 영향을 인식하여, 원상회복의 책임을 져야 한다는 것이다.

이것이 선진국 책임론을 정당화하기에 충분한지를 놓고는 관점에 따라 의견이 다르다. 선진국이 대응하는 논리는 산업혁명을 이끌며 초기 자본주의를 운영한 국가의 잘못을 현세대가 책임져서는 안 되며 책임을 질 수도 없다는 것이다. 선진국 시민은 바로 오늘 이 시점에서 책임 여부를 답하고자 한다. 결국 현재 선진국이 저지르는 환경 파괴 및 훼손 행위에 대해서만 책임을 질 수 있다는 주장이다. 현재 발생하는 또 다른 국가의 환경 파괴에 대한 책임은 질 수 없다. 현재 개발도상국이 야기하는 책임은 바로 그들의 몫이며, 이 부분을 좀 더 명확하게 할 것을 선진국은 요구한다.

시원적 원인 제공자에게 책임을 묻는 행위는 간혹 현재 책임 제공자의 책임을 방기하거나 환경 파괴의 정당성을 제공하는 등 문제점을 낳기도 한다. 선진국 책임론에 반대하는 선진국은 그러한 문제를 제기한다. 지구환경의 동시다발적 악화를 고려할 때, 선진국 책임론이 지구환경 회복에 근원적 치유제가 될 수는 없다.

책임원죄론에 대한 원칙적 반박은 강력하고 솔깃한 책임 분석 개념을 바탕으로 한다는 점에서 무게감이 느껴진다. 선진국들은 온실가스 배출에 대한 과학적 데이터를 요구한다. 그러나 환경 파괴에 대한 이런 생각에는 역사적 책임 의식이 들어설 여지가 없다.

다음으로 개발도상국의 책임론을 살펴보자. 미국, EU 등 선진국은 개발도상국의 실효성 있는 참여를 요구한다. 개발도상국 책임론의 핵심은 이제 개발도상국 역시 선진국과 비교해 온실가스 배출의 책임이 결코 덜하지 않다는 것이다. 현재 개발도상국이 배출하고 있는 온실가스는 급속하게 증가하고 있다.

유럽위원회 공동연구센터와 네덜란드 환경영향평가청이 공동으로 발간한 「지구 이산화탄소 배출의 장기 경향」이라는 보고서에 따르면, 1990년 이후 2010년까지 20년간 온실가스 배출량 증가율이 중국 256%, 인도 179%, 한국 136% 등으로 세계 평균인 45%를 훨씬 웃돌았다. 특기할 점은 2010년 중국의 이산화탄소 배출량 89.4억 톤은 미국(2위), 인도(3위), 러시아(5위), 독일(6위)의 배출량을 모두 합한 89.9억 톤과 맞먹는다는 사실이다. 선진국은 개발도상국이 온실가스 감축 목표를 달성하는 데 함께 노력해야 한다고 주장한다.

개발도상국은 자신들이 뒤늦게 경제성장을 시도했기 때문에 어느 정도 온실가스를 배출하는 것은 불가피하다는 논리로 대응했다. 선진국 시민은 이제부터 자신들은 온실가스를 배출하지 않는 제품만을 생산 및 소비할 것이라고 선언할 수 있다. 그러나 개발도상국은 이러한 선택을 할 수 없다. 이를테면 프레온가스가 사용되는 냉장고를 만들 기술적 능력도 없던 국가가 이제 그 기술을 습득해 수출하기 시작했다. 그런데 그 제품의 생산을 그만두라고 요구하는 것은 경제적 삶을 포기하라는 것과 같다. 아니면 이전의 낙후된 삶으로 되돌아가라는 것밖에 안 된다. 이제 가난에서 막 벗어난 국가에 다시 가난 속으로 되돌아가라는 것은 무리한 요구다.

나아가 개발도상국은 친환경기술의 이전을 요구한다. 기술이 이전되면 그때부터 '지구환경지킴이'로서 제 역할을 할 수 있다는 것이다. 하지만 선진국은 친환경기술이 부가가치가 높아 경쟁력이 있는 기술이며, 투여된 비용을 회수하기 위해서라도 무상으로 내놓을 수는 없다고 반발한다. 선진국은 자신이 짊어질 지구환경 파괴의 책임은 지구환경 파괴의 회복 비용에 국한해야 한다며 자신들이 새롭게 투자하여 획득한 생산기술을 고스란히 개발도상국에 넘겨줄 수는 없다는 입장이다.

논란이 되었던 파괴된 지구환경의 원상회복 비용은 어디까지인가? 이는 좁게 해석할 수도 있고 넓게 해석할 수도 있다. 좁게 해석하는 경우, 선진국이 기금을 내놓으면 제출된 금전은 다시 파괴된 환경을 복구하는 데에만 쓰여야 한다. 이를테면 나무를 심어야 하고 바다를 청소해야 하며 자동차를 멈추게 하는 비용으로 지출되어야 한다. 그러나 이는 문제를 소극적으로 바라보는 태도다. 환경 파괴가 오랜 기간 누적되어왔고 역설적으로 그것이 오늘날 선진국의 경제성장을 도왔기 때문에 이러한 접근 방법은 선진국의 과거 책임을 면제해줄 수 있다.

반대로 원상회복 비용을 넓게 해석하면, 현재의 선진국이 이룩한 경제적 부의 원천을 문제 삼을 수 있다. 원상회복해야 할 것은 단순히 지금의 지구환경만이 아니다. 지난 시기 환경 파괴를 통해 경제적 부를 얻어 선진국이 된 만큼 오늘날 경제적 불평등 문제도 회복시켜야 한다는 입장이다. 이전 세대의 행위가 가져온 환경 파괴의 결과가 다음 세대의 경제적 부를 낳았다면 직접적인 책임 역시 고스란히 상속되어야 한다. 이전 세대의 풍요를 다음 세대가 향유하듯 책임도 상속되어야 한다. 상속된 책임의 주체는 계속성을 가지는 국가여야 한다.

그렇다면 선진국은 어떻게 책임을 질 것인가? 선진국이 기존에 환경 파괴의 대가로 이뤄낸 경제적·정치적·문화적 이익을 내려놓는 책임이어야 한다. 구체적으로 선진국이 개발도상국에 기술을 이전하는 것은 파괴된 환경을 원상회복하는 것뿐 아니라 환경 파괴로 얻은 부당한 이익과 그 때문에 발생한 불평등 구조를 제자리로 돌려놓는 의미로 볼 수 있다. 선진국의 환경기술 이전은 환경 파괴에서 얻은 물질적 부의 '재분배' 혹은 '지구적 환원' 으로 해석할 수 있다.

환경문제 해결을 위한 아이디어

국가 간 이해관계 때문에 적절한 대안을 찾지 못하면서 세계 각국은 온실가스 배출량을 줄이는 데 더욱 경제적인 방법으로 유연하게 대처하고자 새로운 의무 이행 수단을 개발했다. 교토의정서는 탄소 배출권 거래제도 Emissions Trading: ET, 청정개발체제Clean Development Mechanism: CDM, 공동이행제도Joint Implementation: JI를 채택했다. 이것은 넓은 의미에서 국제 배출권 거래제도의 다양한 형태로 볼 수 있다. 국가 간 배출권 거래, 청정개발체제, 공동이행을 3대 교토 메커니즘이라고 부른다.

먼저 국제 온실가스 배출권 거래제도는 오염 물질의 글로벌 총배출량을 설정하고, 각 국가에 일정한 양의 배출 한도를 부여한 뒤, 이 한도를 초과하면 배출권을 구매하고, 이 한도에 미치지 못하면 잉여분을 판매하게 하는 제도를 말한다. 이를테면 온실가스 감축 의무가 있는 선진국이 의무 감축량을 초과 달성하면 그 초과분은 또 다른 의무 감축 국가(개발도상국)와 거래할 수 있다. 온실가스를 배출해서라도 산업 생산을 늘리려는 개발도상국은 선진국이 초과 달성한 온실가스 감축분만큼 배출권을 구입해 온실가스를 배출할 수 있게 된다.

둘째, 청정개발체제는 개발도상국의 온실가스 배출 감축 기술을 선진국이 간접적으로 지원하는 형태다. 청정개발체제의 작동 방식은 먼저 선진국이 개발도상국에 자본과 기술을 투자해 온실가스 저감사업을 벌인다. 이 과정에서 발생한 온실가스 배출 감축분은 자국의 감축 실적으로 인정받고, 개발도상국은 사업 과정에서 기술 이전 및 재정 지원의 혜택을 본다.

셋째, 공동이행제도는 감축 의무가 있는 국가들 사이에서, 한 국가가 다른 국가에 온실가스 감축 사업에 투자하고, 그 투자로 발생한 온실가스 감축량을 투자국의 실적으로 인정할 수 있게 하는 제도다. 감축량의 중복계산을 피하기 위해, 투자국의 감축량으로 반영된 양은 투자 유치국의 감축량에서 제외한다. 온실가스 감축 사업을 공동으로 수행하면서 환경보호를 위한 다양한 학습 기회를 누리게 되며 감축 비용을 줄일 수 있다.

3대 교토 메커니즘이 시장주의적 방안으로서 탄소를 시장에서 거래하는 상품으로 취급했다면, 탄소세 방식은 시장에 개입하는 국가의 역할이 강조된다.[3] 탄소세를 처음 시작한 곳은 북유럽 국가다. 핀란드는 1990년에 세계 최초로 탄소세를 도입했고, 이를 산업계, 교통 부문, 개인 가정에까지 널리 적용했다. 탄소세의 기능은 크게 두 가지다.

먼저 탄소세는 기후변화에 대응하기 위해 사람들의 행동과 습관을 적절하게 변화시키는 수단이 된다. 탄소세는 이산화탄소를 배출하는 대상에게 징벌적 성격을 띤다. 반면에 이산화탄소 배출을 줄이려고 노력하는 대상에게는 세제 혜택이라는 인센티브를 주는 방식이다.

한편 세금으로 거둔 수입의 전체나 일부는 환경 보전을 위해 다시 사용한다. 경제적 관점에서 탄소세의 핵심은 환경에 관한 외부 비용을 완전히 배제하려는 데 있다. 오염 원인을 제공한 이에게 세금 부담을 지우고, 이를 통해 확보된 자원을 국가가 환경보전에 투여함으로써, 좋은 것을 많이 생산하고 나쁜 것을 적게 생산하도록 유도한다. 특별히 덴마크가 탄소세 방식으로 이산화탄소 배출 저감에 성공한 사례로 알려진다. 이는 이 나라만이 확보된 세금 수입을 환경적인 목적에 제대로 사용했기 때문이다.

나아가 탄소세를 지구환경정치에도 적용해보는 상상을 해보자. 한 국가에서 세금으로 특정 기업의 이산화탄소 배출을 억제한다면, 그러한 규제가 덜한 곳으로 오염 배출 산업이 이동해 결국 지구환경을 계속해서 악화시킬 수 있다. 따라서 지구적 탄소세를 부여하는 것도 고려할 만하다. 이 제안은 투기자본의 유출입을 막기 위해 '토빈세'를 부여하는 방식과 비슷하다. 하지만 아직 이런 논의는 많은 장벽에 부딪힌다. 토빈세 형식의 지구적 탄소세가 성공하려면 오염 물질을 배출하는 기업과 그것을 옹호하는 국가, 그리고 시민 간의 정치적 관계를 현실적으로 조정해야 할 것이다.

국제협상에서 논의되는 방법 가운데 무엇이 더 적절하다고 단정하기는 어렵다. 기후변화에 대한 대처 방식은 누군가 근원적 처방을 제안하며 앞서가면 현실적 조건과 각국의 선호도가 뒤따라가 복잡하게 얽히기 때문이다. 그렇지만 기후변화 위기에 대처할 때 반드시 지켜야 할 분명한 원칙은 있다. 그것은 온실가스를 배출한 오염자에게 부담을 지워 규제해야 한다는 것이다. 적어도 오염자가 수익을 얻는 일은 없어야 한다. 하지만 탄소거래제는 오염 행위에 가격을 책정하고 이미 배출한 오염 물질에 대한 배출권을 확보해주는 장치다. 탄소시장 시스템은 초국적 기업에 배출권과 나아가 '계속 오염할 권리'를 할당한다. 이것은 오염자에게 부담을 지우는 것이 아니라 오히려 수익을 법적으로 보장해주는 결과를 낳고 만다.

기후변화에 책임이 있는 대상에게 적절히 책임을 묻는 방식이 시급하다. 더 중요한 것은 국가로 하여금 그러한 역할을 지금 당장 성실히 맡게 하는 것이다. 지구환경 보호는 관행화된 파괴의 습성에 대한 시정이다. 오직 서

둘러야 할 뿐이다. 하지만 국가 간 협약만으로는 결국 탄소거래의 가격과 비율을 조율하는 데 그칠지도 모른다. 환경 파괴는 국가 간 조약 협상으로 개선되지 않을 것이다. 오직 국가가 환경 파괴를 규제하게 하는 사회운동만이 우리를 기후환경 위기에서 벗어나게 해줄 수 있을 것이다.

환경문제와 국가의 역할

지구환경정치에서 가장 주목할 만한 주체는 여전히 국가다. 기후변화 문제에 관한 한, 국가는 사태를 악화시킨 자이자 이를 해결할 수 있는 자이기도 하다. 기후변화를 악화시킨 주범은 일차적으로 기업의 이윤 증진 욕구 때문이지만, 그 배후에는 항상 경제성장과 기후변화를 맞바꾸는 일들을 방조하거나 자극해온 국가가 있다. 기후변화 문제를 둘러싸고 국가는 항상 논쟁거리다. 일찍이 삼림 파괴를 방조하거나 지원한 국가들이 논란의 대상이 되었다.

매우 빠른 속도로 경제개발이 진행되고 있는 브라질은 2000년 이전에는 삼림 파괴를 경제성장의 발판으로 삼았기 때문에 세계 비판 여론이 들끓었다. 삼림 파괴에 적극적인 국가들의 경제적 사정이 똑같지는 않지만, 가난한 국가에서 숲의 나무를 베어내는 일은 절대빈곤에서 벗어나기 위해 어쩔 수 없는 선택이다. 이러한 국가에서 나무를 베어내는 일이 잘못일 수 있을까? 삼림 파괴를 줄이는 일은 매우 중요하다. 하지만 국가 영토 내에 자원을 이용할 권리를 다른 국가나 국민이 문제 삼을 수 있는가? 무슨 근거로 그럴 수 있는가?

브라질은 주권국가이고, 그래서 아마존 우림을 둘러싼 정책에 대해 각국 정부나 환경보호단체들이 항의해도 거부하면 그것으로 그만이다. 브라질 정부는 환경단체의 제언을 오히려 '자국에 대한 부당한 내정간섭'으로 여길 수 있다. 물론 2000년 이후 브라질 정부는 열대우림 파괴를 규제하고 있다. 하지만 목재업자들의 강력한 항의로 규제를 완화하려는 움직임이 다시 일고 있다. 브라질 정부는 국내 정치세력들로부터 자유롭지 못하다. 우리가 브라질에 아마존 파괴를 막는 데 좀 더 적극적으로 나서줄 것을 요구하기 어려운 것은 브라질 국민의 선택을 침해할 수 없기 때문이다. 브라질의 삼림 파괴를 문제 삼기 어려운 보편적이고 근본적인 이유는 삼림이 해당 국가의 소유이기 때문이다. 국가가 환경문제를 해결할 수 있을지 회의감이 드는 데에는 충분한 근거가 있다.

국가는 장기적인 전망을 요구하는 환경정책을 수립할 수 있을까? 어떤 사람은 민주주의의 문제를 들어 비관론적인 태도로 말한다. 이는 민주주의가 나쁘기 때문이라기보다는 거기에 구조적인 문제가 있기 때문이다. 즉, 민주주의국가는 갖가지 이해관계에 연루되어 있고, 특히 자본주의 체제에서 국가는 우리 시대의 불행한 물질주의에 너무나 경도되어 있어서 우리가 직면한 거대한 지구적 난제를 해결할 정책을 만들어낼 수 없다는 것이다.

하지만 지구온난화를 해결하기 위한 국제협상에서 국가의 역할은 다시 주목받고 있다. 지구화 시대에 국가의 위상이 추락했다고 해도 국제협상에서 국가는 핵심적인 행위 주체다. 일찍이 1971년 스톡홀름회의는 천연자원에 대한 주권과 외부적 오염에 대한 국가 책임을 결합한 '원칙 21Principle 21'을 수립했다. 유엔지구정상회의에서 각국은 환경 규범을 수립하는 데 나름대로 중요한 역할을 담당했다. 지구환경의 종말이라는 최악의 종말적 시나리오를 막기 위해서는 자원에 대한 주권과 외부적 오염에 대한 국가 책임 간의 문제를 풀어야 한다.

인류 공동자산의 비극

삼림 파괴를 줄이는 일은 광범위한 국제 협력이 필요한 문제라는 것을 우리는 확인할 수 있었다. 그러나 국제 협력이 쉽지 않은 이유는 자원과 경제정책에 대한 주권과 외부적 오염에 대한 국가 책임 간의 문제가 발생하기 때문이다. 이는 공공재와 주권 간의 충돌 문제가 결부된다. 이 상황을 공유지의 비극 문제로 생각해보자.

'공유지의 비극tragedy of the commons'이라는 용어는 하딘Garrett Hardin이 제시했다. 어느 누구의 소유도 아닌 자원에 대해 무제한 접근이 가능한 경우, 개인은 자신이 원하는 만큼 차지할 유인이 존재한다. 개인 이용자의 단기적 이해가 자원을 지속시키려는 장기적인 집단적 이해를 압도함으로써 자원 개발을 남용하게 된다. 자원이 유한하다면 결국 자원이 고갈되어 모두가 아무것도 얻지 못하는 피해를 보게 된다.

지구환경에 대해서도 '인류 공동자산의 비극'4이라는 맥락에서 접근해보자. 환경 파괴는 개인이나 기업이 사적 이익을 추구한 결과의 하나다. 나아가 국가 자원에 대해 주권을 내세운 결과이기도 하다. 우리는 각각의 개인이나 기업, 국가들이 주로 그들 자신의 복지를 향상시키는 것에 관심을 쏟으면서 공동으로 소유한 유한한 자원을 지속적으로 이용할 때 모두에게 어떤 결과가 일어날 것으로 예상되는지 물어야 한다. 결국 지구환경 파괴는 모든 국가가 최선의 자기 이익을 추구하면서 달려든 결과라는 점을 우리 모두가 인식해야 한다.

민주정부에서 장기적인 정책이 결정되기 어렵다고 이야기하는 비관론은 자유라는 가치를 절대적으로 추구하는 상황을 걱정하기 때문에 나타난다. 결국 환경문제에 관한 한 이익을 추구하기 위한 자유 재량권을 부여받은 개인과 기업, 국가에 대한 감독과 규제가 필요하다는 것을 인정하지 않을 수 없다. 물론 자유의 가치가 제한될 필요가 있다고 해서 꼭 권위주의국가나 세계정부가 필요한 것은 아니다. 억압적 규제가 아닌 공공적 규제라면 권위주의적이라고 비난받을 이유가 없다.

국가의 공공적 규제와 시민의식

공공적 규제가 가능하려면 어떤 조건과 환경이 마련되어야 하는가? 국제협상에서 국가의 대표자들이 결정하는 모든 일은 일차적으로 결국 자국 시민이 어느 정도로 정치적 지지를 보내느냐에 따라 달라진다. 시민들이 어떤 생각을 하고 어떤 조직적 힘을 가지고 있는지의 문제가 지구환경의 미래를 결정할 것이다.

탄소세나 탄소시장의 실현 역시 국민의 동의를 바탕으로 한 정치적 결정을 필요로 한다. 시민이 탄소세나 탄소시장 정책을 지지하지 않는다면, 그것은 실현되기 어렵거나 시행되더라도 쉽게 번복된다. 따라서 시민이 진정 합리적인 판단을 할 수 있도록 민주주의가 공공적 민주주의로 심화되지 않는다면 지구환경문제의 해결은 낙관할 수 없다. 시민이 공공적 민주성을 갖추는 것이 중요하다.

브라질의 산림 파괴 문제로 돌아가서 우리 스스로에게 물어보자. 당신은 환경 파괴 문제에서 자유로운가? 당신은 아마존에 들어가 열대 삼림을 파괴한 경험이 전혀 없다. 단 한 번도 가본 적 없는 먼 나라의 문제이지만, 파괴에 대한 책임을 질 필요는 있다. 브라질이 환경 파괴로 경제적 이득을 얻는다고 비난할지 모르나, 그 결실은 사실 서구 선진국이 가져간다. 서구의 경제적 요구가 없다면 브라질이 삼림을 파괴할 유인도 적을 수밖에 없다. 우리 자신이 지구사회의 구성원으로서 간접적인 환경 파괴의 공범임을 인식하는 것은 중요하다.

자신의 생활 패턴을 한 치도 양보하려 하지 않으면서 다른 국가에 환경 파괴 책임을 묻는 것은 책임을 방기하는 것이다. 이런 시민에게 지구환경 보존을 위한 정치적 실천을 기대하는 것은 사실상 어렵다. 지구환경문제는 책임 의식 없이는 해결할 수 없다. 시민의 책임 의식 없이 기업과 국가와 같은 집단의 탓으로만 돌린다면 공공적 의사결정을 기대하기 어렵다. 지구환경정치에 대한 나의 사고가 전환되어야 지구환경 파괴에 대한 공공적 규제도 이루어질 수 있다.

그런데 지금 당장 우리 주변에 공공적 민주시민이라고 자부할 사람은 많지 않다. 공공적 시민은 공동체적 문제에 대해 자신의 문제로서 개입하여 공공적 결론을 도출해내는 것이 핵심적인 자격 요건이다. 공공적 세계시민을 육성하는 것은 한 그루의 나무를 심는 것보다 중요하다. 누구든 말은 잘할 수 있다. 지구환경 논쟁에 뛰어들면서 논리적 판단을 개진할 때 분명한 자기 입장을 보이는 것은 어렵지 않다. 하지만 실천은 항상 어려운 법이다. 지구환경문제 해결을 위해 삶을 바꾸고 정치적 실천으로 이어가려면 어떤 압력에도 동요되지 않도록 우리 자신을 단련해야 한다. 우리는 지구환경문제에 대한 깊은 성찰을 바탕으로 지구환경정치에 깊숙이 관여해야 한다.

근원적이나 낭만적인 환경론

시민들은 지구환경에 대한 책임으로 어떤 실천을 해야 하는가? 환경론자들은 말한다. 그들처럼 공산품 소비를 줄이고 자력갱생해야 한다고. 하지만 헬레나 노르베리-호지Helena Norberg-Hodge가 『오래된 미래』에서 말한 전통적 라다크의 생활세계로 되돌아가는 것은 쉬운 일이 아니다. 『조화로운 삶』에서 보여준 니어링 부부Helen Nearing and Scott Nearing가 살아가는 방식을 일반인이 따르는 것은 꿈같은 이야기다. 이와 마찬가지로 개발도상국에 발전을 멈추라고 요구하는 것도 쉽지 않다. 하지만 미래가 절망적이라는 사실을 우리가 주의 깊게 인식한다면 사람을 움직이게 할 수 있지 않을까?

경고성 빨간 램프를 계속 켜고 달리며, 미래에 닥칠 수 있는 위험성을 지구 종말로 표현한다고 해도 결코 지구환경문제가 해결되는 것은 아니다. 공포와 근심을 유발하는 전략은 이미 물질적 풍요에 길든 사람들에게 제대로 먹혀들기 어렵다. 미래의 리스크 부담이 커질수록 지금의 풍요를 더욱 즐기려는 사람이 많아진다. 사람들은 흡연이 건강을 해친다는 경고를 받고서도 별다른 관심을 보이지 않는다. 자신과 직접적인 관련이 없어 보이는 미래의 지구환경문제에 특별히 더 관심을 기울이지는 않는 것은 어쩌면 당연해 보인다. 지구환경 위기는 걱정거리의 하나는 될지언정 여전히 남의 문제다.

부정보다는 긍정의 힘을 믿어야 한다. 극단으로 치달을 수 있는 미래를 더욱 자극적으로 제시하기보다는 지금 우리의 달라진 생활태도가 더 나은 미래를 낳을 수 있다는 점을 강조하는 것이 더 좋다. 잠재적으로 긍정적인 결과를 암시해야 한다. 스스로 박탈감을 느끼게 하기보다 스스로 지구환경을 지킬 수 있는 기회를 제공할 수 있어야 한다. 대중의 흥미와 관심이 지속적으로 충전될 수 있는 다양한 방법을 제시하고, 작은 것이라도 쉽게 참여할 수 있는 방안을 찾아 실천할 수 있도록 기회를 마련해주어야 한다. 작은 실천을 놓고 그것이 근원적이지 않다고 비난할 것이 아니라 격려해야 한다.

지구환경을 위한 실천은 누구나 쉽게 따라 할 수 있는 것이어야 한다. 현대 도시의 시민들이 실천할 수 있는 방안은 숲에 들어가 은둔하는 삶을 사는 것은 아닐 것이다. 물론 기존의 생활 패턴을 바꾸지 않고서는 새로운 미래를 기대할 수 없다. 하지만 '숲'으로 들어가도록 많은 사람을 유도하기는 쉽지 않다. 다만 따라갈 수 있는 새로운 생활 패턴의 긍정을 살려 기존의 생활 패턴을 낡은 것으로 유도하는 것은 그렇게 어렵지 않다. 지구환경을 개선할 수 있다는 긍정의 삶이 확산될수록 낡은 것은 더욱 초라해질 것이다. 낡은 것은 낡은 이유로 스스로 폐기되는 운명을 맞을 수 있다.

하지만 사람들의 작은 실천이 모여서 큰 물결을 이룰 것이라고 생각한다면 이 역시 순진한 발상이다. 우리는 지구환경을 위한 실천 역량을 키우면서 더 넓은 환경정치가 실현될 수 있도록 개입하는 정치적 주체가 되어야 한다.

기후변화에 대응하는 현실 정치 전략

앤서니 기든스Anthony Giddens가 『기후변화의 정치학』에서 강조한, 정치의제 전략으로 접근하는 방식은 우리에게 좋은 대안을 찾을 수 있게 한다. 환경의제를 정치적으로 설정해보자. 시민의 각성과 참여로 구성된 '대중적 의제' 단계와 의회와 그 주변 기관에서 논쟁이 벌어지는 '정부의제' 단계, 그리고 실제로 입법화가 진행되는 '결정의제' 단계에서 경쟁적인 환경 논쟁을 공공적으로 수렴할 수 있어야 한다. 정부의제 단계와 결정의제 단계는 대중적 의제에 기초해 있기 때문에 환경문제의 해결을 이끌 대중의 정치적 의식과 참여가 무엇보다 중요하다.

앤서니 기든스는 기후변화의 해결책을 특별히 에너지 문제로 접근해서 찾는다. 이는 지구환경정치에서 좋은 현실적 대안일 수 있다. 당장의 실천 대안으로서 에너지 절감에 대한 인센티브를 주는 전략을 적극적으로 활용해야 한다. 석유 자원을 이용하지 않고도 생활할 수 있는 에너지나 기존의 빗물을 이용한 시설과 같은 개인적인 에너지 절감 노력이 동시에 삶을 풍요롭게 한다면, 또 시민들이 친환경 소형차에 대해 대대적인 세금 지원을 받는다면, 시민들은 그것이 이익이라는 것을 의심하지 않을 것이며, 정부의 친환경정책을 반길 것이다.

시민들은 기꺼이 자신과 지구 전체에 이로운 조치를 더욱 강화하려는 정부를 선택한다. 시민들은 자기 이익 때문에 이기적으로만 행동할 것으로 보이지만, 꼭 그렇지만은 않다. 지구 전체에 이익이 되는 것이 자기에게도 이익이 된다는 것을 알게 되면 기꺼이 그것을 선택하는 경향이 분명히 존재한다. 많은 사람이 동참하기 어려운 경우가 있다면 그것은 일방적인 희생만 요구될 때뿐이다. 희생의 부담을 크게 불리지 않는 방향에서 최소한의 것을 실천하게 하고, 그러면서 함께 생각을 공유한다면 지구환경을 위한 대중적 정책 의제를 설정하는 데 큰 어려움은 없을 것이다.

지구환경을 위한 정치적 실천은 다른 경쟁자들을 물리치고 국가기관을 향해 들어가야 한다. 기업은 다른 방향을 원하겠지만, 기업의 이익 추구와 로비의 힘을 넘어설 수 있는 표심을 조직화해야 한다. 국가는 지구환경정치에서 여전히 중요한 행위체다. 국가주권을 부정하지 않으면서 지구환경을 회복할 수 있는 메커니즘은 정치에서 재발견된다. 내 삶을 친환경적으로 유도하는 데만 그쳐서는 안 된다. 지구환경이 정치적 의제가 되어 궁극적으로 지구환경을 보호할 수 있는 방향으로 가려면 우리는 더욱 정치적이어야 한다. 친환경정치의 회복 선언이 필요하다. 우리의 각성된 사고와 참여가 국가를 움직여야 한다. 이런 점에서 민주주의는 더욱 발전해야 한다.

나아가 공공적 시민은 국제정치에도 개입해야 한다. 당신이 속한 곳이 어디든 공공의식을 잃지 않고 국제정치에 개입한다면 많은 것을 바꿀 수 있다. 지구환경회의가 월드컵처럼 전 세계에 생중계되고 각국 대표의 말 한마디 한마디에 초유의 관심을 보인다면 지구환경정치는 지금과는 다른 모습의 경쟁이 될 것이다. 지구환경문제의 핵심은 정치다.

∴ 읽 을 거 리

레이첼 카슨, 『침묵의 봄』, 김은령 옮김(에코리브르, 2011).

마크 마슬린, 『기후변화의 정치경제학』, 조홍섭 옮김(한겨레출판, 2010).

앤서니 기든스, 『기후변화의 정치학』, 홍욱희 옮김(에코리브르, 2009).

헬레나 노르베리-호지, 『오래된 미래: 라다크로부터 배우다』, 양희승 옮김(중앙북스, 2007).

헬렌 니어링·스코트 니어링, 『조화로운 삶』, 류시화 옮김(보리, 2000).

제16장

빈곤, 기아 그리고 발전

2009년 대지진으로 수많은 사람이 희생된 아이티는 굶주린 아이들이 진흙으로 구운 쿠키를 먹고, 인구의 절반 이상이 하루에 1달러 이하로 살아가는 라틴아메리카 최악의 빈국이다. 아이티에서는 절반에 가까운 인구가 유엔의 식량 에너지 권장 섭취량의 75%에도 못 미치는 양을 섭취한다. 빈곤 문제가 아이티에서만 나타난 특이한 현상은 아니다. 소말리아, 에티오피아, 방글라데시 등 지구상의 빈곤 사례를 찾는 것은 어렵지 않다.

빈곤과 기아는 인구 과밀 탓인가, 분배의 왜곡 탓인가

빈곤과 기아에 어떻게 접근하는 것이 적절한가? 우리는 빈곤을 전통적으로 인구 문제와 관련지어 생각한다. 맬서스Thomas R. Malthus의 인구이론에 익숙하기 때문이다. 전통적으로 빈곤 문제는 1798년 맬서스의 「인구의 원칙에 관한 에세이An Essay on the Principle of Population」에 따라 생각해왔다. 이는 인구 성장과 식량공급 간 관계에 초점을 맞춘다. 인구는 기하급수적으로 증가하지만 식량공급은 산술급수적으로 증가하는 데 그친다는 설명이다. 쉽게 설명하면 인구 증가가 식량 생산 증가를 앞질러 기아, 질병 문제로까지 이어진다는 것이다.

이런 관점에서 보면 빈곤 문제의 해결책은 두 가지로 제시해볼 수 있다. 먼저 식량 생산량을 늘리면 빈곤을 해결할 수 있다. 오늘날 가장 많이 거론되는 것으로서 유전자 조작을 통한 식량 생산의 혁신도 그 하나의 방법으로 취급된다. 다른 하나는 인구 성장률을 제한하기 위한 가족계획에 초점을 맞춘다. 식량 공급을 아무리 늘려도 증가하는 인구의 먹을거리를 해결할 수 없는 탓이다. 진보적인 사람들은 이 두 가지 방식 모두를 반대한다.

식량 생산의 혁신은 섣불리 대안으로 말할 수 없다. 유전자 조작은 인간 생명체의 눈에 보이지 않는 잠재적인 건강 파괴의 문제가 우려되는 탓이다. 물론 그마저 제공하지 않으면 굶주리는 사람들의 생명을 구제할 비용을 현실적으로 감당하기 어렵다는 주장도 일리가 있다. 진흙 쿠키보다는 유전자 조작 농산물이 굶주리는 사람에게 더 환영받을 수 있다. 하지만 이러한 논리는 초국적 기업의 시장 논리를 너무 단순하게 파악한다는 비판에서 자유롭지 못하다. 어느 초국적 기업도 지구의 빈곤 퇴치를 위해 유전자 조작 농산물을 거저 준다고 약속한 일은 없기 때문이다.

인구 억제를 위한 가족계획 방법 역시 진보주의자들에게 환영받지 못하는 것은 마찬가지다. 아이티가 가족계획을 통해 빈곤과 기아의 문제를 해결한다고 한다면 현재 죽어가는 생명들에 대해 무책임해진다. 언제일지 모르는 인구 증가가 정체된 시점에서 빈곤이 해결되길 바란다면 그것은 방관론적인 태도다. 나아가 이보다 더 심각한 문제는 가족계획 정책이 은밀하게 인종차별과 관련된다는 점이다. 가족계획을 통한 인구 억제 논리 뒤에는 유색인종의 인구 증가를 특별히 반대하는 관점이 숨어 있다. 사실 서구 선진국의 출산율은 상당히 둔화되었기 때문에 인구 증가 억제 논리는 특별히 유색인종의 인구 증가를 경계하는 것과 깊은 관련이 있다. 인종차별주의자들은 세계 곳곳에서 '넘쳐 나는 유색인종'을 노골적으로 비난하고, 그 차별 수위는 점점 도를 넘고 있다.

빈곤 문제에 대한 전통적 접근이 문제가 많은 탓에 빈곤과 기아에 대한 대안적 설명은 신선해 보인다. 아마르티아 센Amartya Sen은 『빈곤과 기아: 권리 부여와 박탈에 관한 에세이Poverty and Famines: An Essay on Entitlement and Deprivation』에서 기아가 식량 부족보다는 충분한 식량을 확보하지 못하는 사람들에게서 기인한다고 주장한다. 이를테면 1974년 방글라데시에서의 기아는 식량 가용량이 최고조에 달한 해에도 발생했다. 저소득층이 밀집한 지역에서 홍수로 시설이 파괴되고 식량 구입 자금이 없었던 탓에 그들은 굶주렸다. 센이 문제 삼는 것은 식량의 공급량 자체가 아니라 불평등한 식량 접근 경험이다.

센의 연구를 더욱 발전시킨 수전 조지Susan George는 『기아 기계The Hunger Machine』에서 다양한 불평등 요인을 지적했다. 한 인간이 장애를 안고 있을 때, 흑인일 때, 아동일 때, 가난할 때, 농촌에 살고 있을 때, 저발전 국가에 살고 있을 때 기아를 경험할 가능성이 크다. 대안적 설명은 의미심장한 지적이다.

지구화와 빈곤

　　지구화 시대에는 초국적 기업이 식량 접근 조건을 또 한 번 왜곡한
다. 초국적 기업이 가난한 사람의 식량 접근을 악화시키는 과정은 간단히
이렇다. 초국적 기업은 전통적 생산체제를 지구적 생산체제로 유입시켰다.
극빈국 국민들은 이전에 어느 정도의 토지 소유권을 확보하고 충분하지는
않더라도 자신이 먹을 식량만큼은 경작해왔다. 하지만 지구화 시대에 전통
적인 소작 경제가 급격히 붕괴하면서 빈곤이 심화되었다. 빈곤국 농민은 쏟
아지는 해외 농산물 때문에 농사를 접어야 했다. 무역 불균형으로 말미암아
더욱 가난해진 사람들은 식량을 확보할 경제적 수단을 잃었다. 결국 초국적
기업이, 더 가난하고 더 발전이 지체되어 더 불평등하게 식량에 접근하는
사람들을 양산하고 있다.

　　다시 아이티로 돌아가 보자. 식민 지배를 경험한 다른 국가의 수많은 사
례와 마찬가지로 아이티는 정부의 무능력과 부정부패 외에도 스페인, 프랑
스, 미국 등으로 이어지는 외세의 간섭과 정치 불안 때문에 빈곤해졌다. 하
지만 아이티는 흑인 노예의 반란으로 독립을 쟁취한 남미 최초의 독립국이
라는 자랑스러운 역사를 가지고 있다. 식량 자급률도 처음부터 낮았던 것은
아니다. 30년 전만 해도 아이티의 쌀 농업은 100%에 가까운 자급률을 기록
했다. 그러나 아이티가 쌀 시장을 개방하면서 빈곤이 심화되었다.

　　아이티는 IMF와 미국을 비롯한 국제사회의 압력에 밀려 1990년대 중반
쌀에 대한 관세를 35%에서 3%로 낮추었다. 값싼 수입 농산물의 대량 유입
때문에 아이티 농민은 쌀농사를 포기했다. 그 결과 쌀 생산이 27% 감소했
다. 국제농업기구에 따르면, 무역자유화가 시작된 이후에 지구사회에 전반
적인 영양실조가 증가했다. 한 보고에 따르면 1979년과 1981년 사이에 인

구의 48%가 영양실조였지만, 1996년과 1998년 사이에는 62%로 증가했다.[1] 반면에 미국의 농산물 수출 기업은 크게 성장해 대조를 보였다.

아이티가 절대 빈곤국이 된 데에는 그 국민이 게으르고 나태하기 때문이 아니다. 빈곤을 운명이라고 믿는 사람도 있겠지만, 아이티에서 빈곤이 심화된 것은 자연재해 때문만은 아니다. 산아 제한에 실패해서 과잉 인구가 문제된 것도 아니다. 자유시장경제의 확장은 아이티 국민으로 하여금 식량에의 접근을 차단했다. 나이지리아, 세네갈, 가나, 카메룬도 상황은 크게 다르지 않다. 그것은 '자유시장으로 인한 기근free market famine'이다.

'신자유주의 논리로 인한 빈곤과 기아'를 비판하는 활동가 장 지글러Jeon Zigler는 『왜 세계의 절반은 굶주리는가』에서 빈곤에 대한 통찰을 보여주었다. 그는 초국적 기업과 경제 선진국이 국제 원조를 하는 포장된 모습과 달리 빈곤의 원인을 제공했다는 점을 밝혔다. 그가 제시한 사례는 매우 충격적이다.

칠레 대통령 살바도르 아옌데는 영양실조에 시달리는 아이들에게 매일 0.5리터의 분유를 무상으로 배급하겠다고 약속했다. 그러나 분유 시장을 독점하고 있던 다국적 기업 네슬레는 제값을 주고 사겠다는데도 협력을 거부했다. 칠레의 사회주의 개혁 정책으로 미국 기업의 장기적인 이익이 침해받는 것을 꺼렸기 때문이다. 미국은 칠레 군부의 쿠데타를 도왔고, 아옌데는 1973년 9월 11일 대통령궁에서 최후를 맞았다.

초국적 기업은 식량 배분을 왜곡하는 주범이었다. 초국적 기업이 영향력을 행사해온 자유시장 질서는 그들의 이익을 챙기는 데 효과적일 수 있어도 다른 세계의 사람에게는 비극만 초래한다. 초국적 기업을 제재하고 무역 질서에 대한 실질적 개혁 없이는 지구 빈곤 문제의 해결은 불가능할 것이다.

풍요 속의 빈곤

현대 농업 생산력으로 식량이 부족하다는 것은 이해할 수 없는 일이다. 유엔식량농업기구FAO에 따르면, 2010년 세계의 모든 사람에게 일인당 하루 3,600칼로리를 제공할 수 있는 충분한 곡물이 있지만(유엔이 하루 최소 식량 섭취량이라고 권고한 양보다 1,200칼로리가 많은 양이다), 여전히 9억 명이 넘는 사람들이 굶주린다고 밝혔다. 반면에 선진 국가 국민들의 영양 과잉 섭취에 따른 비만과 다이어트 열풍은 식량이 부족하기는커녕 넘쳐서 문제라는 것을 확인해준다. 또한 이 사실은 모든 인간의 생명이 동등한 가치를 지닌다는 우리의 주장을 무색하게 한다.

지구상에 식량은 넘쳐나는 데 빈곤은 왜 생기는 것일까? 넘쳐나는 식량을 빈곤으로 사라져가는 생명을 구하기 위해 사용하면 해결될 텐데 말이다. 자크 디우프 세계식량농업기구 사무총장은 "6초에 1명씩 세계 어린이들이 굶주림으로 죽어가고 있다"라며 "최근 금융·식량 위기가 대부분 지나갔는데도 여전히 10억 명 가까운 사람들이 굶주리고 있다는 사실은 구조적 문제가 있다는 것을 보여준다"라고 말했다. 무엇보다 세계경제의 불평등 구조 때문에 풍요속 빈곤이 계속되고 있다는 사실은 더 이상 새롭지도 않다.

선진국이 자국민만 챙기던 습관은 세계 빈곤에 대한 무관심으로 나타나기도 한다. 이를테면 선진국들은 남아도는 식량을 수시로 폐기 처분했다. 식량을 시장에 내놓지 않고 폐기 처분해서라도 높은 농산물 가격을 유지해야 자국 농민들의 소득을 보존할 수 있기 때문이다. 일반 사람들이 보기에 이러한 조치는 정말 어처구니가 없었다.

'나만 잘 먹고 잘 살면 그만'이라는 경쟁적 탐욕은 지구 문제의 연계 관계를 돌고 돌아 세계 빈곤 문제로 되돌아온다. 물질적 부를 추구했던 과잉 경쟁은 지구를 몹쓸 환경으로 만들었고, 그것은 많은 사람의 삶을 무너뜨렸다. 지구온난화에 따라 식량 공급의 변동이 크게 달라지고 있다는 점에서 지구상의 빈곤은 더욱 구조적인 형태를 띤다.

세계 빈곤 문제에는 우리의 일상적 삶의 구조가 개입되어 있다. 곡물의 쓰임새는 기아 해결의 길을 더욱 좁히고 있다. 전 세계 곡물 3분의 1은 동물을 사육하는 데 쓰인다. 옥수수는 연료로 사용되어 대체 에너지로까지 추앙되고 있다. 굶주린 인류에게 분배될 수 있는 식량을 우리의 지나친 육류 소비 욕구와 두 다리 편한 자동차 운행을 위해 쓰면서 그동안 우리는 빈민국 인민들의 식량 접근을 차단하는 공범자 역할을 했다.

고기 식사 습관을 절제하고 자가용을 집안 장식물로 놓아두자. 그러면 인간이 먹을 수 있는 잉여 식량을 확보할 수 있을 것이다. 맥도날드 햄버거를 찾지 않거나 대중교통 또는 자전거를 이용하는 것만으로도 많은 것을 바꿀 수 있다. 그리고 잉여 식량을 제대로 분배하려는 노력을 조금이라도 기울인다면 이 세상의 기아와 영양실조가 사라질 수 있을 것이다. 우리가 삶의 태도를 전환하는 것이 인간을 빈곤에서 벗어나게 하는 첫걸음이다.

원조라는 이름의 자원 배분

개인의 생활습관 변화는 자원 배분 방식을 개선하는 데 기여하지만 여전히 제한적이다. 우리는 적극적으로 정치적 실천을 하여 국가와 국제기구를 움직일 수 있어야 한다. 구체적으로 국가와 국제기구가 실질적인 원조를 늘리도록 압박해야 한다.

국제원조를 결정하는 경향은 역사적으로 달랐다. 그동안 특정 국가의 발전을 위한 국제사회의 지원은 정치적으로 결정되었다. 마셜플랜과 같은 미국의 대규모 유럽 국가 지원 계획은 세계경제체제의 안정적인 유지와 유럽의 공산화 저지가 목적이었다. 한국과 같은 반공국가에 대한 경제적 지원도 비슷한 맥락에서 이루어졌다. 선진국은 지정학적으로 의미가 없다고 판단되면 원조에 소극적이었다.

오늘날 저발전 국가 지원 문제는 유엔과 같은 국제기구에 의지한다. 탈냉전 이후 국제원조는 세계은행, IMF와 같은 국제기구와 더욱 긴밀하게 연계되었다. 이제는 지정학적 이유보다는 시장경제의 개방을 조건으로 원조가 이루어지는 씁쓸함이 더해지고 있다.

경제적 국제기구는 가난한 국가의 빈곤을 키우면서 그들을 도왔다. 경제적 국제기구가 추동했던 시장 확대가 저발전 국가의 빈곤 문제를 야기했다는 것을 상기한다면 경제적 국제기구와 기업의 도움으로 저발전 국가의 발전을 도모하는 전략은 모순적이다. 그동안 경제적 국제기구의 저발전 국가들에 대한 지원은 시장 개방화를 전제 조건으로 하여 이루어졌다고 해도 지나친 말이 아니다. 경제적 국제기구의 '배려'에 의존하는 방식이 현존하는 유력한 대안이라고 생각할지 모르지만, 기근을 방기한 책임부터 해결하는 것이 순리다. 자유시장으로 인한 기근을 막기 위해서 시장주의에 대해 재검토해야 한다. 그런 연후에 적극적으로 원조에 나서야 할 것이다. 그것이 경제 선진국과 국제기구가 그간 자행한 잘못에 대해 할 수 있는 최소한의 양심선언일 것이다.

한국 역시 최근 원조에 대한 관심이 커졌다. 물론 이는 반길 일이지만 여전히 문제는 있다. 한 세대 만에 원조를 받는 나라에서 주는 나라가 된 한국이지만, 우리가 지구사회에 기여한 바는 많은 부분이 포장되어 있다. 한국은 2009년 공적개발원조ODA로 8억 1,600만 달러(9,000억 원)를 지출했다.

이는 국민총소득GNI의 0.1%에 해당하는 금액으로, 경제협력개발기구 개발원조위원회DAC 24개 회원국 가운데 가장 낮다. 원조의 질에도 문제가 많다. 돈을 주면서 자국 물품을 사게 하는 '구속성 원조'가 전체의 약 3분의 2를 차지한다. 개발원조 평균치의 5배나 된다. 무상원조가 적고 유상원조가 많으며, 특히 최빈국에 대한 유상원조 비율은 세계 최고 수준이다. 그래서 원조를 받는 나라의 빈곤 감소에 얼마나 기여했는지를 측정하는 '원조 효율성'에서 한국은 늘 최하위권이다.[2]

빈곤국에 경제적 성과를 베푼다는 시혜적 의미에서 국가적 차원의 원조를 행하는 것은 올바른 태도가 아니다. 그동안 우리가 이룬 경제성장이 지구사회로부터 온 것이기에, 국가의 원조는 지구사회로의 환원이라는 의미로 이해해야 한다.

경제 발전인가, 자생적 발전인가

우리는 빈곤 국가의 사정을 제대로 이해하지 못한다. 풍요로운 세상에 익숙하고 길들여져 있기 때문이다. 그래서 빈곤을 극복하기 위한 발전 전략을 모색할 때에도 빈곤국의 정치적·경제적 조건을 충분히 고려하지 않은 채 우리가 해왔던 방식을 무심코 권한다. 모든 국가가 우리처럼 새마을운동을 앞세워 성공할 수 있을까? 우리의 발전 전략은 모든 국가의 표준 모델이 될 수 있을까? 기존 발전 방식을 심도 깊게 재검토해보아야 한다.

전통적으로 빈곤은 물질적 필요가 충족되지 못한 것으로 인식되었다. 그리고 기아는 식량 부족을 의미한다. 전통적 견해는 근대화나 산업화로의 발전이 빈곤과 기아 문제의 해결책이라고 제시한다. 이 견해는 서구의 전문 지식에 의존해 대규모 자본 투자가 개입된 잉여의 창출과 그 성과로서의 발전을 고려한다. 초국적 기업들도 전통적 사회발전론을 지지한다. 저개발국의 관료들은 서구 중심의 교육을 받고 자국에서 정책으로 실현하는 데 익숙하다. 이들의 지배적 관계가 전통적 사회발전 논리를 강화해왔다.

하지만 전통적 경제발전론은 경제가 아무리 성장해도 빈곤이 좀처럼 사라지지 않는 현실을 생각해볼 때, 뚜렷한 대안이 되지 못한다. 사회 발전이 빈곤과 질병으로부터의 해방을 도울 수 있다. 하지만 발전을 단순히 경제발전으로 인식하는 것은 협소한 것이다. 경제가 발전한다는 것이 무엇인가? GDP 성장으로 표현될 수치 놀음은 극빈국에 얼마나 많은 변화를 줄수 있을까?

소득이 1인당 3만 달러가 넘는 선진국에도 여전히 빈곤이 남아 있다는 사실은 우리에게 시사하는 바가 크다. 빈곤의 정도는 나라에 따라 큰 차이가 있다. 복지국가가 발달한 북구에서는 빈곤율이 5%, 유럽 대륙이 9%인데 비해, 시장만능주의를 취하는 영미형 국가에서는 13%다. 복지를 경시하고 성장을 중시하는 나라일수록 빈곤에 빠질 위험이 크다.[3] 서구의 실패를 비추어볼 때 성장 중심 전략을 빈곤국에 이식하는 것이 능사는 아니다.

한편 한국의 대통령은 2010년 G20 정상회의에서 한국형 개발 모델을 경제협력개발기구OECD 개발원조회의에 제안할 것이라면서, "개도국 스스로 성장 잠재력을 확충하고 자생력을 기르게 하는" '새로운 개발 전략'을 강조했다. 그는 한국의 과거 경험을 일반화하려는 의지를 드러냈다. 하지만 인권유린으로 말도 많고 탈도 많았던 개발독재 경험을 한국형 개발 모델이라는 이름으로 수출까지 하려는 자세는 독재체제를 옹호하는 것이 아니라면 빈곤국의 사정에 둔감한 것으로 볼 수밖에 없다. 지금의 빈곤국에는 무모한 도전을 강요하지 말아야 한다.

기존의 성장 패러다임을 대체할 새로운 대안적 사고와 제도가 필요하다. 대안적 사고를 하는 사람들은 빈곤을 자신의 공동체에 적합한 환경이 결핍되거나 무너진 상태로 본다. 그리고 기아는 식량의 양이 문제가 아니라, 배분의 권한을 둘러싼 정치적·사회적 관계에서 나타난다고 본다. 대안적 발전 개념은 지역 특수성을 고려한 복지 창출을 강조한다. 구체적으로 토착적인 지식과 기술에 의존할 것과 소규모 사업에 대한 소규모 투자, 공통 자원의 보호 등으로 자력갱생할 수 있게 하는 것을 중시한다.

대안적 입장은 수익성을 크게 고려하지 않는다. 이를테면 소외 지역에 적용할 수 있는 적정기술이 대단히 높은 기술력과 자금력을 갖출 필요는 없다. 누구나 빈곤과 가난을 해결할 의지가 있으면 발전을 이룰 수 있다.

그래서 경제성장 전략보다 소규모 공동체를 보호하는 방안이 훨씬 현실적이다. 저발전국의 많은 사람에게는 자신과 가족을 부양할 수 있는 능력을 보유하는 것이 예측 불가능한 시장과 믿을 수 없는 경제적 국제기구에 의존하는 것보다 더 나은 방식이다.

발전에 대한 대안적 시각은 몇몇 국가, 유엔기구, 비정부기구와 몇몇 학자를 통해 나타난다. 그들의 관심은 주로 권리 찾기와 적절한 분배에 맞추어져 왔다. 대안적 시각은 민주주의 문제들을 포함시키는 방향으로 진전되었다. 세계경제 규범의 민주화는 대안적 시각의 핵심이다. 서구식 발전론을 비판하는 사람들은 국가 간 교역 조건의 개선, IMF와 세계은행의 책임성, 초국적 기업에 대한 규제를 촉구한다. 세계 무역 구조를 바꾸기 위한 세계적인 연대는 빈곤 문제를 해결하기 위한 근원적인 방법이다.

대안을 실천하는 사회운동

명분만 그럴듯한 보여주기식 실천은 그만두자. 세계 무역의 규범에 대한 개혁 요구와 남반구 빈곤계층의 사회적 권리 요구를 묵살하는 선진국이 지구의 빈곤 문제를 해결하는 데 나서겠다고 공언하거나 세계 민주주의를 운운하는 것은 모순이다.

그러나 국가가 세계의 빈곤 문제에 적극적으로 나서주기를 그저 기다리고 있을 수만은 없다. 다행히도 공정무역운동이나 적정기술보급운동 등 사회운동이 팔을 걷어붙였다. 빈곤 문제에 대한 지구적 시민사회의 개입이 나타나고 있는 것은 고무적이다.

공정무역운동가들은 산업을 경제적 시각으로만 보기를 거부한다. 이들은 부의 창출에 참여했던 가난한 사람들의 권리를 보장하라고 주장한다. 이를테면 커피나 옥수수 생산에 참여한 농업 노동자의 기본적인 권리를 인정하고 보호해야 한다는 식이다. 농업 생산을 위한 투자의 증가, 비료와 농약의 사용, 기계화 등은 모두 생산성 향상을 위한 것이었다. 하지만 생산성 향상 이후 농업 생산에 직접 참여한 농업 노동자들에게 되돌아간 이익은 최저 생계를 영위하는 데에도 못 미쳐 그들은 여전히 가난하다. 초국적 기업의 상층부가 대부분의 이익을 챙기기 때문이다. 새로운 사회운동가들은 국가 간 공정무역의 근간을 설립하는 것을 모색한다.

투표소에서 행사하는 한 표만큼이나, 혹은 그보다 더 가치 있는 것이 1원의 소비다. 소비자의 선택이 세상을 바꾼다. 초국적 기업은 국가 간 경계를 넘어 생산체제 자체를 하나의 통합된 운영 원리에 따르게 한다. 그래서 이른바 '지구적 생산체제'를 만들고 있다. 그런데 우리는 아무런 연대의식 없이 입맛에 맞는 소비를 즐긴다. 우리가 커피 한 잔을 마시거나 팝콘을 하나

먹을 때, 우리는 해당 작물 생산지에서 발생하는 변화를 생각하지 않는다. 생각하는 소비가 필요하다. 경제적·금전적 가치를 중시하는 경제적 합리성의 소비가 아닌 인간적·사회적 가치를 상기하는 사유의 소비가 필요하다.

　빈곤국 현장 속으로 더 깊숙이 들어간 사람들은 적정기술보급운동4을 펼치고 있다. 적정기술이란 주로 개발도상국에 적용되는 기술로, 첨단기술과 하위기술의 중간 정도 기술이라 해서 중간기술, 대안기술, 국경 없는 과학기술 등으로 일컬어진다. 적정기술의 연원을 마하트마 간디의 물레로까지 거슬러 올라가 찾는 이도 있다. 당시 인도의 목화를 수입해 옷으로 가공한 뒤 인도인에게 비싸게 되팔던 영국에 맞서는 데 물레로 옷 짓는 기술은 말 그대로 '적합한 기술'이었다. 적정기술은 토착세력에게 자립할 수 있는 힘을 실어준다.

　재난의 나라 아이티에도 적정기술을 전수하려는 학생들이 있다. 미국 매사추세츠 공과대학교MIT 학생들은 아이티 국민들이 나무를 연료로 사용하면서 황폐해진 산림 때문에 각종 재난이 지속되자 이를 해결할 아이디어를 냈다. 학생들은 세계적 사탕수수 생산국인 아이티 농부들이 설탕을 추출한 뒤 사탕수수 폐기물을 그대로 버려두는 데 주목했다. 학생들은 버려진 사탕수수 폐기물과 진흙 등을 섞어 숯(차콜)을 만드는 기술을 전수했다. 사탕수수 숯은 벌목을 줄일 뿐 아니라 나무 숯보다 화력이 좋다. 아이티 국민들은 그 숯으로 불씨를 살려 음식을 만들고 삶을 다시 살아갈 것이다.

　세계 자본주의가 가난과 빈곤을 창출했다면, 이에 맞선 행동은 이윤 창출 동기에서 벗어나 자유로운 연대에 입각해 아래로부터의 변화를 추구한다. 국제적 감각을 지니고 인간적 공학을 연구해 실천하는 것은 지금도 진행형이다. 자신과 부유한 10%를 위해 일하는 90%의 공학설계자가 있다면, 우리에게는 아직도 가난한 전 지구의 인구를 위해 일하는 소수가 있다. 바로 이들의 행동이 멈추지 않도록 연결해줄 때다. 새로운 사회운동이 결합한 지구적 연대정치는 다시 우리의 희망이다.

∴ 이 야 깃 거 리

1 1980년대부터 2010년대까지 지난 40여 년에 걸쳐 일어난 지구화의 변화가 세계 빈곤에 미친 영향에 관해 논의해보자.
2 미래 기술 진보가 세계시민에게 충분한 음식을 제공할 것인가?
3 지구화 시대에 일어나고 있는 새로운 사회운동의 사례를 조사해보고, 이들에게 어떠한 이념과 정치적 전략이 요청되는지 토론해보자.

∴ 읽 을 거 리

그레고리 클라크, 『맬서스, 산업혁명 그리고 이해할 수 없는 신세계』, 이은주 옮김(한스미디어, 2009).
미셸 초스도프스키, 『빈곤의 세계화』, 이대훈 옮김(당대, 1998).
에릭 라이너트, 『부자나라는 어떻게 부자가 되었고, 가난한 나라는 왜 여전히 가난한가』, 김병화 옮김(부키, 2012).
장 지글러, 『왜 세계의 절반은 굶주리는가?』, 유영미 외 옮김(갈라파고스, 2007).

제4부
지구화와 민주주의

민주적 지구공동체는 새로운 것이 아니다. 민주주의와 공공성은 늘 우리가 평상시에도 중요하게 취급해오던 가치다. 우리가 소중하게 여겨온 삶의 가치를 구체적으로 묶어세우는 것이 중요하다. 민주주의와 공공성이 없다면 미래 사회는 아무것도 아닌 것이 된다. 민주적 지구공동체는 모든 세계시민의 삶을 위한 현실이어야 한다. 그러하기에 민주적 지구공동체는 '사람 사는 세상'의 질서다.

제17장

민주적 지구공동체를 향하여

초국적 자본의 권력화

전 지구적 자본주의 경제체제에서 초국적 기업은 권력화되었다. 초국적 기업은 2007년 전반기에 건당 10억 달러가 넘는 465건의 인수합병을 성사시켜 범위와 규모 면에서 큰 성장을 이뤘다.[1] 초국적 기업 간 인수합병은 초국적 기업의 세계적 네트워크를 완성시켰고, 동시에 소수의 초국적 기업은 독점적 지위를 점했다. 4만 3,060개의 초국적 기업 중 3%에 해당하는 1,318개 기업이 세계경제 수익의 약 60%를 차지한다. 상위 1%도 안 되는 기업은 초국적 기업 네트워크의 40%를 지배한다.[2] 이러한 초국적 기업은 부를 독점하며 세계경제에서 강력한 영향력을 행사한다.

한편 상품 중개 회사 16개가 세계에서 거래되는 상품시장의 절반 이상을 장악하고 있다. 세계 최대 원자재 거래 회사인 스위스의 글렌코어Glencore는 2010년 세계 아연 거래량의 55%와 구리의 36%를 장악했다. 지구적 독점

회사들은 가격 조작과 통제를 일삼는다. 이러한 회사는 많은 자원을 독점적으로 비축해놓았다가 비싼 가격에 적은 양을 푸는 식으로 2007년 세계 식량 가격 폭등과 2008년 오일 가격 폭등에 영향을 미쳤다는 혐의를 받고 있다.3 이 초국적 독점기업들이 정하는 가격에 70억 세계시민이 끌려가는 세상, 그것이 바로 오늘날 우리가 살아가는 곳의 모습이다.

사실상 초국적 기업과 한몸인 초국적 은행도 약탈자의 반열에 올라섰다. 초국적 은행은 다른 형태의 범세계적 비정부기구라고 할 만하다. 왜냐하면 초국적 은행이 새로운 금융상품을 개발하고 이익을 챙기려고 내려진 사업 방식은 다른 여러 국가의 금융정책을 바꾸고 범세계적 금융거래의 규칙이 되기 때문이다. 초국적 은행이 결정한 사안 하나가 지구적 사안이 될 정도로 초국적 은행이 세계경제에서 차지하는 경제적 규모가 커졌다. 2006년 세계의 가장 큰 10대 은행들은 12조 800억 달러의 자산을 보유했다.4 주요 은행은 전략적 연합을 형성하고 있으며, 세계 정치·경제에서 그들의 역량을 더 극대화하고자 해외 은행들과 합병하는 일이 점점 더 많아지고 있다.

매출액 1,000조 달러가 넘는 외환시장은 세계에서 가장 거대한 시장이다. 그런데 여기에서 소수의 은행이 외환시장의 절반 이상을 차지하고 있다. 그중 가장 거대한 참가자가 도이체방크다. 도이체방크는 세계 70개국에 지사를 두고 있다. 모든 외환거래의 5분의 1 이상이 도이체방크를 통해 이루어진다.5

그 밖에 JP모건체이스, 골드만삭스, UBS, HSBC, BNP파리바, 뱅크 오브 아메리카 등도 광범위한 시장 참여 네트워크를 꾸리고 있다. 이 거대 은행들이 수익 및 영향력을 지킬 수 있는 것은 금융과 정치의 복합구조 탓이다. 은행은 금융시장의 규제 해제와 낮은 세금, 느슨한 감독 때문에 이득을 얻었고, 국가는 은행을 통해 국채를 판매하면서 상부상조했다. 심지어 재정

적자에 시달리는 국가가 국채를 판매하는 과정에서, 지구적 은행 네트워크는 한 국가의 재정위기를 전 세계로 확산시키는 역할을 했다. 미국의 금융위기 이후 미국의 부채도 대규모 은행 경로를 타고 전 세계로 분배되고 있다.6 1%의 초국적 기업과 은행이 세계를 지배하는 세상이다.

민주주의의 위기

초국적 기업과 초국적 은행은 세계의 부와 소득을 분배한다. 그들의 활동은 어떤 국가의 경제발전에 기여하지만, 다른 국가의 경제 불안을 조장하기도 한다. 그들은 남반구를 희생시키며 부유한 북반구를 발전시킨다. 해외직접투자는 대부분 매우 부유한 일부 국가로 집중되었다. 최빈국들은 해외직접투자를 거의 받지 못한다. 초국적 기업처럼, 초국적 은행도 선택된 소수 국가만의 돈 잔치를 벌인다. 초국적 자본의 자원 배분은 국가 간 평등에 기초한 민주적 지구공동체의 형성에 큰 걸림돌이 될 수 있다.

초국적 기업이 세계경제에서 부의 재편에만 관여하는 것은 아니다. 그들의 활동은 좀 더 직접적이고 정치적이다. 초국적 기업은 정치적·경제적 자원을 동원해 직접 권력을 행사한다. 초국적 기업은 정보력과 전문 인력을 갖추고 로비 활동, 제도적 통로의 활용 등을 통해 자기 이익을 관철하는 뛰어난 정치적 능력이 있다. 시장에서 거둔 성과로 획득한 경제적 무게뿐 아니라 정치적 무게를 모두 지닌 초국적 자본은 모든 면에서 다른 경쟁적 참여자를 물리친다. 초국적 자본의 정치적 영향력은 인민주권에 기초한 민주주의 체제를 어지럽힌다.

1990년 미국의 사기업들로 구성된 한 협회가 주권국가 칠레의 법률을 사실상 고치도록 영향력을 행사한 사건이 일어났다.[7] 문제의 쟁점은 의약품 특허권 허용 여부였다. 칠레는 다른 많은 개발도상국과 마찬가지로 재산권보다 공중 건강을 앞세워 의약품에 대한 특허권을 인정하지 않았다. 의약품 특허권을 지나치게 오랜 기간 인정하면 약값이 올라가고, 일반 국민은 필요한 의약품을 구하기 어려워지기 때문이다.

그러나 1980년대 말부터 미국제약협회PMA는 25년간 의약품의 독점 가격을 특허권으로 보장하라고 칠레를 강하게 압박했다. 처음에 칠레 의회와 정부는 미국제약협회의 요구를 거부했지만, 계속되는 전 방위적 압박을 버텨내지 못했다. 칠레는 의약품에 대해 15년간의 특허 보호를 인정하는 내용으로 특허법을 개정했다. 미국제약협회는 칠레의 입법 주권을 집어삼켰다.

초국적 기업은 칠레에서 벌어진 것과 같은 방식으로 전 지구적 차원의 자유무역협정에서 제 몫을 챙겼다. 초국적 기업의 요구는 공적인 국제법의 지위를 누린다. 이제 초국적 기업의 범세계적 침투는 세계시장 영역에만 관여하는 것이 아니라 국가들 사이의 관계와 한 국가 내의 정책 결정 과정에서도 변화를 이끌고 있다.

거대한 돈줄을 거머쥔 초국적 기업의 매력 때문에 대다수 국가는 서로 규제 완화 정책을 내세우며 사활을 건 기업 투자 유치 경쟁을 벌인다. 지구화 시대 각국 정부의 규제 완화 열풍은 초국적 기업의 유목민적 행위를 도왔다. 초국적 기업은 정부의 기업 활동 규제가 약하고 생산비용이 적게 드는 지역만을 찾아 산업시설을 이전한다. 초국적 기업은 본국의 노동자를 해고하면서 저임금 국가에서 고용과 활동을 확장했다. 이를테면 1990년대 스위스·스웨덴 제조업체인 ABB사는 서부 유럽 및 북아메리카에서 일자리 5만 9,000여 개를 없앤 반면, 여타 지역, 특히 아시아와 동유럽에서는 5만 6,000여 개의 일자리를 창출했다.[8] 한 지역에서 공장이 폐쇄되고 다른 곳에서 생산이 개시되는 것은 익숙한 일이 되었다. 초국적 기업이 이전한 지역에서는 심각한 노동문제가 일어났다.9 초국적 기업은 일부 산업에서 저임금과 열악한 노동조건을 강요한다. 초국적 기업의 투자를 불러들인 지역에서 많은 노동자는 여전히 혹은 더 열악한 조건하에서 허덕이며 살고 있다.

많은 정부는 초국적 기업의 불평 한마디에 촉각을 곤두세운다. 국가가 최악의 노동환경을 막고 사회적 약자를 보호하기 위해 도입한 제도도 '기업하기 좋은 환경'을 조성하기 위해 언제든지 바뀔 수 있다. 그 결과 복지국가의 사회보호 장치들이 하나둘씩 파괴되었다. 초국적 기업은 기업이 부담해야 할 사회보장 기여분을 인하하도록 복지국가 정부에 압력을 행사했다. 기업이 사회적 부담을 회피하자 사회적 비용은 고스란히 노동자가 개인적으로 짊어지게 되었다.

생산의 지구화에 따라 부의 창출과 분배가 이루어지는 조건이 변화하자 국가권력은 이에 조응하여 공공성을 유지해야 하는 역할에서 점차 발을 빼고 있다. 때로는 초국적 기업을 싸고도는 국가권력이 인민주권에 기초하고 있는지 의심이 들 정도다. 초국적 기업은 복지국가주의자들을 누를 수 있는 강력한 정치적 영향력을 행사했다.

초국적 자본의 국경 침략이 계속되면서 국가는 소득, 일자리, 외국 기업 이익에 대한 통제력 등을 상실했다. 초국적 자본의 무서울 만큼 강한 재력은 공식 통계가 보여주는 것보다 훨씬 더 강하다. 많은 사람은 국제적으로 자유로운 경쟁을 고집하는 초국적 자본이 인민주권에 기초한 국가의 주권적 통제력을 앗아가지 않을까 걱정한다.

초국적 기업과 은행의 권력화는 본질적으로 민주주의의 위기와 관련되기 때문에 민주적 지구공동체의 토대를 무너뜨린다. 지구화 시대에 우리는 일국 민주주의의 훼손뿐 아니라 국가 간 민주적 질서의 정립이 어려워지지 않을까를 걱정해야 한다.

하지만 초국적 자본의 영향력 확대로 국가의 자율성이 약화된다고 해서 그것을 곧 민주주의의 종말로 받아들일 필요는 없다. 항상 민주주의는 도전을 받아왔고, 그것을 지키고자 싸워온 것이 근대 이후 인류의 역사이기 때문이다.

세상은 우리에게 새로운 과제를 부여할 뿐이다. 특정 국가에 대한 인민의 요구와 참여를 지구적인 시민사회의 요구로 확장하는 것은 새로운 민주주의의 과제다. 민주주의를 키울 터가 일국적 차원에 머물러서는 안 된다. 민주주의와 시민권의 의미에 관한 '지구적 전환'이 필요하다.

이중적 민주화

민주주의를 '이중적 민주화' 과정으로 진전시키는 것이 민주적 지구공동체에 이르는 길이다. '이중적 민주화' 과정이란 한 국가공동체 내의 민주주의 심화뿐만 아니라, 영토적 경계를 초월한 민주주의의 확대를 의미한다.10 전자는 기존 국가권력 체제를 지속적으로 발전시켜야 할 뿐만 아니라 국경에 근거한 배제의 정치를 철회하고 공공적 숙의민주주의를 구축하는 것을 의미한다. 후자는 자유시장주의를 대체하여 공공성을 강화하는 방향으로 새로운 초국적 시민사회를 구축하고 기존 국제기구를 개혁하는 것으로 이해할 수 있다.

국가공동체 민주주의의 심화
신자유주의적 지구화가 시민의 정치 역량 자체를 급진적으로 축소하고 제거하는 상황에서 국가공동체의 민주주의를 심화하는 일차적인 정치적 과제는 시민 주체를 재발굴해 시장권력을 통제하는 것이다. 그리고 시민들의 이해관계가 공익성을 지향해 그것이 대표될 수 있는 방향을 찾아야 한다.

기존 국경 안에 갇힌 시민으로는 민주적 지구공동체를 구성하기에 적절하지 않은 탓에 시민 주체의 재발굴은 중요하다. 시민 주체를 재발굴하는 일은 배타적 성격을 띤 국가 개념과 거리를 두는 데에서 출발해야 한다. 근대국가는 민주주의를 구체적으로 실현하기 위한 제도적 산물이지만, 역설적이게도 지구화 시대에 국가는 자신의 민주주의적 기초 자체를 깎아내고 탈민주주의화하려는 경향을 보이기도 한다. 국가는 국경이라는 영토와 주권, 국민으로 규정되는 성격상 배제의 경향을 띤다. 더 나아가 자신의 정치적 기초를 이루는 민주주의의 보편성을 국민과 영토로 한정하는 경향을 지녔다. 이런 탓에 민족주의가 분출하고 인종주의를 강화시킬 위험을 안고 있다. 국가가 사회적·경제적 권리를 향유할 수 있는 대상의 범위를 자국의 특정 국민으로 제한한다면 국가의 민주주의가 심화되지 못한 것이다.

그리고 한 국가의 결정이 다른 국가나 세계정치에도 좋은 영향을 끼치는 결정이 되려면 국가를 넘어선 시민들의 실질적 정치 참여가 강화되어야 한다. 단순히 이주민에게 선거권을 부여하는 데 그쳐서는 안 된다. 이주민을 포함해 세계시민으로 거듭난 시민은 적극적이고 포용적으로 정치에 참여해야 한다. 시민들은 세계시민의 문제를 다루어야 할 뿐만 아니라 나아가 지구적 정치 참여로 참여의 폭을 확장해야 한다.

반면에 민주주의를 왜곡하던 참여자는 다시 관리되어야 한다. 국가의 의사결정이 외부 경제적 요인에 의해 왜곡되는 의사결정 경로를 적절하게 관리해야 국가공동체가 민주적으로 심화될 수 있다. 경제적 지구화는 국가권력이 행사되는 외부 조건을 비민주적으로 변환했다. 그동안 선진 자본주의

국가들은 자유시장의 지구화를 위해 복무했다고 해도 지나치지 않는다. 자본의 요구를 심각하게 수용한 많은 국가들, 특히 선진 자본주의국가들은 자유시장주의 제도를 확립하기 위해 더욱 '적극적'인 형태의 국가가 되었다. 민주주의를 왜곡하는 초국적 자본의 영향력을 사회적으로 받아들일 수 있는 수준으로 제어하지 않고서는 국가공동체가 민주적으로 더 진전되기 어렵다는 점을 잊지 말아야 한다.

요컨대 국가의 정치권력이 인민의 영향력 안에서 공적인 논의에 따를 수 있게 하려면 국가 내에 공적 공간을 마련해야 한다. 초국적 기업의 영향력이 가중되는 지구화 시대에, 정치적 의제에 영향을 미치고 제약하는 기업조직의 권력을 축소하는 것은 한 국가 내에 공적 공간을 만드는 데 무엇보다 중요하다. 시민들이 자본의 경제적 힘에 밀리지 않고 세계시민으로서 적극 나설 실제적인 힘을 가질 때, 민주적 지구공동체는 명실상부한 가치를 갖게 될 것이다.

초국적 시민사회

영토적 경계를 초월한 지구적 질서에서 정치적 공동체의 적절한 정책을 어떻게 만들 수 있을까? 또한 누가 누구를 어떤 근거에서 대표할 수 있는지 대표성의 의미에 관해서, 그리고 누가 어떤 식으로 참여해야 하는지 정치적 참여의 적절한 형태와 범위에 관해서도 의문을 제기할 수 있다. 우리는 여기에 대해서 확답할 수 없지만 작은 변화의 움직임을 통해 그 답을 찾아갈 수는 있을 것이다.

오랫동안 발언권을 박탈당해온 세계시민들이 전 세계에 걸쳐 점점 더 큰 목소리를 내고 있다. 그동안 지구적 정치공동체의 공공적 성격을 강화해온 것은 리우환경회담, 카이로 인구개발회의, 베이징 세계여성회의에서 함성을 높였던, 현재 출현 중인 '초국적 시민사회'의 새로운 목소리다. 세계 NGO들은 새로운 형태의 공적 활동을 벌여 지역적·지구적 이슈를 논의하고 있다. 물론 이들은 모두 발전의 초기 단계에 있으며 정치적 경쟁 속에서 이들의 상기적 발전 여부도 장담할 수 없다. 그러나 공익적 NGO의 역할은 선진 자본국의 역할과 견줄 만한 수준으로 변화하고 있다.

인권감시기구Human Rights Watch나 그린피스Green Peace처럼 초국가적 NGO의 활동가들은 각국 지도자부터 일반 세계시민에 이르기까지 많은 사람들로 하여금 기본권과 환경보호에 관한 생각을 수용하도록 확산시켰다. 그들은 네트워크로 연결되고 인터넷과 소셜네트워크social network로 세계 여론을 형성하고 있다. 그들은 도덕과 법 규범에 대한 개념적 공유가 어떻게 세계를 변화시킬 수 있는지를 보여준다. 그들에게서 세계 시민사회의 질적 구성이 변할 때 더 나은 세상이 가능하다는 전망을 찾을 수 있다. 지구적 시민사회라는 공적 영역을 만들어나가는 진지한 실험은 계속되고 있다.

사회운동은 지구공동체가 인간적인 모습으로 실현되게 하는 유력한 형식이다. 인류 역사에서 어떠한 중요한 변화도 순전히 선거와 투표 행위의 결과로 달성되지 않았다. 노동조건 개선, 인종차별 철폐, 베트남전쟁 종전 등이 그랬다. 인간답게 살 수 있는 세상으로의 점진적인 변화는 제도정치권에서 비롯된 것이 아니라, 조직적인 사회운동을 통해서 이루어졌다.

어디 출신이든, 선조가 누구든 오늘날 지구의 한쪽에서 동일한 운명을 공유하고 있는 이들과 함께 현재 시점에서 정치를 지구적으로 재구성하려는 사회운동이 필요하다. 공익적 사회운동 세력들로 대표되는 초국적 시민사회는 매우 역동적인 다원적 세계 정치공동체의 근간이다.

유엔의 개혁

우리는 국가 위에 새로운 정치적 권위를 고안하는 상상력을 발휘해야 한다. 국민국가의 민주주의를 강화해야 할 뿐 아니라 더 넓은 지역적·지구적 질서에서 민주주의를 심화해야 한다. 그런데 이것이 쉽지 않다. 현존하는 국제기구가 민주적 지구공동체로 발전될 수 있는 여지가 충분한지는 여전히 의문이다. 그러나 현실적으로 국가 간 협력과 현존하는 국제기구들의 집단적 권한을 활용해야겠다.

유엔은 여러 면에서 허약하지만, 비교적 최근에 창안된 제도이며, 앞으로 더 발전할 충분한 가능성을 가지고 있다. 수많은 조직을 보유한 유엔 체제는 공통의 사안을 공정하게 해결하기 위해 각국이 협조할 수 있는 가능성이 있음을 입증하기도 했다. 현존하는 국제기구들을 비판적으로 활용하는 것이 우선적이고 현실적이다.

그런데 유엔 개혁 논의가 유엔의 안전보장이사회 상임이사국에 일본이나 독일을 끌어들이는 데에만 초점을 맞추고 있는 현실은 애석한 일이다. 이런 경향이 지속된다면 새로운 지구적 공동체는 기존 강대국의 인질이 되고 만다. 현재 유엔 개혁 논의는 과거의 잘못된 행위를 일삼은 국가에 여전히 의존한다는 점에서 위험하기까지 하다. 부유한 국가들은 종종 만족스러운 국가들로서 혁명적인 변화와 세계의 불안정에서 잃을 것이 많다. 그들은 보통 세계 위계구조 유지가 그들의 이익에 도움이 되는 것으로 인식하기 때문에 지구적 민주주의에 소극적이다.

기존 선진 국가에 의존해 유엔의 핵심적 권력을 공유하고 교환한다면 민주적 지구공동체 지향에 큰 도움이 되지 않을 것이다. 하지만 중요한 것은 이러한 걱정을 해소할 대안을 찾아 국제기구를 개혁해야지 국제기구 자체를 배격해서는 안 된다는 점이다. 국가를 움직여 국제기구가 세계 위계구조를 굳히지 않도록 끊임없이 경계해야 한다.

국가를 다루는 낡은 방식

한 국가의 민주주의를 심화하고 지구적 민주주의를 확장하는 데 여전히 중요한 매개는 국가다. 지구화 시대에도 국가는 여전히 중요하다는 점을 여러 차례 강조했다. 그렇다면 민주적 지구공동체를 건설하기 위해 어떻게 국가를 바로 세울 것인가?

이 문제에 답하려면 언제 어떻게 왜 국가의 공유 지식에 변화가 나타나는지에 주목해야 한다. 중요한 것은 국가 판단이 아니라 그 판단을 움직이는 요소다. 국가가 공공성을 갖추도록 만들려는 지구적 시민사회의 정치적 실천이 중요하다. 국가를 움직일 수 없다면 민주적 지구공동체의 가능성은 좀처럼 열리지 않을 것이다. 사회운동 역시 국가를 움직여 민주적 지구공동체에 복무하게 하는 데 목적이 있다. 하지만 기존의 국가 논의가 국가로 하여금 민주적 지구공동체를 지향하게 하는 데 충분했던가?

국제정치 이론을 다루면서 우리는 정의와 주권을 이해하는 두 가지 방식을 탐색했다. 어떤 이는 국제사회가 궁극적으로 국가의 힘에 의지한다는 현실주의 입장에서 말한다. 또 어떤 이는 국제법, 국제기구에 의지하여 국경을 넘어서는 가치를 추구하는 자유주의 입장을 지지한다. 외교정책에 대해 현실주의자는 국가 수뇌들이 전략적 필요성 때문에 움직인다고 주장하지만, 자유주의자는 도덕적 명령이 정치지도자의 행동을 안내하고 제약할 것이라고 믿는다.

현실주의 방식에는 두 가지 단점이 있다. 첫째는 현실에서 국가만을 주요한 행위체로 보기 때문에 국가 이외의 행위체가 제기하는 문제 제기에 대해 무감각하다. 둘째, 국가가 존중받을 수 있는 조건을 가려내기 전에, 국가 이익을 있는 그대로 인정한다. 그러면서 우리가 공적인 세상의 문제로 드러내고자 하는 가치에 특별히 관심을 모으지 않는다. 현실주의에 따르면, 우리가 추구하는 목적의 가치, 인류의 삶의 의미와 중요성, 우리 모두가 공유하는 세상의 특성과 질은 하나같이 논의 영역에서 벗어난다.

자유주의 이론은 첫 번째 문제점을 해결하지만, 두 번째 문제를 충분히 해결하지는 못한다. 국가는 1990년대를 거치는 동안 지구화를 향해 이동했고, 국가만을 중요하게 취급하던 논리가 상당 부분 걷혔다. 하지만 중요하게 취급해야 할 가치와 지향에 대해서 자유주의자들이 충분한 설득력을 갖고 있는 것은 아니다. 특히 자유주의 담론은 새롭게 떠오르는 지구적 공적 영역에서 논란의 표적이 된다. 국익 논리는 경제적 이익을 추구하는 자유 논리로 세련되어졌을 뿐이다. 어떻게 보면 국가는 자유주의 시대에 다시 떠오른다. 그것은 국가가 자유시장주의를 대변한 탓이기도 하고, 자유시장주의의 폐해를 막을 수 있는 능력도 국가에 있다고 믿기 때문이다. 하지만 공공성을 이끌 국가의 역할이 중요해졌는데도 자유주의자들은 국가를 주요 논의에서 제외하려 했다.

세계정치에서 배제할 수 없는 국가

국제사회에 하나의 원칙이나 절차가 통용되어서, 그에 따라 권력과 기회를 정당하게 분배한다면 얼마나 좋겠는가? 그런 원칙을 찾는다면, 더 나은 세상을 논의하는 과정에서 생기게 마련인 논란을 피하게 된다. 그러나 그 논란을 완전히 피하기란 불가능하다. 지구적 정의에는 어쩔 수 없이 국가의 주권과 판단이 끼어든다.

자유주의는 공정성을 유지하는 '이상 사회'를 주장하는 데 몰두하여 이해관계가 다른 주권국가를 외면하는 경향이 있다. 국가의 정체성을 세계에서 제한하려는 주장은 국가가 세계주의적 이성에만 충실해야 한다는 뜻이다. 세계정부는 공공선에 관해서만큼은 특정 국가의 견해를 지지하지 말아야 하며, 국가는 정의와 주권을 토론할 때 자신의 정체성을 드러내지 말아야 한다는 이야기다.

하지만 있지도 않은 세계정부의 중립을 가장한 채 중요한 공적 문제를 결정하려고 하는 것은 많은 국가의 반발과 분노를 일으키는 지름길이 된다. 국가 정체성은 세계 정의를 고민할 때 배제해야 하는 필연적 요소가 아니다. 그것은 지금 우리 모습의 일부다. 자유주의자가 세계정치에서 국가적 담론의 영역을 포기하는 것은 잘못이다. 세계적 신념은 정치에서 빠져야 한다는 주장은 현실을 왜곡한다. 세계적 정의의 문제는 항상 정치의 문제다. 국가 간 정치는 현실이다.

당장 국경을 철폐하는 것은 급한 것이 아니며 오히려 바람직하지 않을 수 있다. 국경을 무조건 철폐한다면 오히려 경제적 세력들의 야만적인 경쟁에 좌우되는 '만인에 대한 만인의 전쟁'을 불러올 수 있다.[11] 국가가 중요한 세계적 문제에 개입하지 않으면 세계시민의 삶은 메말라 버린다. 미래 사회에 대한 뚜렷한 대책 없이 국가를 배제하는 곳에는 근본주의자들이 몰려든다. 시장근본주의자들이 득세하거나 종교근본주의자들이 가득차기 마련이다. 국가의 정치는 지구화 사회에 만연한 시장주의적 혹은 종교적 논쟁에 말려든다. 국가를 지금 당장 배제하면 지구사회의 공공성을 추진할 힘 있는 자가 없어 오히려 민주적 지구공동체 건설에는 역효과를 낼 수 있다.

세계문제를 토론할 때 '국가의 주권'을 끌어들여서는 안 된다는 주장은 현실적으로 말이 안 될뿐더러 바람직하지도 않다. 특정 국가의 견해를 배제하는 것은 민주적 지구공동체에 어울리지 않는다. 세계 정의란 국가의 존재 의의를 인정하고 공동선을 고민하는 것이다. 정의로운 세계에서는 단순히 국가주권을 넘어 더 나은 세상의 의미를 함께 고민하고, 으레 생기게 마련인 국가 간 이견을 기꺼이 받아들여 재편하는 문화를 가꾸어야 한다. 만일 전 지구의 세계공동체를 위해 주권국가의 의사를 억제하려 하는 경우, 항상 그래야 하는 것이 아니라, 지구적 문제를 외면하려 할 때여야 한다. 주권은 존중하되 국가에 대한 충직과 애착이 세계시민으로서의 정체성에는 악영향을 미치지 않도록 주의해야 할 뿐이다.

요컨대 현실적으로 배제할 수 없는 국가를 다루는 데 다음 두 가지 점만 주의하면 민주적 지구공동체의 큰 틀은 그려진다. 첫째는 민주적 지구공동체를 위한 최소한의 조건으로서 주권국가의 발언권을 억제해서는 안 된다는 것이며, 둘째는 주권국가의 발언이 민주적 지구공동체의 공공적 성격을 망가뜨려서는 안 된다는 것이다.

민주적 지구공동체를 향한 디딤돌 만들기

민주적 지구공동체를 위한 최소한의 조건은 주권국가의 존중이다. 하지만 우리는 중요한 의문을 가지고 있다. 현재 세계정치 지형에서 주권국가를 존중할 수 있는 여건은 마련되어 있는가? 국가가 지구사회와 관련된 어떤 선택을 하는 데 모든 국가가 자유로운가? 만약 주권국가가 자유롭게 발언할 수 없다면 민주적 지구공동체는 유지되기 어렵다. 특정 국가가 세계

정치를 주도하고, 각 국가가 어떠한 결정을 내리더라도 그것이 자유로운 선택일 수 없는 상황에서 민주적 지구공동체를 지향할 때는 신중한 판단이 필요하다. 국가 간 불평등 문제를 해결하는 것은 민주적 지구공동체를 지향하는 데 필요한 최소한의 조건이다.

냉전체제 해체 이후 많은 독립국가가 출현했다. 그리고 국제사회에서 독립국가의 다양한 발언이 쏟아지면서 그들 모두가 자유로운 선택을 하고 있다는 착각을 하게 된다. 하지만 국제사회에서 강대국의 영향력은 여전히 크게 작용한다. 약소국이 독립해 유엔에 대표를 파견하고 자기 발언권을 획득했다고 해도 국가 간 불평등 체제는 개선되지 않았다. 국가 간 관계가 단순히 유엔에 등록된 정치적 권한으로 평등해졌다고 평가할 수 없기 때문이다.

불평등 체제의 해결 없이 형식적으로 자유로운 국가 간의 관계를 거론하는 것은 큰 의미가 없다. 국가 간 구조적 불평등 체제를 깨닫지 못하고, 모든 국가가 자기 의지에 따라 자유롭게 발언할 수 있게 되었다고 판단한다면, 그것은 강대국 중심의 힘의 논리를 은폐하는 것일 뿐이다. 국가 간 불평등 체제는 역사적이며 경제적이고 문화적인 불평등과도 관련된다. 세계공동체를 구상하려면 무엇보다 국가 간 불평등의 역사를 다시 짚고 넘어갈 필요가 있다.

일찍이 국가 간 불평등은 제국주의 침략의 역사로부터 도출된다. 세계대전이 종료된 후 그리고 1960년 아프리카의 해를 지나, 1980년대 말 냉전체

> ✔ **아프리카의 해**
>
> 아프리카의 해는 1960년을 말하며, 이 무렵 아프리카에서 여러 신흥 독립국이 탄생한 것에서 유래했다. 아시아에서는 한국을 비롯해 많은 국가가 1950년 이전에 독립했으나, 아프리카 국가의 독립은 지연되었다. 제2차 세계대전 이후 아프리카 국가의 독립선언은 1957년 가나에서 시작했다. 이와 더불어 1950년대 말부터는 흑인 인권에 대한 주장도 일어났다. 말콤 X와 마틴 루서 킹이 흑인 인종차별 반대운동을 전개한 시기도 1950년대 말에서 1960년대 초. 이러한 배경 속에서 1960년에는 아프리카의 28개 국가가 독립했다. 이후 아프리카 국가들의 국제적 위상도 높아졌다.

제가 해체되면서 수많은 국가가 독립했지만, 여전히 이러한 신생 독립국은 대부분 저발전 국가다. 신생 독립국 내 혹은 그들 간에 발생하는 분쟁은 인종적·종교적 갈등과 결부되어 세계 평화를 위협한다. 하지만 이러한 분쟁 지역에서 나타나는 문제는 이미 과거에 선진국들이 분할한 국경선에 의해 야기되었다. 자유로운 국가 간의 관계를 토대로 국제사회를 정립하는 데는 구조적 불평등 체제와 분쟁의 관련성에 대한 선진국의 책임 의식과 개선 의지가 전제되어야 한다.

국제사회가 선진국에 더 많은 역할을 하도록 요구하는 것은 세계 불평등 체제를 형성한 역사적 원죄에서 비롯된다. 주요 선진국이 존경받을 수 있다면 그것은 자국 정치를 더 큰 정치의 일부로 이해하고 감당하는 기질이다. 그것은 시대의 요구다. 선진국은 자국을 특별한 세계정치로 끌어내면서 그 특별함을 인식하고, 여러 다른 국가의 요구와 더 넓은 지평에도 눈을 떠야 한다.

하지만 선진국이 스스로 불평등 체제를 개선하려고 노력할 리 만무하다. 그들이 기득권을 향유하고 있는 탓이다. 선진국이 존경받을 수 있는 위치를 찾으려면 선진국 시민의 역할이 무엇보다 중요하다. 약소국은 힘의 관계에서 뒤처지기 때문에 많은 역할을 할 수는 없지만 유용한 문제 제기로 영향을 끼칠 수는 있다. 강대국을 당장의 힘으로 누를 수 있는 형편이 아닌 약소국으로서는 국제법 이상의 유용한 틀을 찾기는 어렵다. 국제법적 정당성을 제기함으로써 강대국의 위치를 더욱 평등한 관계로 만들어야 한다.

이제 선진국의 정치력을 평등한 수준으로 끌어내려 국제회의장에서 모든 국가가 동등한 발언권을 행사하게 되었다고 상상해보자. 그것으로 민주적 지구공동체가 형성된다고 여길 수 있을까? 국가가 자유롭게 토론할 수 있어도 공공적 결론에 도달할 것이라고는 장담할 수 없다. 국가가 자기 정체성을 보장받고 그 주장이 우세해지면, 이들은 다른 국가에 특정한 이념적 교리에 기초한 법을 강요할 수 있기 때문이다. 따라서 당연히 약소국에 대한 배려를 포함해 다양한 국가의 상황을 존중해야겠지만, 우리가 더 고려해야 할 점은, 거기에서 더 나아가 어떻게 국가가 진정한 공공적 세계로 나오도록 이끌어낼 것인지 숙고하는 것이다. 지구정치의 정의는 국가 간 평등한 관계 확립만으로 세워지는 것은 아니다. 국가 간 평등은 필요하다. 하지만 그것이 최종 목표는 아니다. 민주적 지구공동체는 올바른 가치 설정 문제와 직접 관련된다.

지구적 부담을 감수하는 국가 만들기

국가 간 불평등한 체제가 개선된 후 모든 국가가 진정한 선택의 자유를 갖게 된다고 해도, 이것이 정의로운 세계 사회의 기초로는 충분치 않다. 중립적인 조율의 원칙을 찾다 보면 각 국가의 이익만 조정될 뿐 정작 세계의 어려운 문제들을 근본적으로 해결하지 못한 채 내버려두는 엉뚱한 길로 빠진다. 국가를 자유롭고 독립적인 자아로 여긴다면, 그래서 스스로 선택하지 않은 도덕에 구속되지 않는다고 생각한다면, 다양한 세계정치적 의무를 국가에 요구할 수 없다.

국가를 '지구적 부담을 감수하는 자아'로 여기지 않는 한, 우리가 경험하는 세계정치에서 그 의무를 이해하고 받아들이기란 어려운 일이다. 한 국가가 합리적 이성을 갖춘다는 것은 때로는 상충하는 여러 부담을 인식하며 산다는 뜻이다. 우리는 국가들이 서로 의존하게 되면서, 그리고 서로를 결합하는 공동의 관심사를 바탕으로, 새로운 힘이 생겨나는 것에 주목하고 발전시킬 수 있어야 한다.

전체의 일부로서 부담을 감수하는 국가를 만드는 방법이야말로 매우 정치적인 것이다. 이러한 정치야말로 현대사회에 널리 퍼진 합리적 다원주의를 존중하는 방법이기도 하다. 새로운 정치는 주권국가의 권리 존중이라는 전통적 원칙을 유지하면서 세계 공공성에 부합하는 새로운 원칙에 대한 합의를 이끌어내야 한다.

먼저 국가는 다른 국가를 처음부터 적대적으로 대해서는 안 된다. 다만 지구적 공공성에 어긋나는 움직임에는 집단적인 경고 메시지를 전달해야 한다. 공공선의 가치에 어긋난 결정이 내려질 때에는 주권국가라 하더라도 그 국가의 의사를 존중하기 어려운 국제사회 분위기를 조성해야 한다. 따라서 국가주권을 세계공동체 구성원이 지녀야 할 책무와 결합해 그동안 국제사회에서 실질적으로 배제되었던 약소국 입장을 포함한 모든 행위자의 관점에서, 그리고 모든 문제를 취급하려는 자세로 논의할 수 있어야 한다.

다행히도 지구화는 국가로 하여금 지구적 부담을 느끼도록 만드는 환경을 제공했다. 국가 간 불평등 이외에 우리가 자유롭게 행동할 수 없는 또 다른 이유는 상호 연계되어 있다는 점에 있기도 하다. 지구적 연계가 심화되면서 우리는 점차 국가라는 틀에 갇힌 의무보다는 지구적 의무에 민감해지고 있다. 이것이 주권국가를 움직여 국가라는 틀에 한정되지 않는 확장된 의무를 이행하게 하는 계기가 되고 있다. 개인이나 국가의 지구적 소속감은 개인이나 국가의 단절된 자유로운 선택이 아니라 상호 연계되어 서로를 제약하는 조건에서 일어난다.

세계시민과 국가들은 지구상의 공동체에 이익이 될 때 국가와 개인에게도 이익이 될 수 있다는 것을 하나씩 발견하고 있다. 지구화 시대에 나타난 갈등과 불평등은 사익(국익)이 공익을 압도하던 상황에서 역설적으로 공공성과의 동등한 관계 내지는 공공성 우위의 관계로 인식을 전환하는 데 기여했다. 지구화 체제의 불안정성과 경제적 불평등의 심화는 세계체제 개혁의 요구를 광범위하게 확산하고 있다. 지구화의 진전은 사적 권력의 탐욕을 숨겨온 감옥으로부터 우리 자신이 벗어날 정치적 기회를 제공한다.

민주적 지구공동체 사회는 모든 개인이나 국가가 자신의 견해와 의지를 정치적으로 표현하는 것을 넘어 공공적 숙의로부터 귀결된 의지에 의존하는 사회라고 할 수 있다. 공통의 감정, 즉 같은 세계시민으로서 평화롭게 지내려는 공통의 욕구가 나타나고 있는 한 민주적 지구공동체를 건설하려는 우리의 미래는 밝다. 지구적 형태의 민주주의를 훼손하는 정치적·사회적 조건 그리고 시장경제가 지배적인 위치를 차지하고 있는 사회의 정치적·사회적 배경에 맞설 수 있는 세계시민의 공적 정의 실천이 국경을 무너뜨릴 때 국가가 바로 선다. 세계시민으로서 공통의 욕구가 발산되는 정치적 실천을 기대해본다.

차별과 배제 없는 지구적 공론장 만들기

차별과 배제가 없는 민주적 지구공동체를 만들려는 노력에 심사숙고하는 민주주의, 이른바 '숙의민주주의' 논의에서 제시된 것은 유효하다. 모든 관점에 개방적이고, 모든 관점에서 생각하며, 모든 관점을 평가하는 '불편부당주의'는 우리가 사고하고 행동할 때 중요하게 취급해야 할 기준이다. 불편부당성의 기준에 부합하는 정치적 결정이란, 만일 그 결정의 영향을 상당히 받게 될 모든 집단이나 당사자가 공적 논쟁에 동등하게 참여해 이들 모두와의 관계 속에서 방어될 수 있는 것을 말한다.[12] 숙의민주주의적 공적 공간을 지구화된 정치 체계에서 개발하는 것이 중요하다.

그동안 유엔으로 대표되는 국제기구에는 국가의 자리만이 마련되었다. 세계문제에 직면하여 국제기구나 국가 간 협의체에서 무언가를 결정할 때에도 정치적·경제적 자원을 충분히 확보한 세력에게만 그 참여가 보장되었다. 이를테면 WTO 총회에서도 세계 산업 및 금융자본가에게는 초대장을 발송해 공식적인 논의 자리를 마련했지만, NGO들은 회의장 밖 거리에서 자기주장을 펴야만 했다. 이런 상황에서 지구적 문제를 해결하기 위한 기구로서 유엔이나 EU가 있다고 한들 지구적 연대와 상호 책임의식을 키울 수 있을까? 국경을 넘어선 국제기구가 다시 닫힌 공간으로 움츠러드는 움직임을 심각하게 걱정하지 않을 수 없다.

그동안 많은 세계시민은 세계적 정책 결정 과정에 마치 존재하지 않는 것처럼 참여의 장소와 기회를 박탈당해왔다. 에티엔 발리바르Étienne Balibar가 지적했듯이, 일회적 인간으로 취급받아온 이들을 만들어내는 것을 당연한 것으로 생각하는 굳어진 사고 습관을 근저에서부터 되물을 필요가 있다. 지구 세계에서 공적 공간의 확보는 다시 모든 인간의 모든 권리로부터 시작된다. 지구화 시대에는 시민권을 인간과 인민의 권리에 기초를 두어야 한다. "우리는 하나의 국민이다"라는 정식에서 "우리는 인민이다"라는 정식으로 나아가야 한다. 국가 '소속의 시민권'이 '거주의 시민권'으로 대체되어야 한다. 거주의 시민권은 구체적으로 출신지의 차별 없이 외국인에게도 지구정치 체제에 대한 참여의 권리를 실질적으로 보장하는 데에서 출발할 수 있다.13 거주의 시민권에 기초한 공간은 민주적 지구공동체의 공적 성격을 더욱 강화할 수 있다.

우리 모두에게 영향을 미치는 복잡한 사안을 민주적으로 관리하려면 사람들이 다양한 정치적 공동체에 접근할 수 있고 발언할 수 있어야 한다. 민주적인 의사 형성 및 결정 과정에서 조직적인 배제가 없어야 한다. 세계 중요 정책 결정 과정에서 소외되고 그래서 채 세계시민이 되지 못한 사람들에게도 발언권이 주어져야 하며, 그들의 의사를 대표하는 통로가 필요하다. 나아가 의사결정이 공공적 이유로 지지받기 위해서는 특정한 정책을 따르도록 강요만 할 것이 아니라, 결정 내용에 여전히 이견을 가진 소수자의 의사를 흡수해 변형하고 수정해야 한다.

차별과 배제 없는 공론장의 주체들이 모였으면 그곳에서는 약화된 공공성을 회복시켜야 한다. 신자유주의적 지구화 과정에 따라 공공선이 전반적으로 약화되면서 지구적 공론장이 왜곡되었다. 경제적 이익을 강조하는 시대를 살면서 우리는 언제부턴가 주위를 돌아보지 않게 되었다. 국익과 국제 경쟁력을 운운해도 실제 많은 사람의 삶은 국익과는 거리가 멀다. FTA가 체결될 때 국익이 증대될 것이라고 하면서 농민이나 일반 시민의 삶은 단순히 지구화 시대에 치러야 할 사소한 '손실'의 일부로 취급된다. 맹목적 국익 추구는 우리 사회를 전혀 보호하지 못한다.

나아가 이해타산적 태도는 다른 국가와의 관계에서도 계속된다. 우리 문화가 다른 나라의 문화에 미칠 영향은 고려하지 않은 채 우리 문화의 수출에 욕심을 보인다. 무역 경쟁국이 쓰나미로 사회적·경제적 기반이 붕괴되어도 우리 상품의 수출이 증대될 효과를 계

> ✔ **공론장**
>
> 공론장은 '공적 영역' 또는 '공공 권역'이라고도 한다. 공론장은 사회구성원이 합리적인 토론을 통해 공적 의견의 형성을 이끌고 보편적 이익에 관한 사회적 합의를 발전시키는 공간이다. 카페, 서신 교환, 신문, 정기간행물 등은 공론장을 이끌었던 공간과 제도다. 공론장의 형성을 통해서 사람들은 객체가 아니라 당당한 주체로서 지위를 획득했다.
>
> 공론장 개념을 발전시킨 사람은 독일의 철학자 위르겐 하버마스다. 공론장은 누구나 접근할 수 있어야 하고, 어떠한 특권도 존재해서는 안 되며, 보편적 규범과 합리적 정당화가 이루어지는 공간이어야 한다. 그러나 지구화 시대에 공론장은 위축되고 있다. 하버마스가 공론장의 위축에서 가장 우려했던 것 가운데 하나는 시장권력이 공론장을 침탈하는 문제였다.

산한다. 국가이기주의는 여전히 우리가 넘어야 할 과제다.

인간의 이기심을 적극적으로 옹호하는 시대를 거치면서 우리에게 무엇이 부족하고 무엇이 필요한지 깨닫기 시작했다. 우리에게 부족한 것은 합리적 이익 계산이 아니다. 우리에게는 인간으로서의 자부심을 잃지 않는 자세가 필요하다. 국제경제의 위기가 정치와 문화의 위기 나아가 삶 전체의 위기로 확산되면서 공공선을 찾으려는 공감대는 더욱 확산되었다. 그리고 공공적 이성을 내세우는 것은 시대의 요청이 되었다.

공공성의 요청이 늘어난 것은 신자유주의적 지구화 시대의 경험에서 비롯되었다. 지구시민의 삶과 운명은 우리 스스로 정한다는 지구적 공공성의 사고방식을 거스르는 여러 예를 앞에서 살펴봤다. 테러 억제 명분이 초래한 인권의 위축, 초국적 기업의 환경 파괴, 국제기구의 경제 개방화 강요, 강대국과 초국적 기업의 문화 개방 요구 등은 대표적인 사례다. 자유화가 삶을 파괴하는 사례를 목격하면서 공공적 연대의식이 요구되는데, 그것은 우리가 세계 정치·경제의 사건들을 경험하면서 흔히 제기되는 특징이다.

연대의식 없이는 세상을 살아가거나 이해하기 어렵다. 지구적 문제에 저항하는 사람들의 목소리는 국민의 권리라는 말로 설명하기 힘들다. 민주적 지구공동체는 국가 간 합의라는 절차나 방식으로도 포착할 수 없다. 민주적 지구공동체의 토대에는 공공성이라는 알맹이가 필요하다. 요컨대 민주적 지구공동체를 구성하는 주체는 모든 인간의 권리를 이야기하는 존재, 지구에 거주하는 존재로 파악해야 한다. 그리고 모든 사람에 의해 공적 논의를 다루어야 한다.

우리 앞의 길

영토 국가가 자국의 경제를 조절하고, 자국의 자연환경을 보호하며, 자국 시민에게 안전과 복지를 제공할 행정 능력을 더는 가지고 있지 않다면 우리의 공론을 누가 이끌 것인가? 국가는 여전히 능력이 있기에 우리는 국가에 지구적 공론을 요구할 수 있어야 한다. 나아가 국경으로 확립된 정치 공동체 내부의 의사소통에만 자신의 관심을 제한시킬 수는 없다. 새로운 초국적인 공적 권력을 창출해야 하며, 다른 한편으로는 그것들을 초국적인 공론장 안에서 관리해야 한다.

국가를 움직여 초국적 공론장의 공공적 성격을 유지시키는 데 특별한 비법이 있는 것은 아니다. 꾸준한 사회운동에서 희망을 찾아야 한다. 공론장의 논의가 비판력을 상실해버리면 올바른 방향을 지향할 수 없다. 사회운동으로 공론자의 비판적 기능을 강화해야 한다. 하지만 공공적 사회운동이 비판적 공론장을 주도하기 위해 가야 할 길은 가시밭길이다.

우리는 여러 국제기구와 그 기능을 공공성의 기준으로 분별해야 한다. 오늘날에는 강대국조차도 협력 통치 기능에 대한 책임을 국제기구, 정부 간 네트워크, 비정부기구와 공유한다. 환경규제뿐만 아니라 방위, 치안, 사법 및 형법 관련 행정 등과 같은 고전적 기능에서도 마찬가지다. 국제원자력기구IAEA, 국제형사재판소ICC, 세계지적재산권기구WIPO 등을 그 예로 볼 수 있을 것이다. 그런데 국가 단위를 넘어선 국제기구라고 해서 그것이 국가이기주의를 넘어 비판적 공론을 형성할 수 있을 것이라고 장담할 수는 없다. 오히려 국제기구가 강대국을 대변하고 정당화함으로써 공론장의 비판적 기능을 위축시킬 수 있다. 국제기구의 기능에 대한 비판적 평가는 공공적 NGO의 중요한 임무다.

우리는 우리가 다루어야 할 주제에 대해서도 개입해야 한다. 지구적 공론장에서 논의되는 핵심 주제는 영토 국가의 국민 생활 영역에 직접 관련되므로 중요하다. 국민 생활 영역에 직접 관련된 무역, 생산, 금융을 지배하는 규칙은 외주, 초국적 기업, 해외 법인 등의 활동이나 WTO, IMF, 세계은행 등이 주도했다. 하지만 빈곤의 지구화는 지구 인민의 생활 경제가 경제적 국제기구에 의해 조정되는 경우 안정성과 정당성이 위협받을 수밖에 없다는 사실을 다시 확인시키고 있다. 우리는 이른바 전문적 지식이라는 명분으로 국제기구와 초국적 기업이 주도했던 주제들에 대해 도전하고 개입할 수 있어야 한다.

우리는 우리의 의견 표출 경로를 확장해야 한다. 전자적이고 광역적이며 위성으로 이루어지는 순간통신기술은 국가의 통제를 벗어나 초국적 의사소통을 가능하게 해준다. 일찌감치 미국의 폭스사는 직접적인 전 지구적 언론 매체망을 구성해 지구적 언론권력이 되었다. 초국적으로 기업화된 지구적 매체들이 분할하고 있는 공간을 고려할 때, 좀 더 큰 범위에서 비판적 공론을 형성하고 그것이 정치적 힘으로 동원될 수 있는 방법은 촘촘한 네트워크에 기초한 연대전략뿐이다. 탈국가화된 인터넷망은 우리에게도 또 다른 탈국가적 연대의 수단이 된다. 공적 의사소통 구조에 접근하는 기회가 초국적 자본에 의해 제한되는 것을 극복하는 것이 우리에게 매우 중요하다.

우리는 끝까지 분명한 원칙에 따라 행동해야 한다. 이때 하버마스Jürgen Habermas가 공론장 이론에서 제기한 '관련된 모든 당사자 원칙'을 확장해볼 수 있다.[14] 자유롭게 연대한 지구 구성원의 공공적 의사소통을 통해 인도되는 지구 공론장의 구조는 국가 간 혹은 인종 성별 간의 분리를 극복할 것을 요구한다. 세계의 규칙들이 결정되는 구조 속에 모두가 함께 종속되어 있기 때문에 우리는 지구적 공론장의 공중이 될 수 있다. 국가 범위 내 정치적 시민권과는 무관하게 지구적 문제에 관련된 모든 사람이 동등한 자격으로 참여하고 숙의하여 내린 결정만이 정당하다. 공론장은 사회적 상호작용을 규제하는 국가들의 경계를 넘어선 협력 통치 구조의 범위에 상응해야 한다. 공론장 역시 초국적인 것이어야 한다.

이런 방식으로 하나의 지구적 공론장이 창출될 것이다. 거기서는 차별받지 않는 세계시민들이 세계문제를 민주주의와 공공성의 원칙에 따라 협의할 것이다. 세계문제에 대한 구체적인 개혁을 행동으로 옮기는 것이 중요하다. 하지만 이것이 전혀 생소한 행동양식은 아닐 것이다. 지금까지 지구화를 경험하면서 사회운동도 나란히 발전했기 때문이다.

민주적 지구공동체는 새로운 것이 아니다. 민주주의와 공공성은 늘 우리가 평상시에도 중요하게 취급해오던 가치다. 친숙한 국경 개념을 넘어설 때나 자유라는 가치가 그것을 뒤덮었을 때에도 사회의 공공성이라는 가치는 여전히 우리에게 소중한 것으로 여겨져 왔다. 우리가 소중하게 여겨온 삶의 가치를 구체적으로 묶어 세우는 것이 중요하다. 민주주의와 공공성이 없다면 미래 사회는 아무것도 아닌 것이 된다. 민주적 지구공동체는 모든 세계시민의 삶을 위한 현실이어야 한다. 그러하기에 민주적 지구공동체는 '사람 사는 세상'의 질서다.

각 장의 주

✓ **제1장**

1 "올 들어 정리해고 실직자 8배 급증", ≪연합뉴스≫, 1998년 2월 21일 자.

2 앤서니 기든스, 『현대사회학』, 김미숙 외 옮김(을유문화사, 1998), 520쪽.

3 데이비드 하비, 『포스트모더니티의 조건』, 구동회 외 옮김(도서출판 한울, 1994).

4 최근에 '다국적'이라는 표현보다는 '초국적'이라는 표현을 즐겨 쓴다. 사또이 이께다에 따르면, 생산설비를 여러 나라에서 운영하는 법인기업을 지칭하기 위해 1960년대 초부터 '다국적 기업(multi-national corporations: MNC)'이라는 용어가 사용되었으며, 다국적 기업이 더욱 성장해 수많은 나라에서 활동함으로써 국가의 규제 및 개입으로부터 상대적 자율성을 획득했기 때문에 '초국적 기업(transnational corporations: TNC)'이라는 용어가 자주 다국적 기업이라는 용어 대신 사용되었다. 사또이 이께다, 「세계생산」, 이매뉴얼 월러스틴, 『이행의 시대: 세계체제의 궤적 1945~2025』, 백승욱·김영아 옮김(창비, 1999), 74쪽.

5 OECD, "World Investment Report," Organisation for Economic Co-operation and Development, 2007, pp. 260~261.

6 *Economist*, July 21, 2007, p. 93.

7 Bruce Piasecki, "A Social Responsibility Revolution in the Global Marketplace," *Christian Science Monitor*, August 9, 2007, p. 9.

8 조계완, "글로벌 해외 직접 투자 규모", ≪한겨레 21≫, 2010년 2월 5일 자, 제797호.

9 John Dunning, "Governments and Multinational Enterprises: From Confrontation to Co-operation?" *Millenium*, Vol. 20, No. 2(Summer, 1991).

10 김수행, 「자본의 세계화 경향에 관한 일고찰」, ≪경제논집≫, 제35권 2·3호(1996).

11 John M. Stopford, Susan Strange and John S. Henley, *Rival States, Rival Firms: Competition for World Market Shares* (Cambridge: Cambridge University Press, 1991), Ch. 1.

12 백준봉, 「세계화와 자본주의의 구조 변화: R. 브와이예의 논의를 중심으로」, 한국사회경제학회, 『세계화의 도전과 대안적 자본주의의 모색』(풀빛, 2001), 98쪽.

13 오마에 겐이치, 『세계경제는 국경이 없다』, 김용국 옮김(시사영어사, 1991).

14 Peter Dicken, *Global Shift: Transforming the World Economy* (London: Paul Chapman, 1998).

15 강수돌, 『작은 풍요』(이후, 1999), 30쪽.

16 프랜시스 후쿠야마, 『역사의 종말』, 이상훈 옮김(한마음사, 1992).

17 오마에 겐이치, 『국가의 종말』, 박길부 옮김(한국언론자료간행회, 1996).

18 Anthony McGrew, "A Global Society?" in Tony McGrew, Stuart Hall and David Held (eds.), *Modernity and its Future* (Cambridge: Polity Press, 1992), pp. 63~64.

19 윤영관, 「민주주의의 새로운 지평을 위하여」, 김경원·임현진 엮음, 『세계화의 도전과 한국의 대응』(나남, 1995), 15쪽.

20 David Held, "The Decline of the Nation State," in Tony McGrew, Stuart Hall and David Held(eds.), *New Times: The Changing Face of Politics in the 1990s* (London: Lawrence & Wishart, 1989), p. 202.

21 Louis W. Pauly, "Capital Mobility, State Autonomy and Political Legitimacy," *Journal of International Affairs*, Vol. 48, No. 2(Winter, 1995), p. 382.

22 김성한, 「세계화, 분권화, 지방화」, ≪계간 사상≫, 제7권 1호(1995), 87쪽.

✓ 제2장

1 Charles Tilly, "Reflections on the History of European State-Making," in Charles Tilly (ed.), *The Formation of Nation State in Western Europe* (Princeton: Princeton University Press, 1979).

2 제2차 세계대전의 기원에 관해서는 다음을 참조. A. J. P. 테일러, 『제2차 세계대전의 기원』, 유영수 옮김(지식의 풍경, 2003); 존 키건, 『제2차세계대전사』, 류한수 옮김(청어람미디어, 2007). 폴 클리어 외, 『제2차 세계대전』, 강민수 옮김(플래닛미디어, 2008). 스티븐 E. 앰브로즈, 『국제 질서와 세계주의: 현대미국외교사』, 권만학 옮김(을유문화사, 1996).

✓ 제3장

1 Tucydides, *The Peloponnesian War*, Rex Warner(ed.) (London: Penguin Classics, 1954), pp. 360~365.

2 니콜로 마키아벨리, 『군주론』, 강정인·문지영 옮김(까치, 2003), 19쪽.

3 같은 책, 126쪽.

4 같은 책, 157쪽.

5 같은 책, 123~124쪽.

6 같은 책, 155~156쪽.

7 같은 책, 178쪽.

8 한스 모겐소의 주장에 관해서는 다음을 참조. Hans J. Morgenthau, *Politics among Nations: The Struggle for Power and Peace*, 6th ed. Revised by Kenneth W. Thompson(New York: Knopf, 1985), Ch. 1.

9 Charles, Krauthammer, "How Doves Become Hawks," *Time*, May 17, 1993, p. 74.

10 한스 모겐소, 『현대국제정치론』, 이호재 옮김(법문사, 1987), 652~653쪽.

11 한동훈, "對테러전쟁에 5조弗 쏟아부어 대규모 적자 초래", ≪서울경제≫, 2011년 9월 7일 자.

12 조지프 슘페터, 『자본주의, 사회주의, 민주주의』, 변상진 옮김(한길사, 2011), 256쪽.

13 권웅, "정신건강 황폐 국가재정 거덜", ≪시사IN≫, 제208호, 제209호(2011. 9. 10, 2011. 9. 17).

14 한스 모겐소, 『현대국제정치론』, 13~19쪽.

15 David W. Yang, "In Search of an Effective Democratic Realism," *SAIS Review*, Vol. 15 (Winter~Spring, 2005), pp. 199~205.

✓ **제4장**

1 임마누엘 칸트, 『영구평화론』, 이한구 옮김(서광사, 2008), 28~29쪽.

2 손상열, "손상열의 인권이야기", ≪인권하루소식≫, 2003년 10월 7일 자.

3 *Time*, September 17, 2007, p. 17.

4 Winston Churchill, "Speech in the House of Commons, May 13, 1901," in Martin Gilbert (ed.), *Churchill* (New Jersey: Prentice-Hall, 1967), p. 21.

5 마이클 도일, 「자유주의와 세계정치」, 김우상 외 편역, 『국제정치론 강의 1: 국제정치편』 (도서출판 한울, 1997).

6 잭 레비, 「국내정치와 전쟁」, 김우상 외 편역, 『국제정치론 강의 1』(도서출판 한울, 1997).

7 같은 책.

8 찰스 W. 케글리, 『세계정치론 경향과 변환』, 오영달 외 옮김(한티미디어, 2010), 48쪽.

✓ 제5장

1 박원순, 『아직도 심판은 끝나지 않았다: 일본의 전쟁 범죄 연구』(한겨레신문사, 1996), 75~76쪽.
2 안세실 로베르, "평화 앞세운 군사 개입, 유엔 안보리의 치명적 유혹", ≪르몽드 디플로마티끄≫, 2011년 5월호.

✓ 제6장

1 스티븐 E. 앰브로즈, 『국제 질서와 세계주의: 현대미국외교사』, 108쪽.
2 찰스 W. 케글리, 『세계정치론 경향과 변환』, 148쪽.

✓ 제7장

1 프리드리히 A. 하이에크, 『노예의 길』, 김이석 옮김(나남, 2009).
2 밀턴 프리드먼, 『자본주의와 자유』, 심준보·변동열 옮김(청어람미디어, 2002), 26쪽.
3 같은 책, 310쪽.
4 같은 책, 54쪽.
5 오마에 겐이치, 『국가의 종말』, 218쪽.
6 김명수, 「시장의 신화와 국가의 오해」, ≪열린지성≫, 가을·겨울호(1999).
7 피터 고완, 『세계 없는 세계화』, 홍수원 옮김(시유시, 2001), 76쪽.
8 노암 촘스키, 『507년 정복은 계속된다』, 오애리 옮김(이후, 2000), 107쪽.
9 Robert Boyer and Daniel Drache, *States Against Markets: The Limits of Globalization* (New York: Routledge, 1996), pp. 13~14.
10 손호철, 「세계화와 민족국가의 향방」, 국범모 엮음, 『세계화와 민족문화의 발전』(정신문화연구원, 1996), 63쪽.

✓ 제8장

1 자본주의 개념에 관해서는 다음을 참조할 것. 김응종, 『서양사 개념어 사전』(살림, 2008);

홍기빈, 『자본주의』(책세상, 2010); 페르낭 브로델, 『물질문명과 자본주의 II-1: 교환의 세계(상)』, 주경철 옮김(까치, 1996), 336쪽.

2 세 학자의 연구에 대한 비교는 다음을 참조할 것. 백승욱, 『자본주의 역사 강의』(그린비, 2006).

3 페르낭 브로델, 『물질문명과 자본주의 II-1: 교환의 세계(상)』, 70쪽.

4 칼 폴라니, 『거대한 전환』, 홍기빈 옮김(길, 2010), 225쪽.

5 페르낭 브로델, 『물질문명과 자본주의 II-1: 교환의 세계(상)』, 319쪽.

6 같은 책, 54쪽.

7 같은 책, 629쪽.

8 같은 책, 631쪽.

9 Ann M. Carlos and Stephen Nicholas, "'Giants of an earlier capitalism': the Chartered Trading Companies as Modern Multinationals," *Business History Review*, Vol. 62, No. 3 (Autumn, 1988), p. 62.

10 데이비드 헬드 외, 『전 지구적 변환』, 조효제 옮김(창비, 2002), 372쪽.

11 라몬 그로포스 구엘, 「케펠주의에서 신자유주의로」, 조반니 아리기 외, 『발전주의 비판에서 신자유주의 비판으로』, 권현정 외 옮김(공감, 1998), 187쪽.

12 Paul Hirst and Thompson Graham, *Globalization in Question: The International Economy and the Possibilities of Governance* (Cambridge: Polity Press, 1999), p. 21.

13 동양척식회사를 통한 조선 경제 수탈에 관해서는 다음을 참조할 것. 강태경, 『(동양척식회사의) 조선경제수탈사』(계명대학교출판부, 1995).

14 히로세 다카시, 『제1권력』, 이규원 옮김(프로메테우스출판사, 2010), 51쪽.

15 JP모건과 록펠러의 성공 이면에 관해서는 다음을 참조할 것. 히로세 다카시, 『제1권력』, 제3장과 제4장.

16 잭 비어티, 『거상: 대기업이 미국을 바꿨다』, 유한수 옮김(물푸레, 2002), 179쪽.

✓ 제9장

1 케인시언과 통화주의자들 간의 대공황 논쟁(테민 논쟁)에 관해서는 다음을 참조할 것. 페인스틴·테민·토니올로, 『대공황 전후 세계경제』, 양동휴·박복영·김영완 옮김(동서문화사, 2008). 이러한 논의를 간단히 정리한 것으로는 다음이 있다. 노택선, "노택선 교수의 역사 경제학", ≪한국경제≫, 2007. 7. 3., 2007. 7. 17. 통화주의자 밀턴 프리드먼의 대공황 분석에 관한 자세한 번역서로는 다음이 있다. 프리드먼·슈워츠, 『대공황, 1929~1933

년』, 양동휴·나원준 옮김(미지북스, 2010).

2 페인스틴·테민·토니올로, 『대공황 전후 세계경제』, 195쪽.

3 같은 책, 182~189쪽.

4 같은 책, 182~189쪽.

5 양동휴, 『대공황시대』(살림, 2009), 32쪽.

6 신규성, 『세계경제사』(법문사, 1993), 385쪽.

7 서정익, 『세계경제사』(혜안, 2005), 321쪽.

8 같은 책, 321~322쪽.

9 「글래스-스티걸법」은 1930년대 대공황 당시 고객 예금으로 주식 투기를 일삼던 은행들
이 파산하자 예금자 보호를 위해 은행 업무를 구분할 필요성에서 나왔다. 그 후 이 법은
1999년 은행, 증권, 보험사의 인수합병과 금융권별 상품 판매 규제를 대폭 완화하는 「그
램-리치-브릴리법(Gramm-Leach-Bliley Act)」이 제정되면서 크게 약화되었다.

10 양동휴, 『대공황시대』, 30쪽.

✓ 제10장

1 대니 로드릭, 『자본주의 새판짜기』, 고빛샘·구세희 옮김(21세기북스, 2011), 71쪽.

2 같은 책, 77쪽.

3 Geoffrey Jones, *British Multinational Banking, 1830~1990* (Oxford: Oxford University
Press, 1993).

4 18세기 영국은 금뿐 아니라 은도 통화 표준으로 사용했다. 이것을 복본위제(bimetallism)
라고 한다. 당시 영국에서는 차(茶)가 하나의 귀족문화가 되면서 중국에서 이를 수입했
다. 이 거래에서 영국은 대중국 무역 적자를 기록했다. 영국이 무역 적자를 기록한 원인
가운데 하나는 중국이 전통적으로 은본위제를 채택하고 있었기 때문이다. 중국은 은으로
모든 무역 결제를 할 것을 요구했고, 이 때문에 영국에서 심각한 은의 유출이 발생했다.
따라서 영국 내에 있는 은의 규모는 점차 줄어들었고, 당연한 결과로서 은의 가격은 높아
졌다. 은으로 거래가 지속되는 한 영국은 불리했다. 영국은 통화체제를 금본위제로 바꾸
는 것이 절실했다.

5 충분한 금이 확보되지 않으면 금 보유량에 맞춰 국제통화 기준을 확립하기 어렵다. 1848
년 이후 캘리포니아, 오스트레일리아에서 금이 대량 발견된 사실은 그래서 국제화폐의
역사에서 중요하다. 대량의 금괴를 이용할 수 있게 되면서, 고정된 금 평가와 영국의 화
폐 파운드를 연결한 안정되고 믿을 수 있는 통화 기준을 확립하는 데 도움이 되었다.

6 1896년 민주당 전당대회에서 윌리엄 제닝스 브라이언(William Jennings Bryan) 민주당 후보는 금본위제가 땀 흘려 일하는 사람들의 이마를 누른다고 비판했다. Wikipedia, "Cross of Gold speech," http://en.wikipedia.org/wiki/Cross_of_gold_speech.

7 브레턴우즈협정은 IMF가 외환이 부족한 회원국에 대출하는 역할을 수행하게 했다. 다만 대출은 IMF가 요구하는 경제정책을 추진하는 경우에만 가능했다. 대출에 사용할 금과 각국 통화는 회원국의 출자로 확보했다. 출자액은 각국 경제 및 자원 규모에 따라 정해진다. 출자액이 큰 나라는 IMF의 주요 의사결정에서 더 많은 의결권을 행사한다.

8 라이퍼·서들러, 「국가간체제」, 이매뉴얼 월러스틴, 『이행의 시대: 세계체제의 궤적 1945~2025』, 29쪽.

9 이삼성, 『세계와 미국』(한길사, 2002), 126~134쪽.

10 피터 고완, 『세계 없는 세계화』, 24쪽.

11 같은 책, 54~55쪽.

12 같은 책, 214쪽.

✓ 제11장

1 사또이 이께다, 「세계생산」, 64쪽.

2 라이퍼·서들러, 「국가간체제」, 46쪽.

3 사또이 이께다, 「세계생산」, 92쪽.

4 같은 책, 65쪽.

5 Christopher Hood, *Explaining Economic Policy Reversals* (London: Open University Press, 1994), Ch.1.

6 폴 크루그먼, 『경제학의 향연』, 김이수 외 옮김(부키, 1997), 78쪽.

7 다음을 참조할 것. Holly Sklar, *Trilateralism: The Trilateral Commission and Elite Planning for World Management* (Boston: South End Press, 1990).

8 윤소영, 『신자유주의적 금융세계화와 워싱턴 콘센서스: 마르크스적 비판의 쟁점들』(공감, 1999), 85~86쪽.

9 이하 두 문단의 내용은 다음을 참조함. 박찬수, "보수주의 운동 발전사", ≪한겨레≫, 2005년 1월 12일 자.

10 폴 크루그먼, 『경제학의 향연』, 218쪽.

11 강상구, 『신자유주의의 역사와 진실』(문화과학사, 2000), 112쪽.

12 밀턴 프리드먼이 피력한 통화주의(monetarism)는 경제활동의 중요한 결정 요인을 화폐

공급에서 찾는다. 시장에 개입하지 말고 화폐 공급량으로 경기를 조절하자는 주장이다.

13 John M. Stopford, Susan Strange and John S. Henley, *Rival States, Rival Firms: Competition for World Market Shares*, Ch. 1.

14 전창환, 「금융세계화와 세기말 자본주의」, 전창환 편저, 『현대자본주의의 미래와 조절이론』(문원출판, 1999), 105쪽.

15 프랑스와 세네, 「금융지배적인 세계적 축적체제의 출현」, 이병천·백영현 엮음, 『한국 사회에 주는 충고』(삼인, 1998), 153~154쪽.

16 드잘레이·가스, 『궁정전투의 국제화』, 김성현 옮김(그린비, 2007), 167쪽.

17 시카고 보이스는 시카고 대학교에서 교육을 받고 여기에서 습득한 신고전주의 이론을 적용하기 위해 정부에 들어간 칠레 경제학자들을 지칭하는 용어였다. 다른 국가의 그룹도 이와 유사하게 불린다. 한국 역시 예외가 아니다. 이와 관련해서는 다음을 참조할 것. 드잘레이·가스, 『궁정전투의 국제화』.

18 ≪시사저널≫, 727호(2003. 10. 2.); 부르스터 닌, 『누가 우리의 밥상을 지배하는가』, 안진환 옮김(시대와 창, 2008).

✓ 제12장

1 Bruce Russett, "Bushwhacking the Democratic Peace," *International Studies Perspectives*, Vol. 6(November, 2005), pp. 395~408.

2 Terry Nardin, "Humanitarian Imperialism: Response to 'Ending Tyranny in Iraq'," *Ethics and International Affairs*, Vol. 19, No. 2(2005), pp. 21~26.

3 고대훈, "국민보호책임", ≪중앙일보≫, 2011년 3월 25일 자.

4 세르주 알리미, "강요된 군사 개입, 리비아 민중은 없었다", ≪르몽드 디플로마티크≫, 2011년 4월호.

5 ≪연합뉴스≫, 2011년 4월 3일 자.

6 움베르토 에코, 『민주주의가 어떻게 민주주의를 해치는가』, 김운찬 옮김(열린책들, 2004), 177쪽.

✓ 제13장

1 ≪뉴스위크≫(한국판), 2009년 12월 17일 자.

2 Susan Strange, *Casino Capitalism* (New York: Basil Blackwell, 1986).

✓ 제15장

1 르몽드 디플로마티크, 『르몽드 세계사』, 권지현 옮김(휴머니스트, 2008), 14쪽.

2 오기출, "(오기출의 '세상의 창') 혼란에 빠진 코펜하겐 기후변화 총회"(2009. 12. 24.), http://simin.org/bbs/view.php?id=04_07&page=2&sn1=&divpage=1&sn=off&ss=on& sc=on&select_arrange=headnum&desc=asc&no=9.

3 탄소시장을 선호하는 진영과 탄소세 제도에 중점을 두는 진영 사이의 논쟁과 그 내용에 관해서는 다음에서 인용함. 앤서니 기든스, 『기후변화의 정치학』, 홍욱희 옮김(에코리브 르, 2009).

4 찰스 W. 케글리, 『세계정치론 경향과 변환』, 오영달 외 옮김(한티미디어, 2010), 466쪽.

✓ 제16장

1 Céline Charvériat and Rian Fokker, 2002, "Boxing Match in Agricultural Trade: Will WTO Negotiations Knock Out the Worlds Poorest Farmers?" p. 23. http://policy-practice.oxfam.org.uk/publications/boxing-match-in-agricultural-trade-will-wto-negotiations-knock-out-the-worlds-p-114097, Retrieved 25 June, 2007.

2 김지석, "한국형 개발 모델?" ≪한겨레≫, 2010년 11월 16일 자.

3 이정우, "'빈곤의 날'에 생각하는 빈곤 문제", ≪한겨레≫, 2008년 10월 19일 자.

4 이근영, "소외층 돕는 적정기술, 국경 없는 과학봉사 뜬다", ≪한겨레≫, 2010년 1월 27 일 자, 29면.

✓ 제17장

1 *Economist*, July, 7, 2007.

2 Andy Coghlan and Debora MacKenzie, "Revealed: the Capitalist Network that Runs the World," *New Scientist*, August 24, 2011.

3 Joshua Schneyer, "Corrected-Commodity Traders: the Trillion Dollar Club." *Reuters*,

August 28, 2011.

4 *Economist*, May 20, 2006, p. 4.

5 우베 부제 외, "파생상품 거래, 핵심은 뉴스 비즈니스", ≪이코노미 인사이트≫, 2012년 2월호, 49, 59쪽.

6 우베 부제 외, "모든 거래 대출 등 관여 절대 파워 과시", ≪이코노미 인사이트≫, 2012년 2월호, 68쪽.

7 칠레의 사례는 다음에서 인용함. 수전 K. 셀, 『초국적 기업에 의한 법의 지배』, 남희섭 옮김(후마니타스, 2009), 16~18쪽.

8 *Financial Times*, August 24, 1997, p. 18.

9 2010년 한국에서 벌어진 한진중공업 사태도 이와 유사한 사례다. 한진중공업은 선박 제조의 수주를 해외 법인에 돌림으로써 국내 경제에 영향을 미쳤다. 한진중공업은 수주 물자가 줄어들어 기업 경영이 어려워졌다는 이유로 한국 노동자에게 정리해고를 통보했다. 반면에 한진중공업 필리핀 수빅 조선소의 수주 물자는 늘어나 고용도 늘었다. 그러나 한진중공업의 해외 투자가 필리핀에 이로운 것만은 아니다. 한진중공업 수빅 조선소 노동자는 심각한 산재 사고, 억압적 노무관리 등에 시달려 필리핀에서도 큰 반발을 불러왔다.

10 '이중적 민주화'는 다음의 책에서 참조하여 필자의 논의에 적용하고 발전시켰다. 데이비드 헬드 외, 『전 지구적 변환』, 700쪽.

11 에티엔 발리바르, 『우리 유럽의 시민들?』, 진태원 옮김(후마니타스, 2010), 230쪽.

12 데이비드 헬드, 『민주주의의 모델들』, 박찬표 옮김(후마니타스, 2010), 453~454쪽.

13 시민권의 확장에 관해서는 다음을 참조할 것. 에티엔 발리바르, 『우리 유럽의 시민들?』, 제9장.

14 공론장의 초국적화 전략에 관해서는 다음을 참조할 것. 낸시 프레이저, 『지구화 시대의 정의』, 김원식 옮김(그린비, 2010).

참고문헌

강상구. 2000. 『신자유주의의 역사와 진실』. 문화과학사.

강수돌. 1999. 『작은 풍요』. 이후.

강태경. 1995. 『(동양척식회사의) 조선경제수탈사』. 계명대학교출판부.

고대훈. 2011. 3. 25. "국민보호책임". ≪중앙일보≫.

고완, 피터(Peter Gowan). 2001. 『세계 없는 세계화』. 홍수원 옮김. 시유시.

구엘, 라몬 그로포스. 1998. 「케펠주의에서 신자유주의로」. 조반니 아리기 외. 『발전주의 비판에서 신 자유주의 비판으로』. 권현정 외 옮김. 공감.

권웅. 2011. 9. 10, 2011. 9. 17. "정신건강 황폐 국가재정 거덜". ≪시사HN≫, 제208호, 제209호.

기든스, 앤서니(Anthony Giddens). 1998. 『현대사회학』. 김미숙 외 옮김. 을유문화사.

_____. 2009. 『기후변화의 정치학』. 홍욱희 옮김. 에코리브르.

김명수. 1999. 「시장의 신화와 국가의 오해」. ≪열린지성≫, 가을·겨울호.

김성한. 1995. 「세계화, 분권화, 지방화」. ≪계간 사상≫, 제7권 1호.

김수행. 1996. 「자본의 세계화 경향에 관한 일고찰」. ≪경제논집≫, 제35권 2·3호.

김웅종. 2008. 『서양사 개념어 사전』. 살림.

김지석. 2010. 11. 16. "한국형 개발 모델?". ≪한겨레≫.

노택선. 2007. 7. 3, 2007. 7. 17. "노택선 교수의 역사 경제학". ≪한국경제≫.

닌, 부루스터(Brewster Kneen). 2008. 『누가 우리의 밥상을 지배하는가』. 안진환 옮김. 시대와 창.

도일, 마이클(Michael W. Doyle). 1997. 「자유주의와 세계정치」. 김우상 외 편역. 『국제정치론 강의 1: 국제정치편』. 도서출판 한울.

드잘레이·가스(Yves Dezalay and Bryant G. Garth). 2007. 『궁정전투의 국제화』. 김성현 옮김. 그린비.

라이퍼·서들러(Thomas Reifer and Jamie Sudler). 1999. 「국가간체제」. 이매뉴얼 월러스틴(Immanuel Wallerstein). 『이행의 시대: 세계체제의 궤적 1945~2025』. 창비.

레비, 잭(Jack Levy). 1997. 「국내정치와 전쟁」. 김우상 외 편역. 『국제정치론 강의 1』. 도서출판 한울.

로드릭, 대니(Dani Rodrik). 『자본주의 새판짜기』. 고빛샘·구세희 옮김. 21세기북스.

로베르, 안세실(Anne-Cécile Robert). 2011. "평화 앞세운 군사 개입, 유엔 안보리의 치명적 유혹". ≪르 몽드 디플로마티끄≫, 2011년 5월호.

르몽드 디플로마티크. 2008. 『르몽드 세계사』. 권지현 옮김. 휴머니스트.

마키아벨리, 니콜로(Niccolo Machiavelli). 2003. 『군주론』. 강정인·문지영 옮김. 까치.

모겐소, 한스(Hans J. Morgenthau). 1987. 『현대국제정치론』. 이호재 옮김. 법문사.

박원순. 1996. 『아직도 심판은 끝나지 않았다: 일본의 전쟁 범죄 연구』. 한겨레신문사.

박찬수. 2005. 1. 12. "보수주의 운동 발전사". ≪한겨레≫.

발리바르, 에티엔(Étienne Balibar). 2010. 『우리 유럽의 시민들?』. 진태원 옮김. 후마니타스.

백승욱. 2006. 『자본주의 역사 강의』. 그린비.

백준봉. 2001. 「세계화와 자본주의의 구조 변화: R. 브와이예의 논의를 중심으로」. 한국사회경제학회. 『세계화의 도전과 대안적 자본주의의 모색』. 풀빛.

부제, 우베(Uwe Buse) 외. 2012. "모든 거래 대출 등 관여 절대 파워 과시". ≪이코노미 인사이트≫. 2012년 2월호.

_____. 2012. "파생상품 거래, 핵심은 뉴스 비즈니스". ≪이코노미 인사이트≫. 2012년 2월호.

브로델, 페르낭(Fernand Braudel). 1996. 『물질문명과 자본주의 II-1: 교환의 세계(상)』. 주경철 옮김. 까치.

비어티, 잭(Jack Beatty). 2002. 『거상: 대기업이 미국을 바꿨다』. 유한수 옮김. 물푸레.

사또이 이께다. 1999. 「세계생산」. 이매뉴얼 월러스틴. 『이행의 시대: 세계체제의 궤적 1945~2025』. 백승욱·김영아 옮김. 창비.

서정익. 2005. 『세계경제사』. 혜안.

셸, 수전 K.(Susan K. Sell). 2009. 『초국적 기업에 의한 법의 지배』. 남희섭 옮김. 후마니타스.

손상열. 2003. 10. 7. "손상열의 인권이야기". ≪인권하루소식≫.

손호철. 1996. 「세계화와 민족국가의 향방」. 국범모 엮음. 『세계화와 민족문화의 발전』. 정신문화연구원.

슘페터, 조지프(Joseph A. Schumpeter). 2011. 『자본주의, 사회주의, 민주주의』. 변상진 옮김. 한길사.

신규성. 1993. 『세계경제사』. 법문사.

알리미, 세르주(Serge Halimi). 2011. "강요된 군사 개입, 리비아 민중은 없었다". ≪르몽드 디플로마티크≫, 2011년 4월호.

앰브로즈, 스티븐 E.(Stephen E. Ambrose). 1996. 『국제 질서와 세계주의: 현대미국외교사』. 권만학 옮김. 을유문화사.

양동휴. 2009. 『대공황시대』. 살림.

에코, 움베르토(Umberto Eco). 2004. 『민주주의가 어떻게 민주주의를 해치는가』. 김운찬 옮김. 열린책들.

오기출. 2009. 12. 24. "(오기출의 '세상의 창') 혼란에 빠진 코펜하겐 기후변화 총회". http://simin.org/bbs/view.php?id=0407&page=2&sn1=&divpage=1&sn=off&ss=on&sc=on&selectarrange=headnum&desc=asc&no=9

오마에 겐이치(大前研一). 1991. 『세계경제는 국경이 없다』. 김용국 옮김. 시사영어사.

_____. 1996. 『국가의 종말』. 박길부 옮김. 한국언론자료간행회.

윤소영. 1999. 『신자유주의적 금융세계화와 워싱턴 콘센서스: 마르크스적 비판의 쟁점들』. 공감.

윤영관. 1995. 「민주주의의 새로운 지평을 위하여」. 김경원·임현진 엮음. 『세계화의 도전과 한국의 대응』. 나남.

이근영. 2010. 1. 27. "소외층 돕는 적정기술, 국경 없는 과학봉사 뜬다", ≪한겨레≫.

이삼성. 2002. 『세계와 미국』. 한길사.

이정우. 2008. 10. 19. "'빈곤의 날'에 생각하는 빈곤 문제". ≪한겨레≫.

전창환. 1999. 「금융세계화와 세기말 자본주의」. 전창환 편저. 『현대자본주의의 미래와 조절이론』. 문원출판.

촘스키, 노암(A. Noam Chomsky). 2000. 『507년 정복은 계속된다』. 오애리 옮김. 이후.

칸트, 임마누엘(Immanuel Kant). 2008. 『영구평화론』. 이한구 옮김. 서광사.

케글리, 찰스 W.(Charles W. Kegley). 2010. 『세계정치론 경향과 변환』. 오영달 외 옮김. 한티미디어.

_____. 2010. 『세계정치론 경향과 변환』. 오영달 외 옮김. 한티미디어.

콜리어, 폴(Paul Collier) 외. 2008. 『제2차 세계대전』. 강민수 옮김. 플래닛미디어.

크루그먼, 폴(Paul Krugman). 1997. 『경제학의 향연』. 김이수 외 옮김. 부키.

키건, 존(John Keegan). 2007. 『제2차세계대전사』. 류한수 옮김. 청어람미디어.

테일러, A. J. P.(Alan J. P. Taylor). 2003. 『제2차 세계대전의 기원』. 유영수 옮김. 지식의 풍경.

페인스틴·테민·토니올로(Charles H.Feinstein, Perter Temin and Gianni Toniolo). 2008. 『대공황 전후 세계경제』. 양동휴·박복영·김영완 옮김. 동서문화사.

폴라니, 칼(Karl Polanyi). 2010. 『거대한 전환』. 홍기빈 옮김. 길.

프랑스와 세네. 1998. 「금융지배적인 세계적 축적체제의 출현」. 이병천·백영현 엮음. 『한국 사회에 주는 충고』. 삼인.

프레이저, 낸시(Nancy Fraser). 2010. 『지구화 시대의 정의』. 김원식 옮김. 그린비.

프리드먼, 밀턴(Michael W. Doyle). 2002. 『자본주의와 자유』. 심준보·변동열 옮김. 청어람미디어.

프리드먼·슈워츠(Milton Friedman and Anna J. Schwartz). 2010. 『대공황, 1929~1933년』. 양동휴·나원준 옮김. 미지북스.

하비, 데이비드(David Harvey). 1993. 『포스트모더니티의 조건』. 구동회 외 옮김. 도서출판 한울.

하이에크, 프리드리히 A.(Friedrich A. von Hayek). 2009. 『노예의 길』. 김이석 옮김. 나남.

한동훈. 2011. 9. 7. "對테러전쟁에 5조弗 쏟아부어 대규모 적자 초래". ≪서울경제≫.

헬드, 데이비드(David Held). 2010. 『민주주의의 모델들』. 박찬표 옮김. 후마니타스.

헬드, 데이비드 외. 2002. 『전 지구적 변환』. 조효제 옮김. 창비.

홍기빈. 2010. 『자본주의』. 책세상.

후쿠야마, 프랜시스(Francis Fukuyama). 1992. 『역사의 종말』. 이상훈 옮김. 한마음사.

히로세 다카시(広瀬隆). 2010. 『제1권력』. 이규원 옮김. 프로메테우스출판사.

≪뉴스위크≫(한국판). 2009. 12. 17.

≪시사저널≫. 2003. 10. 2(727호).

≪연합뉴스≫. 1998. 2. 21. "올 들어 정리해고 실직자 8배 급증".

≪연합뉴스≫. 2011. 4. 3.

Boyer Robert and Drache, Daniel. 1996. *States Against Markets: The Limits of Globalization*. New York: Routledge.

Carlos, Ann M. and Nicholas, Stephen. 1988. " 'Giants of an earlier capitalism': the Chartered Trading Companies as Modern Multinationals." *Business History Review*, Vol. 62, No. 3 (Autumn).

Charvériat, Céline and Fokker, Rian. 2002. "Boxing Match in Agricultural Trade: Will WTO Negotiations Knock Out the Worlds Poorest Farmers?" p. 23. http://policy-practice.oxfam.org.uk/ publications/boxing-match-in-agricultural-trade-will-wto-negotiations-knock-out-the-worlds-p-114097, Retrieved 25 June, 2007.

Churchill, Winston. 1967. "Speech in the House of Commons, May 13, 1901." in Martin Gilbert(ed.). *Churchill*. New Jersey: Prentice-Hall.

Coghlan, Andy and MacKenzie, Debora. 2010. 8. 24. "Revealed: the Capitalist Network that Runs the World." *New Scientist*.

Dicken, Peter. 1998. *Global Shift: Transforming the World Economy*. London: Paul Chapman.

Dunning, John. 1991. "Governments and Multinational Enterprises: From Confrontation to Co-operation?" *Millenium*, Vol. 20, No. 2(Summer).

Economist. 2006. 5. 20.

_____. 2007. 7. 7.

_____. 2007. 7. 21.

Financial Times. 1997. 8. 24.

Held, David. 1989. "The Decline of the Nation State." in Tony McGrew, Stuart Hall and David Held(eds.). *New Times: The Changing Face of Politics in the 1990s*. London: Lawrence & Wishart.

Hirst, Paul and Graham, Thompson. 1999. *Globalization in Question: The International Economy and the Possibilities of Governance*. Cambridge: Polity Press.

Holly Sklar. 1990. *Trilateralism: the Trilateral Commission and Elite Planning for World Management*. Boston: South End Press.

Jones, Geoffrey. 1993. *British Multinational Banking, 1830~1990*. Oxford: Oxford University Press.

Krauthammer, Charles. 1993. 5. 17. "How Doves Become Hawks." *Time*.

McGrew, Anthony. 1992. "A Global Society?" in Tony McGrew, Stuart Hall and David Held(eds.). *Modernity and its Future*. Cambridge: Polity Press.

Morgenthau, Hans J. 1985. *Politics among Nations: The Struggle for Power and Peace*, 6th ed. Revised by Kenneth W. Thompson. New York: Knopf.

Nardin, Terry. 2005. "Humanitarian Imperialism: Response to 'Ending Tyranny in Iraq'." *Ethics and International Affairs*, Vol. 19, No. 2.

OECD. 2007. "World Investment Report."

Pauly, Louis W. "Capital Mobility, State Autonomy and Political Legitimacy." *Journal of International*

Affairs, Vol. 48, No. 2(Winter, 1995).

Piasecki, Bruce. 2007. 8. 9. "A Social Responsibility Revolution in the Global Marketplace." *Christian Science Monitor*.

Russett, Bruce. 2005. "Bushwhacking the Democratic Peace." *International Studies Perspectives*, Vol. 6(November).

Schneyer, Joshua. 2011. 8. 24. "Corrected-Commodity Traders: the Trillion Dollar Club." *Reuters*.

Stopford, John M., Strange, Susan and Henley, John S. 1991. *Rival States, Rival Firms: Competition for World Market Shares*. Cambridge: Cambridge University Press.

Strange, Susan. 1986. *Casino Capitalism*. New York: Basil Blackwell.

Tilly, Charles. 1979. "Reflections on the History of European State-Making." in Charles Tilly(ed.). *The Formation of Nation State in Western Europe*. Princeton: Princeton University Press.

Time. 2007. 9. 17.

Tucydides. 1954. *The Peloponnesian War*. Rex Warner(ed.). London: Penguin Classics.

Yang, David W. 2005. "In Search of an Effective Democratic Realism." *SAIS Review*, Vol. 15 (Winter~Spring).

찾아보기

용어

지은이
이종보
/

사회학 박사. 성공회대학교 사회학과에서 삼성공화국에 관한 연구로 박사학위를 받고, 성공회대학교 민주주의연구소 연구위원으로 민주주의에 대한 연구를 계속하고 있다. 한국 사회의 자본주의와 민주주의에 관한 연구로 학술 활동을 시작해 지구적 민주주의에 관한 연구로 관심을 넓혀가고 있다. 학술 활동과 더불어 학교 현장에서 교육 활동을 하고 있는 교사이기도 하다. 인천국제고등학교에서 국제정치, 국제경제, 국제법, 세계문제 등의 국제 전문 교과를 가르치고 있다. 『(지구화 시대, 새로운 세대를 위한) 세계 정치 · 경제 읽기』는 그 결과물이다. 국제 전문 교과 인정도서 심사위원이자 서울 · 인천 · 경기 · 강원 교육청이 공동 개발한 '세계시민 교과용 도서' 집필위원이며, 인천광역시교육청 지정 인문영재교육원에서 영재교육과정 운영에도 참여하고 있다.

저서로는 『민주주의 체제하 '자본의 국가지배'에 관한 연구: 삼성그룹을 중심으로』(한울, 2010; 2011년 문화체육관광부 우수학술도서), 『어느 민주주의자의 서울대 권장도서 100선 읽기』(양철북, 2016)가 있으며, 「신자유주의 정책과 교육운동의 대응」(2001), 「한국 사회의 '세계화'를 둘러싼 정치적 사회적 각축과정 연구」(2002), 「민주정부'에서의 삼성의 지배전략과 민주주의」(2010) 등의 논문과 시론 "진보, 반대의 거점만 맴돌아"(2009)를 썼다.

지구화 시대, 새로운 세대를 위한
세계 정치 · 경제 읽기

ⓒ 이종보, 2012

지은이 ㅣ 이종보
펴낸이 ㅣ 김원식
펴낸곳 ㅣ 데모스 미디어
편집 ㅣ 최규선

초판 1쇄 발행 ㅣ 2012년 11월 20일
초판 2쇄 발행 ㅣ 2017년 5월 30일

주소 ㅣ 06751 서울시 서초구 바우뫼로 99 105동 906호
전화 ㅣ 031-955-0655
팩스 ㅣ 031-955-0656
등록번호 ㅣ 제321-2010-000045호
판매 대행 ㅣ 한울엠플러스(주)

Printed in Korea.
ISBN 978-89-966350-6-2 03300

* 가격은 겉표지에 표시되어 있습니다.